〈戦後〉の誕生

戦後日本と「朝鮮」の境界

権赫泰
KWON Heok Tae
車承棋
CHA Seung Ki
【編】

中野宣子【訳】
NAKANO Noriko
中野敏男【解説】
NAKANO Toshio

新泉社

‘전후’의 탄생 : 일본, 그리고 ‘조선’이라는 경계

기획 : 성공회대학교 동아시아연구소
(Institute for East Asian Studies at SungKongHoe University)
엮음 : 권혁태 (KWON Heok Tae), 차승기 (CHA Seung Ki)

This translation is publishing by arrangement with Greenbee Publishing Co. through K-BOOK SHINKOUKAI.

The Work is published under the support of Literature Translation Institute of Korea (LTI Korea).

〈戦後〉の誕生❖目次

II　制度——配置の力学

❖装幀——藤田美咲

凡例

一、韓国語原文における〝〟は「」とした。

一、韓国語原文における′′は原則として圏点ルビとした。但し、文意にあわせて「」とした箇所もある。

一、引用文中におけるゴチック体強調は、傍線強調に改めた。原文におけるゴチック体強調は、文意にあわせて「」あるいは圏点ルビとした。

一、引用文中の原著者による補足は〔〕内に「――引用者」と付して記した。明示のない〔〕は訳註である。

一、日本語文献・資料等からの引用文において、旧体字の漢字、変体仮名および異体字などは原則として新体字・常用字体に改めた。また、引用文中に適宜ルビを付した。

序章　消去を通してつくられた「戦後」日本

権赫泰《クォンヒョクテ》・車承棋《チャスンギ》

「戦後」とは何か？　韓国の読者には馴染みの薄いこの言葉は、日本では一九四五年八月一五日以降という時間的な区分を指す言葉であるとともに、いわゆる平和、民主主義、経済成長と言い表される価値空間を示す言葉でもある。本書の問題意識は、ひとことで言うなら、日本の「戦後」は「朝鮮」を消去することによって成り立っている、つまり日本の「戦後」は「朝鮮」（をはじめとする旧植民地）の消去の上にあるというところにある。

一九四五年八月の「敗戦」により日本は、五〇年あまりをかけて拡張してきたアジアの統治領域の大部分を失い、現在の列島に戻った。敗戦という出来事は、日本現代史上消し去ることのできない一つの結節点として存在する。それは、敗戦が「華やかだった帝国」の没落を意味するからだけではない。むしろそれとは逆に、日本が過去の歴史の暗黒面を——特異な方式で——切り捨てる決定的な機会となったからだと言えよう。

そもそもＧＨＱ（連合国最高司令官総司令部）が、いわゆる「平和憲法」の基本枠をつくることによって、象徴天皇制を骨格とした「戦後民主主義」の基礎を築いたのは、日本を帝国主義の過去から分離させるためだった。しかしこのような「分離」は、拡大する社会主義勢力からアメリカ中心の西側社会を防護しようとし、アメリカのアジア・太平洋体制内に日本を編入することを前提としておこなわれたのである。実際にアメリカは、「戦後処理」過程において、日本を帝国主義の過去から分離させること自体より、アメリカのアジア・太平洋反共安保体制内部の管理可能な武力として結びつけておくという方向性を明らかにしていった。そうして、日本軍の中心にいた「戦犯」たちをアメリカ主導で等級付けし、それに相応する処罰——実際にはこれすら徹底した履行はされなかったが——をすることで、さらにはアメリカが単独で日本と講和条約を締結してしまうことで、日本がアジアに対して責任を負う機会すら奪い取ってしまったのである。これがアメリカの「戦後処理」だったのは周知の事実だ。アメリカはこのように、アジア・太平洋戦争で日本と交戦した連合国の代表者の役割を自任しながら、絨毯爆撃と核攻撃によって廃墟と化した日本に「安保体制下の平和と民主主義」をプレゼントするとともに、日本の戦争責任を曖昧にしてしまった。

このような意味で、日本の「敗戦」は、日本だけでなく、直前まで植民地・占領地として帝国主義日本に掌握されていたアジア周辺諸国においても、決定的な意味を持つ。日本が植民地と占領地の抵抗によってではなく、アメリカを中心とした連合国の武力によって戦争に負けたことで、「戦後」日本とアジア周辺諸国とがねじれた関係を持つようになるのは、当初から予想されていたからである。帝国主義時代に日本がアジア周辺諸国の人たちに多大な苦痛を与えたという事実だけでなく、アジア周辺諸国の近代化初期に消し去ることのできない傷を与え痕跡を残したという点でも、植民地支配と戦争によって二〇世紀前半のアジアを混乱に陥れた日本は、歴史的責任から逃れられない位置にいる。それにもかかわらず、アメリカ主導の下でアジア・太平洋安保体制に組み込まれることによって、日本は、無責任にもアジア周辺諸国と複雑に絡み合っていた過去と断絶し、新しい「脱亜入欧」路線に乗り換えたのである。「大東亜」という単一ブロック体制の形成を追求し、アジアの人たちの生活に暴力的に介入していた過去は、「敗戦」の衝撃と安保体制下の「平和と民主主義」によって一瞬のうちに忘れ去られてしまったのだ。いや、もっと正確に言うと、列島に縮小された日本の境界を自然なものにし、空虚な中心に天皇を据え、天皇を中心とするナショナルな主体を構成しながら、アジアと絡み合っていた帝国主義の過去を封印してしまったのである。

こうして見ると、最近、日本社会全般にわたって「自己保存」の欲求が広がり、右翼勢力が政治的に拡大し、それにしたがって歴史修正主義的立場と「平和憲法」改定を進める動きが強まり、周辺諸国との間に領土をめぐる争いが頻発するというような現実は、まるで三・一一〔東日本大震災〕を起点にして「戦後」が再生でもしたかのように感じられる。しかしここで言う「戦後」の再生とは、国家的秩序の崩壊／建設が交差していた時点に戻り、この秩序の作為性を反省的に吟味するというより、外部から与えられたものとしての「平和と民主主義」の虚構性を清算し、「日本的立場」からアジア周辺諸国との「戦後処理」を再算定してしまおうということのように見える。もちろんこの「戦後処理」は、完全に転倒した形態を取っている。害を与えたアジア周辺諸国に対して責任（responsibility）を履行するのではなく、そこに残した痕跡を利益として取り戻す（restoration）という計算の形態を、である。

本書『〈戦後〉の誕生』は、このように日本現代史の重大な結節点として横たわっている「戦後」が、国民―国家の建設とアメリカ主導の安保体制への従属、そして帝国主義的過去に対する責任連関の封印等が絡み合って成立していたという事情を、「朝鮮」との関係の中で考察しようとしてできたものだ。敗戦直前まで朝鮮を日本の一地方として、朝鮮人を「日本帝国の臣民」として包摂しようとしていた歴史、「内鮮一体」と「同祖同根」を叫んで朝鮮人を戦場に駆り立てた歴史、数百万の朝鮮人を「内地」日本の軍事・産業インフラ建設に動員してきた歴史は、敗戦とともに消し去られてしまった。一九四七年に日本政府が公布した外国人登録令によって、「帝国臣民」だった「内地」の朝鮮人が外国人とみなされるようになったという事実は、日本の歴史消去の策動を象徴的に表している。それだけでなく、日本が四〇年近く植民地として支配し、日本の敗戦によって強大国が介入したために冷戦状態のまま分断され国家形成に苦しむ「朝鮮」が、まさに隣に存在するという事実すら目に入ってこなかった。日本の「戦後」は、このように帝国主義の過去とアジアを忘却して誕生したのである。

本書は、それぞれの執筆者たちが関心を持っている問題領域によって、思想、制度、表象の三部に分けられる。**第I部「思想――消去の政治」**では、帝国主義の過去を封印することが、思想の次元においてどのように逆説的に、「戦前―戦後」の無反省的な連続性を可能にしているかについて記されている。**第一章『戦後日本』に抗する戦後思想**」では、アジアに対する戦争責任を封印した日本が、その責任を戦争に負けたという被害者意識に代えることによって、初めて「戦後」を構成することができたという観点から、日本共産党と竹内好に代表される「戦後」アジア主義に対して批判的な分析を加えている。とくに日本共産党を金斗鎔《キムドゥヨン》と、竹内好を梶村秀樹と対比させながら、「戦後」日本の知識人たちが思想的に持っていた問題の核心に迫ろうとしている。**第二章「捨象の思想化という方法」と第三章「戦後の復旧と植民地経験の破壊」**では、「戦後民主主義」を形成するうえで直接・間接に多大な影響を及ぼした日本の代表的な自由主義者たちを、朝鮮との関係の中で批判的に相対化しようと試みている。とくに第二章「捨象の思想化という方法」では、敗戦後の日本の知識社会でいち早く鮮明に天皇制を批判し、日本社会の非合理性を克服する作業の一環として日本思想の系譜を新たに構築するとともに、同時代について「戦略的書き方」を旺盛に繰り広げることで、「戦後日本思想界の天皇」とまで言われた丸山眞男が、朝鮮＝植民地問題を捨象していることを、彼の思想形成の根本構造と結びつけて批判的に分析している。つまり、丸山眞男自身が朝鮮滞在の経験と被爆体験をしているにもかかわらず、朝鮮＝植民地問題を思想的にまったく扱っていないことを、彼の思想の根本構造と結びつけて分析している。第三章「戦後の復旧と植民地経験の破壊」では、京城帝国大学教授という資格で長期間にわたって植民地朝鮮に滞在した経験を持つ、代表的な「オールド・リベラリスト」である安倍能成が、とくに「敗戦」を契機に植民地経験を完全に消し去ったこと、すなわち思想の場と存在の場との間の二律背反を縫合しながら、象徴天皇制を根幹として「戦後」に復旧のイデオロギーをつくっていったことを、明らかにしようとしている。

第Ⅱ部「制度——配置の力学」では、「戦後」日本社会が形成される過程において、帝国主義時代の日本の痕跡が消去、隠蔽される制度的転換の実像を問題にしている。**第四章『強制連行』と『強制動員』のあいだ**」では、日本が日中戦争時に中国人を大規模に連行し「内地」で強制労働に従事させた事実について、「強制連行」という概念によって責任を問いただされたことはあるが、逆にそのことによって植民地での労務動員の強制性が否定されてきたという歴史を振り返ってみることで、植民地支配の責任を問わなかった日本の「戦後」の状況を明らかにしている。**第五章「人権の『誕生』と『区画』される人間」**では、「平和憲法」が天皇の神格化を否定し臣民を「国民」に転換させて以来、日本は、法務省が前面に出て人権制度改善のポーズを取ってきたが、実際は国籍条項によって在日朝鮮人に対する差別抑圧を正当化するなど、「国民主義的人権論」を堅持していることを明らかにすることによって、人権という概念ですら国民—国家の境界を自然化してきた「戦後」日本の姿を批判している。

第Ⅲ部「表象——交錯の風景」では、「戦後」日本の文化あるいは大衆的再現の次元において、「朝鮮(人)」を処理するという方式を取ることで、植民地/帝国日本の過去はもちろんのこと、同時代に日本国内に存在する他者をも排除しながら、国民—国家という神話がつくられていく過程に注目している。**第六章「縦断した者、横断したテクスト」**では、敗戦後、朝鮮を経て日本に帰還した藤原ていの自伝的引揚げ叙事を扱いながら、その横断的テクストが「戦後」日本と南韓で(再)

生産され消費されてきた過程で植民地経験と冷戦の経験が交差する様相を分析している。この分析によって、この引揚げ叙事テクストには、翻訳ならびに改作を経るなかで、冷戦とアメリカの北東アジア安保体制下の日本と韓国が国民―国家として自己構成される契機が刻印されていくと確認できる。**第七章「『朝鮮人死刑囚』をめぐる専有の構図」**では、一九五〇年代後半から一九六〇年代初めにかけて日本社会を騒がせた「小松川事件」と、その犯人として逮捕された少年死刑囚李珍宇《イチヌ》をめぐる日本社会、在日朝鮮人社会、韓国社会の反応と介入過程について検討している。この章では、これらの各社会が示した反応を通して、「戦後」日本の国民―国家体制とその中に配置されている在日朝鮮人社会が、南韓と北韓の存在によっていっそう複雑に絡み合った関係を結んでいたことが明らかにされている。

本書に収録されている七論文はすべて、合意された問題意識の下で共通の課題を証明するために、相互に分担し整理された主題を扱っているわけではない。しかしながら、日本の言説におけるいわゆる「戦後」は、実は「朝鮮」と表現される植民地を、その歴史的事実においてだけでなく言説の論理的構成においても、消去、隠蔽することによって初めて成立したという問題意識は、すべての筆者が共通して認識しているものだ。

聖公会大学校東アジア研究所内に日本研究チームが作られたのは、二〇〇八年一〇月なので、すでに四年が過ぎたことになる。権赫泰《クォンヒョクテ》、車承棋《チャスンギ》、金艾琳《キムイエリム》の三人が始めた研究チームに、すぐに趙《チョウ》慶喜《キョンヒ》、李定垠《イチョンウン》、韓恵仁《ハンヘイン》が合流し、およそ二週間に一度の割合で、本書の執筆者でもある中野敏男、それに小熊英二、冨山一郎、高橋哲哉、丸川哲史、徐京植、テッサ＝モーリス・スズキら、当代の学者たちの文章に加え、丸山眞男、竹内好、坂口安吾、梶村秀樹といった「過去」の文章を、時間をかけながら少しずつ読んできた。それぞれ専攻も関心分野も異なるが、初期の段階では具体的な研究成果を念頭におかず、比較的「自由」に書を読むことに没頭する方法をとった。こうして共有された問題意識をもとに、専攻と関心分野にあわせて各自研究主題を決め、定期的な発表を重ねてできたものが本書である。したがって本書は、共同研究でありながらも個別研究の集合体とも言える。

本書が世に出るまでに実に多くの人たちが協力してくださった。まず聖公会大学校東アジア研究所のペク・ウォンダム所長をはじめとする先生たち、聖公会大学校大学院インターアジア文化学科（現国際文化研究学科）の学生たちに感謝したい。これらの人たちの激励と配慮がなかったなら、本書は結実しなかったかもしれない。それから、日本研究チームの構成員ではないが、貴重な原稿を提供してくださった東京外国語大学の中野敏男先生（現名誉教授）と、ソウル大学校日本研究所の徐東周《ソトンジュ》研究教授に感謝の言葉を述べたい。中野先生は定期的な会合には参加できなかったが、研究発表に貴重な助言をしてくださり、そのうえ原稿まで提出してくださった。末筆ながら、困難な出版事情を抱えながらも、喜んで制作を引き受けてくださったグリーンビー出版社に感謝申し上げる。

（二〇一二年一二月九日）

I 思想

——消去の政治

第一章 「戦後日本」に抗する戦後思想
――その生成と挫折

中野敏男

1 はじめに――「戦後日本」という物語

今日の日本において「戦後」が語られるとき、それが一九四五年の日本敗戦以後の時期を指して言われていると理解するのはもちろん間違いではない。とはいえこの言葉については、そこで含意されているのが単に時間的な時期区分のことだけでない点にも注意を向ける必要があるだろう。軍国主義の時代から平和主義の時代へ、軍部専制の時代から民主主義の時代へ、戦争の災禍の時代から経済の繁栄の時代へ、日本で一般に広く語られる「戦後」とは、このような「戦中」からの時代基調そのものの変化という認識を前提にしており、この前提の下で多くの日本人たちは「平和と民主主義」の特別な時代を現に生きているという自己意識を共有している。この意味で「戦後日本」とは、一般の日本人にとって一つの価値概念なのである（＊１）。

　このような価値概念としての「戦後日本」という認識が、新しい憲法である「日本国憲法」の成立によって象徴され、その諸条項の内容をもって理解されているというのもまた事実である。そのことは、この時代の日本で「戦後的価値」の擁護が長らく「護憲」という主張として表現されてきたことによく示されている。この憲法の中でも、とりわけ「戦争の放棄」を規定した第九条と、「基本的人権」を「国民」に保障した諸条項は、明治憲法である大日本帝国憲法では実現されなかった「平和と民主主義」の進んだ内容を確かに含んでいて、それが日本人たちの「平和と民主主義の国＝日本」という戦後意識を支えてきたのである。そしてこの戦後意識が、かつて日本がおこなった植民地主義と侵略戦争への反省と自認されているところに、この「戦後日本」という時代認識に付随している日本だけで通用する意識の内向性と独善性があると見なければならない。

　日本国憲法という戦後憲法が指示しているこの国家体制を、日本人たちの自己意識から一歩離れて見るならば、そこにかなり重要な自己矛盾があることは明らかであろう。それが標榜する「民主主義」は、憲法第一条が示すように「天皇制」という君主制をなお戴いており、この天皇の名においてこの国はかつて帝国主義を発動し侵略戦争をおこなったのだった。同じ敗戦国でも第二次世界大戦後に大きな変革を経たドイツやイタリアと違って、この国は国制のこの核を除去することがなかった。またその「平和主義」は、サンフランシスコ平和条約による講和と同時につくられた日米安保体制とセットになっており、その安保体制は日本を高性能な「基地国家」にしていて、この

「基地国家」の存在によりアメリカはこれまで朝鮮戦争もベトナム戦争も遂行できたのだった。しかもこの「基地国家」は、そうした戦争が生み出した「特需」によって世界一級の経済大国となる経済復興の基盤をつくり上げたのである。この事実を踏まえて考えると、「戦後日本」が標榜する「平和と民主主義」というのが、それ自体いかにも内向きの表現で、そこに都合の良い忘却と自己正当化が含まれていると言われても仕方ない、とわかる。

そうであれば、このひどく内向的な「戦後」意識が日本の敗戦直後の時期にどのようにして成立したのかという点は、それ自体、とても重要な思想史的テーマであるに違いない。そこで本章では、この「戦後日本」という意識空間が成立する事情を、それに抗する志向の生成と挫折とともに検討したい。それを通じて、この時代の日本の自己意識をその深部にある屈折から考え直してみようという趣旨である。

2 連続する戦時体制／封印される戦争責任――「戦後日本」生成の問題状況

◉――「八・一五革命」という神話

戦後民主主義の精神的支柱として「戦後日本」の意識形成に大きな影響を与えた人物に政治学者の丸山眞男（一九一四―一九九六）がいるが、この丸山が東大法学部に開講したゼミに参加してその思想系譜を継いだ石田雄は、敗戦から五〇年経った一九九五年に自らの初発の学問動機を次のように証言している。

私は「わだつみ世代」の一人として「学徒出陣」によって戦争に参加し、敗戦当時は陸軍少尉であった。欧米帝国主義からの「東亜の解放」という戦争目的を信ずる軍国青年として「尽忠報国」の努力をして来た私は、敗戦によってアイデンティティの危機に直面した。国全体の価値が一八〇度転換した戦後の日本で生きる意味を見出すためには、戦前の日本を社会科学的に分析することが必要だと私は考えた。（傍点は引用者）（＊2）

「国全体の価値が一八〇度転換した」、この言明はもちろん軍国主義から平和主義への転換を語る「戦後日本」の公式の物語を追認するものだが、その「転換」を自らの体験として語る石田のこの証言には、それが一つの「危機」を含んだきわどい道筋であったことが示唆されている。欧米帝国主義からの「東亜の解放」という戦争目的を信じていた青年が、敗戦という状況の変化をそれだけで直ちに「国全体の価値」の転換と受けとめるというのは、思想の物語としては明らかに飛躍が大きすぎる。そこには「危機」を内包するもっと曲折ある思想の動きがあったはずなのだ。そして確かに、近年の研究で明らかにされてきた敗戦前後の事情は、当の「戦後日本」の出発点に置かれた「一八〇度転換」というこの認識にさえ相反するさまざまな事後解釈やすり替えが事実としてあったということを知らせてくれている。

そもそも、敗戦によって日本は大きく生まれ変わったという「転換」の意識が戦後日本で広く共有されてきたことについては、丸山眞男と宮沢俊義という二人の戦後民主主義者の言説が大きく関与したとされている。この二人は、同じ一九四六年五月に「超国家主義の論理と心理」(丸山)と「八月革命と国民主権主義」(宮沢)という論文をそれぞれ発表し、敗戦の日＝一九四五年八月一五日を一大変革の日と認める共通の主張によって敗戦後の人びとの心を強く捉えたからである。

日本軍国主義に終止符が打たれた八・一五の日はまた同時に、超国家主義の全体系の基盤たる国体がその絶対性を喪失し今や始めて自由なる主体となった日本国民にその運命を委ねた日でもあったのである。(＊3)

あまりにも有名になった丸山論文のこの末尾は、戦後日本に新たな民主主義の時代の出発を実感させる有力な準拠標となったのである。

ところが、米谷匡史の研究によれば、「八・一五の日」を境とする「断絶」という丸山らのこの認識が、実は、新憲法の骨格が「憲法改正草案要綱」として発表された一九四六年三月六日以降になって生まれたものだとわかってきた(＊4)。丸山自身の後年の回想でも確認されているように(＊5)、戦時の丸山は「一君万民」思想としての天皇制に一定の評価を与えており、戦後になっても、最初期には立憲君主制をよしとする考えの枠内で、東京帝国大学の中に組織された憲法研究委員会での憲法改正に関する討議にも参加していた。このような丸山が、ようやく「主権在民」と「象徴天皇制」を基調とする憲法改正を本当に現実的なものと考え出したのは、GHQ民政局起草の草案をベースとしたこの「憲法改正草案要綱」の発表に接した後のことだったのである。すなわち丸山は、この三月の時点ではじめて到達した自分自身の認識を前年の八月にまで遡らせて、「八・一五革命説」を唱えたということである。

この事実は重要だろう。戦後民主主義の原点と認められている丸山の主張そのものが、占領軍が主導し天皇を含む日本側の為政者たちが加担して（「日米の抱擁」！）（＊6）つくられていく戦後秩序、その核となる新憲法の形成に発端から出遅れていたばかりか、むしろそこにつくられた戦後秩序＝新憲法を受容して事後にそれを「革命」の所産として正当化する働きをしたことになるからである。もちろんそこで丸山らが意図したのは、たとえ占領軍の主導で進んでいる事態であっても、憲法改正の意味が天皇主権から国民主権へという主権の移譲であることを「日本国民」の側から確認し、その正当性の根拠を敗戦の事実に遡及させて、日本国民の主権者としての自覚を促そうというものであったとも言えよう。とはいえ、たとえば石田雄がそう受けとめたように、この戦後民主主義の始まりの言説は、国全体の価値が一八〇度転換した「革命」＝「断絶」の実在を人びとに実感させることで、そこに生まれた戦後秩序をそのまま受容させ、その背後にある次のような連続の現実を直視しないまま、この連続を抱擁する道を開いてしまったように見える。

そもそも、敗戦と国家主権ということで言えば、当時の天皇制と「国体」の存廃をめぐる事態の推移を見逃すことはできない。「国体護持ノ建前ヨリ最モ憂フルヘキハ敗戦ヨリモ敗戦ニ伴フテ起ルコトアルヘキ共産革命ニ御座候」として早期の戦争終結を説いた「近衛上奏文」を持ち出すまでもなく、戦争末期にようやく生まれた敗戦を認める戦争終結への動きは、支配層にあって、まずは「国体」が内側から崩壊するという危機感に動機づけられていた。その状況の中で、ポツダム宣言の受諾という選択は、天皇をはじめとする為政者たちにとって「国体」を賭した一つの賭けであったに違いない。しかもこの賭けは、敗戦時に直ちに決着を見たのではなかった。すなわち、占領が始まった後になっても、天皇裕仁の戦争責任を厳しく追及するアメリカ国内や連合国の世論を背景に(＊7)、天皇制の帰趨はなお予断を許さない状況が続いていて、GHQが最終的に天皇訴追せずと決定しえたのはようやく四六年一月に入ってからのことだとわかってきている(＊8)。この間に、共産党以外のところから天皇制廃絶の主張がもっと強く公然と起これば、事態は別様に動いた可能性もあったのだ。このような天皇制＝「国体」の存廃をめぐる攻防から考えると、つづく三月に発表された「憲法改正草案要綱」は、日本政府が準備したいわゆる松本案などに比べれば明らかに進んだ民主主義への志向を基調にしていたとはいえ、他方では、そのように天皇訴追問題の決着がつき、天皇制の維持がようやく確定した結果として出来上がった産物と見なければならないのである。

「天皇制民主主義」(J・ダワー)、君主制に民主制を接ぎ木したこの奇妙な政体の成立は、それゆえ「国体」が護持されているという解釈を充分可能にしたし、天皇の権威を利用して円滑な占領統治を完遂しようと決めたGHQも、天皇制と民主主義が矛盾しないという解釈を最大限に求めていた。このためGHQは「民主化された天皇」のイメージをアピールするべく自らいくつもの演出をおこなっていて、そのうちの一つとして企画されたのが、GHQ民間情報教育局顧問のハロルド・ヘンダーソンが原案を起草したとされる、いわゆる「天皇の人間宣言(年頭詔書)」の発表であった。この「人間宣言」において昭和天皇は、自ら「五箇条の誓文」の引用を書き加え、「萬機公論ニ決スヘシ」とする明治天皇の意志が民主主義と直接につながると主張することに成功する。それに対してマッカーサーは、予定通り直ちにこの「人間宣言」を歓迎する声明を発表し、天皇制下の民主主義という連続の形はここにようやく固まることになった。

一九四六年六月二五日、衆議院本会議において、「帝国憲法改正案（日本国憲法）」をめぐる質疑に提案責任者として答弁に立った首相吉田茂は、新憲法の示す政体の形を次のように趣旨説明している。

> 日本の憲法は御承知の如く五箇条の御誓文から出発したものと云っても宜いのでありますが、所謂五箇条の御誓文なるものは、日本の歴史、日本の国情を唯文字に現はしただけの話でありまして、御誓文の精神、それが日本国の国体であります、日本国そのものであったのであります、此の御誓文を見ましても、日本国は民主主義であり、「デモクラシー」そのものであり、敢て君権政治とか、或は圧制政治の国体でなかったことは明瞭であります、……故に民主政治は新憲法に依って初めて創立せられたのではなくして、従来国そのものにあった事柄を単に再び違った文字で表はしたに過ぎないものであります（＊9）

あらためて読んでみると、あまりにあけすけなその言い分に驚かされるが、日本政府の公式見解ではこのように説明されている新憲法体制を戦後民主主義は「革命」と呼び、その断絶の神話に覆われたいくつもの連続の現実を見ないようにしてきている。

◉——「穏健派リベラル」という騙り

そのような戦前からの連続という事実は、思想史の問題として胸に突き刺さる一つの事件につながっている。それは、敗戦の日から一か月以上たった一九四五年九月二六日に起こった三木清の獄死という事件である。共産党が壊滅状態に陥った戦時下の日本において、三木は、際立ったその思想と行動により、なお批判の精神を保ち続けようとする青年たちに強い影響を与えた思想家の一人であった。その三木が、官憲に捕らえられ、戦争終結の後になっても誰一人救出に向かう者のないままに、獄中において孤独な病死を遂げたのである。この病死は、誰かが意図的に疥癬を伝染させた結果であり、いわば巧妙に仕組まれた抹殺だったと見られている。戦争が終結してひと月以上も経っているというのに、日本人民はそのときまでに三木を救出することができなかった。

しかも、この三木獄死のニュースを聞いて直ちに動いたのは、日本人ではなく、ロイター通信の記者であった。この記者は、その九月末の時点で三木だけでなくすべての政治犯がいまだに獄中にいるという事実に驚き、取材を始める。その結果、「思想取り締まりの秘密警察はなお活動を続けており、反皇室的宣伝を行う共産主義者は容赦なく逮捕する」と当然のように語る山崎巖内相へのインタヴューに成功し、占領米軍将校向け新聞『スターズ・アンド・ストライプス（*Stars and Stripes*）』紙（一九四五年一〇月四日付）に記事を書いた。そしてこの記事が、そこにまで思い至らなかったGHQを動かし、同日に「政治、信教ならびに民権の自由に対する制限の撤廃、政治犯の釈放」というマッカーサー指令が発せられることになったのである（＊10）。これに対して時の東久邇宮《ひがしくにのみや》内閣は、この指令にむしろ驚き、それを実行できないまま翌五日に総辞職する。その結果、替わって成立した幣原《しではら》喜重郎内閣の下で、ようやく一〇日に徳田球一をはじめとする約五〇〇名の政治犯の釈放は実現するのである。

通例の現代史理解では、日本の戦後にはその初期に理想主義的な民主改革が進んだ一時期があり、そこに実現した戦後民主主義は、冷戦の影が色濃くなり占領政策が変質するにつれ、やがて「逆コース」の道に入り込んで困難を抱え込んでいった、と語られている。敗戦時に断絶を見るというのも、そうした現代史理解の常識に連なっている。しかし以上のような事実は、敗戦直後の状況がそれほど単純ではなく、そこにすでに旧体制を維持しようとする力が、変革を都合よくねじ曲げ引き戻そうとする力が、あるいはそれをすり抜け利用しようとする力が、あれこれ現実に強く働いていたことを示唆している。すると、そこで実際にはいったい何が連続してしまったのか。

たとえば、天皇と宮中グループ、そして「親英米派」とされた政治家や外交官たちが、「穏健派」と呼ばれる一団となって、戦争末期に国体護持のためと戦争終結に動き、敗戦後に東京裁判が始まるや、それに積極的に協力しつつ、「すべての戦争責任を軍部を中心にした勢力に押しつけ、彼らを切り捨てることによって生き残りをはかろうとした」(*11)ことについては、すでにかなり明らかにされてきている。その人びとを「穏健派」と呼んだのは戦前に長く駐日アメリカ大使を務めたジョセフ・グルーであるが、このグルーが一九四四年に著した『滞日十年』という著作は、一外交官の個人記録という範囲をこえて、アメリカ国務省の対日政策に大きな影響を与えたとされている(*12)。しかも、マッカーサーその人がグルーと近い関係にあり、天皇制を占領政策に利用しようとするGHQの方針がそのような「穏健派」の存在を求めていたという事情があって、彼らがGHQに取り入りながら影響力を行使しえた場面はかなり広範囲にわたっていたと考えねばならない。幣原喜重郎、吉田茂、芦田均と、敗戦直後のこの時期に外交官出身の総理大臣が続くのも、もちろん偶然と考えることはできない。

そしてここで注意しなければならないのは、グルーが描き出し、日本側もそれを利用した「軍国主義者vs穏健派」という戦時日本の政治状況を語る構図が、決して絶対的なものではなく、多くは外交と軍事にわたる戦術やタイミングについての些細な意見の相違にすぎなかった点であろう。天皇その人がそうであったように、この「穏健派」の人びともまたとりわけアジアにおける日本帝国の覇権の拡張に大きな野望を共有していて、日米開戦に懐疑的だった人びとでも、緒戦の段階で挙げられたいくつかの戦果に感激して多くは開戦支持にまわったとわかっている(＊13)。すなわち、「穏健派」という名付け自体が、実は「国体護持」を名分に天皇とともに戦争責任を回避しようとする彼らの生き残り戦略に好都合だったのであり、それをまたGHQが占領統治に利用したということである。吉田茂という人物がその象徴であるが、このような「穏健派」の中から戦後の日本政治を動かす保守本流が生まれてきていることは、戦時体制が戦後体制へと連続する最も太い通路の在処を示している。

ところで、佐藤卓己の研究によれば、「軍国主義者vs穏健派リベラル」という仮構のこの構図を戦後に自己保身に使ったのは、決して以上のような政治指導者たちだけではなかった。それとは別に、戦後には民主主義と自由主義を売り物にするようになる言論出版界、そこに陣取る言論人たちがまた、戦時における自分たちの戦争協力を隠蔽しあるいは正当化する足場としてこの構図を使っているのである(＊14)。

佐藤が克明に明らかにするのは、戦時の言論統制の本丸として悪名高い陸軍情報部の中で、「日本思想界の独裁者」(清沢洌)とまで言われ非難のやり玉に挙げられている鈴木庫三という軍人にまつわる事情である。中央公論社、岩波書店、講談社など大手出版社の社史には決まって登場し、「君らのような出版社はいまにでもぶっつぶしてやる」などと威嚇する粗暴な情報将校として描かれてきた鈴木は、佐藤の綿密な調査によると、実は寸暇を惜しんで読書し、酒席での接待や阿諛追従《あゆついしょう》を嫌悪する、生真面目できわめて合理主義的な人物であった(＊15)。すると、この伝説と実像の大きな落差を作ったのは何だったのか。佐藤はこの問いを丹念に追い求め、そこに、粗暴な軍国主義の「剣」により屈服を余儀なくされたリベラルな知性の「ペン」というひどく単純化された被害の構図と、それに依拠して自らの戦争協力を隠蔽し免罪を求めた、戦後の言論出版界の巧妙な虚偽とすり替えの詐術を探り当てるのである。戦時をひたすら暴力と退廃をもって描き出し、それとの「断絶」を装うことで延命をはかる、もう一つの連続の形がここにはあったのだ。

昭和天皇にこだわって終戦史を書いた吉田裕は、そこに連なる「穏健派」の責任転嫁と延命の実相を解き明かしながら、それを可能にした戦後日本の歴史認識のあり方にまで問題を広げて、次のように指摘している。

わたしたち日本人は、あまりにも安易に次のような歴史認識に寄りかかりながら、戦後史を生きてきたといえるだろう。すなわち、一方の極に常に軍刀をガチャつかせながら威圧をくわえる粗野で粗暴な軍人を置き、他方の極には国家の前途を憂慮して苦悩するリベラルで合理主義的なシビリアンを置くような歴史認識、そして、良心的ではあるが政治的には非力である後者の人びとが、軍人グループに力でもってねじ伏せられていくなかで、戦争への道が準備されていったとするような歴史認識である。そして、その際、多くの人びとは、後者のグループに自己の心情を仮託することによって、戦争責任や加害責任という苦い現実を飲みくだす、いわば「糖衣」としてきた。（＊16）

たしかに、いったん戦争の悪の根源が「粗野で粗暴な軍人」にあると決まり、力無き者たちはその暴力に対抗できなかったということになれば、多くの日本人は被害者づらして戦後に登場することができる。そしてみんながそんな被害者であったなら、暴力に屈して戦争に協力した過去があっても、それはとりたてて恥ずかしいことではなくなる。状況が変わり、あの「粗野で粗暴な軍人」が退場させられたら、民主主義を語り出せばいいのである。というわけで戦後になって、多くの人びとが、自らの責任など深刻には思い悩むことなく民主主義に「転向」しえたというわけである。

そして、そのように日本人の間で「粗野で粗暴な軍人」という犯人が特定され、ここでの加害と被害の関係が強調されて、多くの日本人が自分たちも被害者であったと自覚すると、その被害意識という「糖衣」に包まれて、他民族への加害の記憶のほうは逆にその苦さを薄めていく。自分は確かに他民族にひどいこともしたが、自分も実は被害を受けていたのだから、それは「抑圧移譲」にすぎなかったのだ、と。日本軍兵士の加害心理を分析した丸山眞男の「抑圧移譲」という議論は（＊

17)、多くの日本人にこんな心理的正当化の言い分として受け入れられている。そしてこの心理状況が、敗戦後の「民族」をめぐる言説にもやはり投影されていたのだと理解できる。

◉——加害認識の封印／被害意識の解禁——「戦後日本」の生成

丸山眞男は、一九六四年のある座談会で、敗戦直後のナショナリズムと民主主義をめぐる言説状況を回顧して、次のように語っている。

いうまでもなく敗戦直後はナショナリズムの価値暴落の時代です。……この時期にナショナリズムと民主主義は完全にシェーレ〔鋏状交差——引用者〕を描くことになる。支配層は受動的服従の態度で「外から」の民主主義を受け入れ、体質の裡にある伝統的心情を胎中深くひっこませた。他方、解放されたリベラルも左翼も、まさに戦前型ナショナリズムによって封じ込められていた普遍主義的価値——自由、平等、人間としての尊厳、国際連帯といった——に自然とアクセントをおいた。こうして世界にもまれないナショナリズム不在現象がおこったわけです。
(傍点は原著者)(*18)

「世界にもまれないナショナリズム不在現象」、この顕著な現象について丸山はさらに言葉を継いで、これを「『世界にもまれな』国体ナショナリズムのちょうど裏返しです」と言い換えている。すなわち、戦時の国体ナショナリズムの極端な自己中心主義への反動から、敗戦直後の民主主義はまっすぐの普遍主義へ逆側に振れたという説明である。そして、ナショナリズムをめぐる言説が敗戦を前後してこのように両極に揺れたということについては、歴史家の石母田正がまた、実弟からの書簡（一九五二年九月九日付）という形式で同時代人の心理を次のように語らせている。

私はこんどの侵略戦争に無批判に、参加した方です。私は「民族」とか「祖国」とかいう言葉をつかうことに、いつも一種のためらいを感じてきました。私は戦時中、何べんもこのような言葉で多くの人達によびかけたことがあるからです。（＊19）

戦中に顕揚された国家主義についての苦い記憶、そして、いまだ生々しいその記憶ゆえの「ためらい」、同時代人のこのような心情からすれば、敗戦直後には「愛国」だなんて簡単には言えなくなっていたのだ。確かにそのように理解すると、敗戦直後におけるナショナリズムの「価値暴落」という認識に一定のリアリティを認めることができる。

もっとも、他方で敗戦直後のこの事態には、丸山の説明にあるような「普遍主義的価値」への志向ということでは説明できない、いくつもの問題点が含まれていることにも注意しなければならない。そのことは、自由や平等という普遍主義的価値にアクセントがおかれたはずの戦後改革を、旧植民地出身の在日朝鮮人や中国人の立場から見直してみるとよくわかる。たとえば一九四五年一二月の衆議院議員選挙法改正は、いわゆる「婦人参政権」を盛り込んだことで戦後改革の民主主義的性格を象徴する事件となっているが、この「改正」によって旧植民地出身で日本在住の朝鮮人や中国人は参政権を否定されることとなった。また彼らは、「日本国憲法」が施行される前日の一九四七年五月二日に出された最後の勅令＝「外国人登録令」によって、憲法による人権保護の対象からも外されている。そればかりでなく、そもそも戦後民主主義の基底をなす日本国憲法が、人権の主体を「国民」とのみ規定して国民以外を排除する点で、諸外国の近代憲法に比してもずっと国民主義的な性格の色濃いものとして作られたのである。このような諸点は、当時の日本人が文字通り「普遍主義的価値」を重視していたなら、戦後改革の大きな欠陥として必ず問題化されたはずだろう。ところがこれらについては、敗戦直後の「世界にもまれなナショナリズム不在」といわれるまさにそのときにさえ、日本人の側からさしたる批判も抵抗も生まれなかった。

そうした事実を踏まえてみると、敗戦直後の事態は、ナショナリズムが「価値暴落」したといって、それと交替に「普遍主義的価値」にアクセントがおかれたと言われるほど単純な話ではないと理解できる。一口にナショナリズムと言っても、その内で国家主義についてなら確かにいったんは価値暴落したと言えるかもしれないが、民族主義については決してそうとは言えず、むしろその実質の一部が国民主義のかたちで生き延びていると見なければならない。すなわち民族主義については、敗戦直後の状況の中でただ言説上しばらく対決が避けられ後景に退いただけのことと言ったほうがいい。

しかも見過ごせないのは、この時期にそのように民族主義との対決が曖昧にされると、民族の加害という意味での戦争責任の問題が直視されなくなり、それに代わって、むしろ前項で見た抑圧移譲の被害意識という糖衣にくるまれた戦争観が前面に立ち上がってくることである。すなわち、敗戦直後の民族問題の潜在化は、その時にはなお生々しかったはずの民族の加害という認識の封印につながっている。しかも、せっかく生まれていた国家主義への反省や愛国へのためらいも、このような民族問題の潜在化に癒着して、加害責任を引き受ける明確な方向を開く力になりえなかった。竹内好《よしみ》（一九一〇—一九七七）は、敗戦直後の「ナショナリズム不在」の意味をこの線から捉えて、一九五一年の段階で次のように訴えている。

ナショナリズムとの対決をよける心理には、戦争責任の自覚の不足があらわれているともいえる。いいかえれば、良心の不足だ。そして良心の不足は、勇気の不足にもとづく。自分を傷つけるのがこわいために、血にまみれた民族を忘れようとする。私は日本人だ、と叫ぶことをためらう。しかし、忘れることによっては血は清められない。（＊20）

この竹内の発言が五一年のものであることに注意すれば、ここで問題はさらに複雑になっていると気づくだろう。同一論文で竹内自身が指摘しているように、この五一年頃になると、敗戦直後における「ナショナリズム不在現象」から転じて「民族の問題が、ふたたび人々の意識にのぼる」（＊21）ようになっているのである。しかもそれは、竹内が望んでいたような「戦争責任の自覚」を通じてではなかった。それはむしろ、敗戦と占領、そして冷戦状況の進行と占領政策の「逆コース」という、この数年の間にうち続く「民族の屈辱」の経験を通して、すなわち被害意識に駆り立てられた民族問題の再覚醒としてあふれ出てきたものだったのである。石母田正は、五〇年になされたある講演で、「戦後の数年間のわれわれの歴史においての根本的な変化は、帝国主義にたいする日本民族の隷属の傾向が明確になってきたこと、日本民族の生存と進歩は民族の独立を達成することなくしてはあり得ない情勢になってきたこと」(＊22)だと述べ、ここから「民族の発見」を説くようになっている。民族解放に向かう中国革命と朝鮮戦争が現実のものとなったこの時期に、日本でも「民族の独立」という問題関心が一般に共有されるようになり、敗戦直後にいったんは潜在化した民族問題がここに再興して、日本人の間でも、民族の被害という意識が全面解禁されることになったのである。

そう理解してみると、敗戦という事態が切実にしたはずの「民族」や「戦争責任」への問いは、敗戦直後からの状況変化の中でその問いの意味自体を変質させるとても危うい隘路に追い込まれていったとわかる。すなわち、まずは、敗戦直後の民主改革の「普遍主義」という装いの下で、民族問題との対決が避けられて潜在化することにより、加害認識が最小限に封印され、戦争責任の目覚と問いが押さえ込まれていくプロセスがあり、その次に、占領とそれの「逆コース」を背景に今度はその被害というかたちで民族問題が再興し、ここで民族の被害意識が全面的に解禁されて、それとともに、加害民族の記憶の苦さや、戦争責任という認識の重さはさらに後景に斥けられたということである。

このような戦後日本の思想プロセスは、単純な沈黙や強引な否認による戦争責任の回避よりはるかに巧妙かつ根深いかたちで、その後の日本人の一般的な意識状況を規定したと見てよいだろう。それにより人びとは、まずは民族との対決を回避しつつ「普遍主義」の立場に立って戦後民主主義の主体的担い手となり、その次に占領という異民族支配に抗する民族的な抵抗主体にもなって、この一連のプロセスを通じて日本の戦後に国民的主体のアイデンティティを確かめるようになっていくのである。こうして「戦後日本」とその内向的な「戦後」意識が生み出されていったと見ることができる。

　もっとも、このような「戦後日本」の形成プロセスは、もちろん何らの抵抗もなく進んだわけではない。というよりむしろ、そこに抵抗が大きく生まれ、しかもその抵抗そのものを自らの内に繰り込むことによって、「戦後日本」はより強固に日本の戦後社会に根付いていくと見ることができる。そのような抵抗は、「戦後日本」に現出した民族への内向に抗するという意味で、まずは国際主義そしてアジア主義の形をとって登場している。そこで以下では、そうした抵抗の生成とその帰趨について考えていくことにしよう。それは、戦後日本のもう一つの可能性と挫折であったのであり、だからこそこの時代の思想的意味を裏面から照らすだろうと考えられるのである。

3　自閉してゆく戦後革命と国際主義の挫折——日本共産党と在日朝鮮人運動

◉——日本共産党の再出発と国際主義

日本の敗戦直後の思想状況から「戦後日本」を考えようとするとき、なによりもそこに再建される形で登場した日本共産党の存在を見落とすことはできない。この共産党は、戦前の日本に総力戦体制が形成されるプロセスでいち早く徹底した弾圧を受け、一九三〇年代の初めには、多くの逮捕者や転向者を生み出して組織としての体裁を失ってしまっていた。しかし、それから獄中に長く囚われていた党関係者は、そのことのゆえにかえって日本の侵略戦争への加担を疑われることがなく、敗戦直後の日本の思想空間に思想的・政治的にほとんど無傷のまま登場して、爆発的とも言えるほど一気に支持者を拡大し大きな影響力を獲得したのである。しかもその登場は、戦時に大日本帝国の体制の核であった天皇制に最も鋭く対立する点で、この時期の思想空間に特別な位置を占めるものとなった。獄中指導者の中心的な存在であった徳田球一や志賀義雄らが獄内で作成し、出獄とともに『アカハタ』再刊第一号に発表した声明「人民に訴ふ」(一九四五年一〇月)は、このときの彼らの主張の核心を次のように述べている。

我々の目標は天皇制を打倒して、人民の総意に基く人民共和国政府の樹立にある。永い間の封建的イデオロギーに基く暴悪な軍事警察的圧制、人民を家畜以下に取り扱ふ残虐な政治、殴打拷問、牢獄、虐殺を伴ふ植民地的搾取こそ軍国主義的侵略、中国、比島其他に於ける侵略に伴う暴虐、そして世界天皇への妄想と内的に緊密に結合せるものであって、これこそ実に天皇制の本質である。(*23)

見られるように、再生の始まりの時点での日本共産党の主張では、記憶に生々しい直前の戦争に彼らの目指す戦後革命の主題が直接に関係づけられ、そこで語られていた「天皇制の打倒」という課題も、植民地主義と侵略戦争を遂行した自国の帝国主義に対する闘いとして明確に意識されていた。これは、自国政府による自国民への圧政に抗するばかりでなく、自国が他者に対しておこなった植民地的搾取や軍国主義的侵略にも反対して、その権力の核にある天皇制を自らの責任で打倒しようという志向を持つ点で、国家を超える思想としての国際主義、彼らのいわゆる「プロレタリア国際主義」の立場に立っていると言える。そうであればこれは、少なくともその思想の潜勢力において、次第に内向化に進んだ「戦後」意識とは明確な対立関係にあると認めることができるだろう。この意味でこの時期の日本共産党は、「戦後日本」の物語とは根本的に異なる道を開く可能性をもった抵抗勢力であったのである。すると、この抵抗はどこに行ったのだろうか。

この戦後最初期の日本共産党の思想と行動については、占領軍を「解放軍」と見誤る認識の甘さがあったとこれまで指摘されてきている。いま触れた「人民に訴ふ」でも、冒頭に次のような表明があって、そこには連合国軍隊についての当時の認識が示されている。

ファシズム及び軍国主義からの世界解放のための連合国軍隊の日本進駐によつて日本に革命の端緒が開かれたことに対して我々は深甚の感謝の意を表する。(＊24)

これは確かに、世界に覇権を争う帝国主義間戦争の性格をも併せ持っていた第二次世界大戦をもっぱら対ファシズム戦争とのみ捉えていると読めるもので、この限りで理解するなら、連合国軍隊に「感謝」を述べるその認識は帝国主義に徹底して反対する観点からすればやはり「甘く」、それにより占領軍に対する行動も融和的になって立ち後れるところがあったと言うことはできるだろう。

だが、そのときに日本共産党が直面していた焦眉の課題が、植民地主義と侵略戦争を直前まで遂行してきた自国の帝国主義に対する闘いと見るならば、戦争によりその軍隊を破ったばかりの連合軍と一定の協調関係に入るのはやはり不可避でもあっただろうし、少なくとも当初の「解放軍」というその「認識」だけをもってこの党の誤りを論難しきることはできない。むしろ、このときの日本共産党に独自な「国際主義」の真価は、自国の植民地主義と侵略戦争に対決する闘いの内実において問われねばならないだろう。

そのように考えてみると、占領軍についての「認識」よりはるかに重要な事柄として、日本の植民地主義により直接に生み出された事態にかかわることで、敗戦直後の日本共産党が発揮すべき国際主義の質を示す鍵でもあったはずの、一つの問題があると理解できる。それは、日本の植民地であった地域とくに朝鮮の独立と解放、またとりわけ当時日本に在住していた朝鮮人の存在とその解放運動との関わりである。そもそも日本共産党は、このときに自国の帝国主義打倒の闘いに従事しながら、しかもその連関の中に朝鮮および日本在住朝鮮人の存在と解放を責任ある形で捉えて行動し、この意味で真の国際主義を追求しえていたのだろうか。

◉——金斗鎔の国際主義と日本共産党の責務

そこでまず考えたいのは、敗戦直後の日本共産党の路線再建とそれに並行していた日本在住朝鮮人たちの運動との関わりであるが、この問題の鍵を握る存在として、ここでは金斗鎔《キムドゥヨン》（一九〇四？—？）という一人の人物に焦点を当ててみたい。金斗鎔とは、戦前期に来日して東京帝国大学で新人会に加入しつつプロレタリア芸術運動に携わり、日本が敗北するや直ちに政治犯釈放運動の中心となって活動を開始し、再建された日本共産党で中央委員候補と朝鮮人部（部長金天海《キムチョネ》）の副部長に就任した人物である（*25）。彼は、一九四六年二月に発刊された日本共産党中央機関誌『前衛』の第一号に「日本における朝鮮人問題」と題する一文を執筆し（*26）、この時期の日本共産党において「朝鮮人問題」に関する思想的リーダーとなっている。この意味で、このとき問題の核心をなす位置にいた人物なのである。

日本共産党と在日朝鮮人運動との関係という場合、この金斗鎔が党の中央委員候補であり朝鮮人部の副部長でもあった事実は、ことを日本人と朝鮮人という二元的枠組みだけでは割り切れないという意味で、それ自体が問題のやや複雑な性格を表示している。金斗鎔という人物が、日本の地においては日本共産党に所属して活動し、在日朝鮮人たちに対しては「日本の人民解放闘争に参加する」（*27）よう訴えて、さらには「日本の反動勢力にたいする闘争のみが朝鮮の革命と朝鮮の民主主義戦線の勝利とのために真に役立ちうる」（*28）とまで主張していたことについては、これまでにすでに一定の裁定がなされてきた。たとえば朴慶植《パクキョンシク》は、「このような指導方針が在日朝鮮人運動を日本革命に従属させることによって民族的主体性を喪失させ、朝鮮の民主民族革命を二次的なものにしたものであることは今日ではおよそ明確になってきている」と述べ、金斗鎔を厳しく批判する（*29）。そしてもちろんここには、その裏面に、「朝鮮革命を第一とすべき朝鮮人革命家を日本革命のために利用した」という、日本共産党の利用主義への批判がまた含まれている。だが、在日朝鮮人運動の若き研究者である鄭栄桓《チョンヨンファン》がこだわっているように（*30）、金斗鎔が共産主義者としてプロレタリア国際主義という理想を持ち、自ら進んでこの道を歩んだことを思えば、はじめから日本革命と朝鮮革命とを二元的に対立させてしまうのではなく、いったんは日本の地において実現しようとした彼の国際主義の成否にまで立ち入って考えるのでなければ、革命的思想家＝金斗鎔にとってフェアな評価とは言えないだろう。

そこで問われなければならないのは、まずは、金斗鎔自身の国際主義の内実と意味であり、そしてその上に、金斗鎔が指導者としてそこに参画していた日本共産党の国際主義の内実と意味である。とりわけ思想の評価という観点から注目しなければならないのは、この党が、朝鮮人党員である金斗鎔の国際主義の志を受けとめて、党自らの綱領と路線において実際に実のある国際主義を実践しようとしたのかという点であろう。日本共産党員である金斗鎔の国際主義は、まずは日本共産党の路線において実現されねばならない。

そのことを考えるために、共産党再建の当初、金斗鎔その人が当時の状況において在日朝鮮人運動に何を求めていたのか、またそこで語られる国際主義とはいかなるものであったかを確認しておこう。それは、彼の戦後の第一論文である「日本における朝鮮人問題」(一九四六年二月一五日)に、一つのまとまりをもった形で読み取ることができる。

この論文で金斗鎔はまず、朝鮮において「朝鮮の完全な独立、人民共和国建設」へ向かう政治情勢が、大韓臨時政府を支持する右派勢力との鋭い対立を孕みながらも「全朝鮮人民の八割」の支持を得て大きく前進し、この朝鮮における政治情勢がまた、日本での「民主主義革命運動の急激な進展」と相まって日本における朝鮮人の大衆的闘争を著しく戦闘化させているという、当面する人民解放闘争相互の緊密な連動を強調する(＊31)。その上で金斗鎔は、そのような情勢にありながら、朝鮮ではなお統一した政府が樹立されず産業も復活していないことから、在日朝鮮人の切実な帰国への願いにもかかわらず、朝鮮に帰っても生活の途が立たず、せっかく帰ってもまた日本に戻ってくる場合のあることを指摘している(＊32)。人民解放闘争が相互に大きく連動し始めている現実と、日本にいる朝鮮人の多くが少なくともしばらくは帰国できないという現実、この二つの現実を前に在日朝鮮人運動の「今後なさるべき方向」とは何か、金斗鎔がまず立てたのはこの問題であった。

もちろん、日本で暮らす朝鮮人たちは、一方で朝鮮の「完全なる独立」を願い、またそのように独立した祖国に帰国したいと切実に希求している。だが他方で彼らは、当面は日本に居続けなければならない現実の中で、ここでの生活擁護のためにも積極的に闘争しなければならない。そこで金斗鎔は考える。そうだとすれば、在日朝鮮人運動に問われるのは、当面する生活擁護のための闘争を民族の特殊な利益擁護にとどめるのではなく、むしろ「広範な人民的なもの」を目指す方向に差し向けることだ。なぜなら、そのようにしてこそ、日本人民の好感と協力が得られるばかりでなく、朝鮮人民と日本人民の闘争の合流を嫌って分裂政策を駆使する帝国主義と正面から対決することになり、それがやがて朝鮮の独立と解放にも寄与することになるはずだからである。それゆえ、「朝鮮の完全なる独立の保障、世界民主主義平和政策支持のためにも、或はわれわれ自身の生活を根本的に解決する立場からも」、在日朝鮮人運動は、日本において「天皇制打倒」を根本目標にする人民解放闘争に積極的に加わらねばならない、と金斗鎔は主張している(＊33)。

ここで重要なことは、「朝鮮の完全な独立、人民共和国の建設」という課題と「天皇制の打倒」

という課題とが、現実的につながっているという認識であろう。金斗鎔は、この第一論文では、これら二つの課題が、それぞれ朝鮮革命と日本革命とに特化して関わるだけの個別課題ではなく、密接に連動していることを確かに見ている。そのことは、同時期に発表された論文「朝鮮人と天皇制打倒の問題」（一九四六年二月五日発表）では、さらに明瞭に語られている。いわく、「朝鮮人の当面してゐる任務は何か？　朝鮮の完全独立、人民共和国建設、誰でもこれを否定しないであらう。……（そして）われわれ自身の祖国の独立が侵害されないために、われわれすべては世界、殊に極東に於て侵略戦争が起らないよう、かかる根源となってゐる一切の要素、殊に当面してゐる日本天皇制に対しては、徹底的に闘争しなければならぬ任務を与へられてゐる」（＊34）。「日本の天皇制の存廃の問題は、ひとり日本人民の問題ではなく、それは朝鮮民族にとってもまた重大な関係を有する国家的国際的な問題である」と（＊35）。

　そして、このような「朝鮮の完全な独立」と「天皇制の打倒」の連動という認識は、確かに客観的に見ても、当面する状況の中で一定の現実的基礎を持っていた。というのもその当時、南朝鮮を占領する米軍政が朝鮮人民共和国を否認することと（＊36）、日本を占領するＧＨＱが昭和天皇を免責して天皇制を占領政策の遂行に利用することとは、米国の極東戦略において一体のものであり、その面から言っても二つの課題の連関は現実だったのである。だからこそ、異なった場所で闘われている人民解放闘争は実際に連動していたのであり、闘う側が戦略的にその連動を射程に入れて課題に立ち向かうならばいっそう密接な連動を起こすだろう。そうだとすれば、在日朝鮮人に天皇制打倒の闘いへの参加を呼びかける金斗鎔の主張は実際の行動指針として現実性をもっていたと見るべきであり、その国際主義も、単なる観念上の理想ではなく一つの具体的要請であったと読むことができる。

ところで、このような二つの課題の連動についての認識は、同時期に、日本共産党の中央委員である金天海《キムチョネ》にも共有されていた。そのことを金天海は、ほかならぬ朝連（在日本朝鮮人連盟）の結成大会（一九四五年一〇月一六日）で、「朝鮮の完全独立と統一の達成へ、日本では天皇制を打倒して民主政府の樹立を、そして親日反逆分子は厳重に処断し、われわれの住みよい日本にしよう」と呼びかける形で語っている（＊37）。しかもここで注意すべきは、金天海がこれを、すでに再建が準備されていた日本共産党の立場から語っていることであり、またそれを朝連に集う在日朝鮮人が熱烈に支持していることである。すなわち、これにより日本共産党は、朝鮮人党員の口を通してだが（＊38）、在日朝鮮人を前に二つの課題の達成を党として公約し、それを自らの国際主義的責務として引き受けたのである。

すると日本共産党は、このような期待に応えて公約を守り、二つの課題を実際に自らの課題とすることで、真に国際主義を実践したと言えるのだろうか。

◉――戦後革命路線の生成と国際主義の回避

日本共産党の「公約」について述べたが、金天海の朝連結成大会での発言は、もちろん共産党が再建されていくプロセスでのものである。それゆえ、この党が国際主義的責務を引き受けるというのは、まずは、党がそのような内実をもつ綱領と路線をもって実際に再建されるということにほかならない。しかも、天皇制の打倒と朝鮮の完全な独立というこのように大きな戦略問題なら、党の原則的立場は、この党が公表する綱領や大会決議などを通じて公式に表明されねばならないだろう。そこで、二つの課題について、この時期の党文献がどのように取り扱っているのか、それを検証し考えてみることにしよう。

まず「朝鮮の完全なる独立」という項目であるが、それが初めて課題として明示されるのは、一九四五年一二月一日に第四回党大会で採択された行動綱領の第二項においてである。この項目は、『アカハタ』再刊第一号（一九四五年一〇月二〇日）に発表された「人民に訴ふ」にも、第四回党大会の準備プロセスにある第一回全国協議会（同年一一月八日）で作られた「行動綱領（草案）」にも、実はまだ無かった。そこから推定できるのは、この「朝鮮の完全なる独立」という課題が、一全協と第四回大会との間にあったなんらかの路線論争、おそらく金天海や金斗鎔など朝鮮人党員も加わって進んだはずの路線論争を経て、ようやく行動綱領に書き加えられたということである。それにより、この党の行動綱領は、この形で植民地主義との闘争を具体的に明示することになっている。

そして注意したいのは、そのような努力があって掲げられたはずの「朝鮮の完全なる独立」という課題が、この第四回党大会行動綱領を顕著な例外として、その後は綱領などの重要文書での位置づけを大きく後退させていくという事実である。まず、第四回大会から時を隔てず一九四六年二月二五日におこなわれた第五回党大会では、行動綱領については直近の第四回大会で決まったものを基本的に踏襲したのでそれが残っているものの、この大会で特別に討議・決定された「大会宣言」では、党の「当面の基本目標」として対外的に示されたその項目の中から「朝鮮の完全なる独立」は除外されてしまっている(＊39)。そして、一九四七年一二月二二日に開かれた第六回党大会になると、行動綱領においても第二項に掲げられていたそれが第二七項にひどく格下げされ、「平和の擁護」と統合されるべき国際的提携の一般的課題である「朝鮮および南方諸国の完全な独立」として記載されることになった。この見逃せない変化は、この時期の党内の思想状況を確かに反映している。

すると「天皇制の打倒」はどうだろう。もちろん、日本敗戦後の共産党は、この天皇制の打倒を鮮明に打ち出すことによって出発した。それは、まず共産党の再生を高らかに宣言する「人民に訴ふ」に示されており、そして戦後初めて開かれた党大会である第四回党大会でもまとまった行動綱領に示されたのである。というわけで、第四回党大会のこの行動綱領は、冒頭から「天皇制の打倒」と「朝鮮の完全なる独立」という二つの課題を前面に立て、それを軸に共産党の革命構想を提示することになっている。そして、この二つの課題を語る言葉遣いの正確な踏襲からしても、またその執筆時期から考えても、金斗鎔の第一論文「日本における朝鮮人問題」が、この第四回党大会行動綱領を前提にして書かれていることは明らかである。

それとの対比で見るとき、大きな変化が現れてくるのは、続いて一九四六年二月二五日に開催された第五回党大会での大会宣言であった。この大会宣言は、党が実現すべき課題の第一に次の項目を掲げている。

(一) 封建的専制的軍事警察政治制度としての天皇制の廃止。皇室の存否に関しては、民主主義人民共和国成立の後、一般人民投票によってこれを決定する。現天皇の戦争責任は、これを追及

する。さらに、戦争犯罪人・人権じゅうりん犯罪人をわが国の政治・経済・社会上の重要地位から清掃する。(*40)

端的に「天皇制の打倒」を冒頭に掲げていた第四回党大会とくらべると、ここでの変化は、文言上は微妙に見えて、基本姿勢における大きな変化を示すものとして重要であろう。まず天皇制を「打倒」するのではなく「廃止」するというように表現をソフトにし、しかもその天皇制に「封建的専制的軍事警察政治制度としての」と限定を付け、この天皇制と「皇室」とをあえて区別して、後者については、「一般人民投票によって」という形で、民主主義と矛盾しなければ存続させられるという含みを残している。そしてこのように留保をわざわざ付けていくこと自体が、天皇制とは、妥協の余地があることを意図的に公表しているものと読める(*41)。だからこれを読むと、このような表現の背景に、同年一月一日に発表された天皇のいわゆる「人間宣言」が思い浮かべられるだろう。その宣言で昭和天皇は、五箇条の誓文を引用し、天皇の存在が民主主義と矛盾しないと力説しているからである。この「人間宣言」のほうは天皇制を占領政策に利用したいと考えるGHQの起草、承認でなされたものだったが、共産党第五回大会の宣言は、実はそれに妥協可能な圏域にまで足を踏み入れていると見ないわけにはいかない。

このような第五回党大会宣言を皮切りにして、共産党にとって天皇制の打倒という課題は、これ以降順次後景に押しやられていくことになった。そのような流れは四七年の第六回党大会になるとすでに明瞭なものとなっていて、ここで、天皇制の問題は表現をもっと薄めた「天皇制の廃止を伴う国家機構の完全な民主化」の主張となり、課題としての順位も、第一位を「ポツダム宣言の厳正実施」に譲って第四位に引き下げられてしまうのである。すなわち、党の目標の第一は日本の主権回復と民主主義的な国家機構の整備であって、それにくらべれば天皇制のことは二の次の課題になっている。

天皇制に関して日本共産党が次第に融和的になっていくというこの傾向に、四六年一月の野坂参三の帰国が大きなきっかけを与えたというのは、よく知られているところである。確かに、いま見てきたような第四回党大会から第五回党大会への変化は、その間に野坂の帰国をおいて考えてみると、「愛される共産党」を標榜し占領下の平和革命を志向する日本共産党の戦後革命路線の生成として、あるいはそれへの転換としてその一面をうまく把握できる(＊42)。それに対して、われわれがここで見てきていることは、この同じプロセスがその裏面で金斗鎔の第一論文「日本における朝鮮人問題」(二月一五日発表)を挟んで進んだという事実である。この事実に注目し、「朝鮮人問題」を論ずるその文脈では何が最も重視されていたかにしっかり注意を払って考えてみると、この路線が他方で何を切り捨てながら生成してきたのかも見えてくる。

そもそも、日本人にとって「愛される共産党」になっていくこの新しい路線を、在日朝鮮人運動の位置から見るとどうなるか。それは間違いなく、金天海が朝連の結成大会で党を代表して表明したあの公約、すなわち天皇制の打倒と朝鮮の完全なる独立という二つの課題を国際主義的責務として引き受けたあの約束を、日本共産党がここで回避した、あるいは少なくともその履行を先延ばししたとみなされるはずだ。そしてこの二つの課題が、その内容において日本の帝国主義と植民地主義に直接対決するものである限りで、それの回避（あるいは遅延）は、革命党としての、しかも日本の帝国主義と植民地主義に内的に責任を持つものとしての、国際主義的な責務の回避になってしまうだろう。日本共産党は第五回党大会ですでに、そのような帝国主義と植民地主義との対決の回避に一歩進みだしていると見られても仕方がない。

すると、金斗鎔が在日朝鮮人運動に即して構想していた国際主義、とりわけその在日朝鮮人への行動提起は、このような共産党の戦後革命路線の転換を前提にすると、いったいどのような意味をもつようになるのだろうか。

日本共産党は、第五回党大会を踏まえて、朝鮮人に関わる事柄についても党中央としての基本姿勢を整理してまとめ、それを「八月方針」（一九四六年八月）として党内に提示している。そこに、具体的な指示として次の二項目がある。

㈠　各地にある朝鮮人だけの細胞やフラクションは、なるべく日共の地域細胞やフラクションに加入し、日本人党員と一体となって活動する。

㈣　朝連は、なるべく下部組織の露骨な民族的偏向を抑制し、日本の人民民主革命をめざす共同闘争の一環として、その民族的な闘争方向を打ち出すことが必要で、その方が朝鮮人自体のためにも有利である。（＊43）

このような指示は、共産党内における在日朝鮮人党員の独自な活動を否定し、朝鮮人大衆組織である朝連による独自な民族的要求を掲げる闘争を抑制しようとしている点で、党中央として在日朝鮮人の独自要求と独自活動の抑制を表明していると理解されるだろう。しかもこれを、いったんは掲げた「朝鮮の完全独立」と「天皇制の打倒」という課題を後景に斥けているこの党、それゆえ日本人に愛されるよう自己演出している日本共産党が、在日朝鮮人に対して言っているのである。そのような戦後革命路線の下であれば、こうした党中央の指示が、在日朝鮮人にとっては、日本の党と日本人の運動への同化の要求になってしまうことは不可避である。日本共産党の国際主義的責務の回避は、朝鮮人部副部長＝金斗鎔によって提案されていた在日朝鮮人への行動提起の意味を変質させ、この八月方針においてある種の同化主義にまで一歩足を踏み入れさせているように見える。

しかも金斗鎔その人が、このような党の方針に従う形で、新たに在日朝鮮人に対している。金斗鎔は、「八月方針」の出た翌年である一九四七年三月一日発行の『前衛』に、「朝鮮人運動は転換しつつある」と題する論文を発表する(＊44)。そしてここで金斗鎔は、在日朝鮮人が日本の民主主義革命運動に専心すべきことを強調して、次のように言う。

> われわれの運動は、一方においては朝鮮の民主主義民族戦線へ、他方においては日本の民主主義革命運動へと、両方へ足をかけて活動していたような格好だった。……しかし今はすでにこのような考え方を完全に清算しなければならない時期に到達している。(＊45)

かつて、その第一論文で、金斗鎔自身が人民解放に向けた闘争相互の緊密な連動という基本認識から出発していたことを思えば、この論文の問題枠が朝鮮革命か日本革命かというあれかこれかに移行していることは、やはり一つの変質と見られねばならないだろう。以前も同じように日本の地での活動を強調していたと見えても、前提が異なればその意味はまったく異なってしまう。祖国の独立と統一を切実に願う在日朝鮮人であれば、このようにあれかこれかの二者択一を前提に日本革命の方に専心せよと求められても、それはどうしても受け入れ難かったに違いない(＊46)。ここには金斗鎔の国際主義の分裂があり、またそれを条件付けた日本共産党の戦後革命路線の問題性も顕れていると、わたしは思う。

金斗鎔は、この一九四七年という同じ年、日本において朝鮮民族の利益を守るのは「日本のプロレタリアートの党」である日本共産党のみであるとひたすら訴える論文「朝鮮人運動の正しい発展のために」(＊47)を書いた後に、早々と朝鮮北部に帰国する。あれほど日本革命への専心を説いた金斗鎔の唐突とも言えるこの帰国が、いったいどのような意図をもつものであったのか、それについてはなお、わからないことが多い。だが、その直接の理由はどうであれ、国際主義を説いてきた原則的な共産主義者＝金斗鎔のこの帰国が、日本という地にはもはや活動の場がないと見きわめた上でのことであったのは、まず確かだろう。このような金斗鎔の思想と行動が、日本共産党が一つの軸となっていた日本の「戦後」という思想空間、それの日本人のみに向かう自閉と無関係ということはありえない。

◉――五五年のわかれ

一九五五年という年は、日本で一般に語られる戦後革命運動史の中では、「六全協（日本共産党第六回全国協議会）」のあった年として記憶され記述されてきている。それによりこの年は、ある人にとっては、共産党の「五〇年分裂」といわれる混乱、すなわち所感派と国際派とに分裂して激しく抗争した混乱の時期がとりあえず終息して党に新しい統一した歩みが始まった画期の年として、まため人にとっては、全生活を賭して武装闘争を準備すべく献身した党が手のひらを返しそこに居場所すら奪われてしまった裏切りの年として、戦後革命運動の記憶を区画している。あるいは、さらに他の人にとっては、日本共産党をもう革命の前衛とは認めず、この党の外にそれとは別の前衛党を建設しようとした努力の痕跡とともに、その原点として繰り返し想起されるのが、この「六全協」としての五五年なのであった。もっとも、日本人たちの間で記憶されてきたそのような五五年に加えて、もう一つここで想起しなければならないのは、この五五年が、日本共産党の在日朝鮮人運動に関する方針が転換し、所属していた朝鮮人党員がすべて党籍を離脱した年だったということであろう。すると、それはいかなる意味をもつ転換だったのだろうか。

まずこの事態を、日本共産党史の問題としてではなく在日朝鮮人運動史の問題として見ると、ことがらは簡明で、それによりむしろすっきりと運動の歴史と筋道が語れるようになっているとも見える。というのも、朝鮮人共産主義者は、コミンテルンの「一国一党」という原則に縛られて日本においては日本共産党に所属せざるをえないできたわけだが、一方でコミンテルンの縛りが解体し、他方では一九四八年に朝鮮民主主義人民共和国が創建されて自分たちが保持すべき祖国の形がはっきりしたことにより、ここで独自な前衛組織をもつ可能性と現実的意義が明瞭になったまでだと見えるからである。

実際、在日朝鮮人共産主義者の日本共産党からのこの離脱に直接のきっかけを与えたのは、朝鮮民主主義人民共和国（北朝鮮）の対外政策転換であった。スターリンが死去し、中国の主導により「平和五原則」が提唱されるなか、ジュネーブ協定が調印に至り、「第三世界」登場の期待を担うべくアジア・アフリカ会議（バンドン会議）の準備も進んで、時は「平和共存」への移行がさまざまに語られ始めた時代である。このような国際環境の変容の中で、すでに朝鮮休戦協定を経た北朝鮮は、もっぱらソ連と中国に頼っていたそれまでの「陣営外交」をあらため、国際的に独立が認知されることを目指して自ら平和共存外交を始動させる（＊48）。その一環として、五五年二月二五日には、日本との国交正常化への意志を公式に表明すべく、南日《ナムイル》外相による「対日関係に関する朝鮮民主主義人民共和国外務相の声明」が発表されたのである。

この南日声明をうけ、それと連動させるべく在日朝鮮人運動の転換を訴えたのが、同年三月一一日の在日朝鮮統一民主戦線（民戦）第一九回中央委員会における韓徳銖《ハントクス》演説であった。後に在日本朝鮮人総連合会（朝鮮総連）の初代議長となる韓徳銖は、その演説の冒頭で次のように述べている。

在日朝鮮人運動はどのように転換されようとしているのか？　一口で言えば、在日朝鮮人運動の方向と闘争方法が、独立した国家公民の立場、すなわち朝鮮民主主義人民共和国公民の立場で直接にみずからの祖国の統一独立と権利を守る方向へ、そして両陣営の平和的共存を闘いと

るのに適合した闘争方法へ換えられるということである。（＊49）

これは、「独立した国家公民の立場」から「直接」に祖国の統一独立を守ると宣言している点で、在日朝鮮人運動の日本の革命運動からの独立を宣言するものであり、また「両陣営の平和共存」という観点を押し出している点で、日本（人）と朝鮮（人）との関係を国家間関係のレベルで捉えようという立場を表明するものだと理解できる。そしてこの観点から、当時の在日朝鮮人運動の基盤であった在日朝鮮統一民主戦線（民戦）は解体され、同年五月に在日本朝鮮人総連合会（朝鮮総連）が結成される運びとなった。と見てみると、このような動きは、「平和共存」への志向が全世界共通の関心となり、コミンテルンおよびソ連共産党の「たが」が外れて各国の共産主義運動がエスノナショナリズムの傾向を色濃くしていく時代状況の中で、ある「必然」（＊50）性をもって起こっていると理解できよう。

だが、このような日本共産党（日本の革命運動）と在日朝鮮人運動とのわかれも、それを在日朝鮮人の位置から言ってさえ、今になって見ればあらためて考え直すべきことは多いように思える。植民地主義が継続する「戦後」の現実の中で、確かに「民族」という概念がなお重要な意義を持ち続けることは疑いないとしても、しかしそれが直ちに革命運動組織の民族別組織化だけを不可避にするとは限らないだろう。そもそも「在日」という存在が否応なく孕んでいく多様性を考えると、民族という単一の指標で厳格に線引きしようとする組織化は、むしろ多くのアイデンティティを切り裂き、そこに現にあるさまざまな問題を見えなくする可能性も出てくる。そして実際に、五五年のこのときに日本共産党員として献身していた朝鮮人にも、「党を止めるか、それとも朝鮮人であることを止めるか」と迫る上からの突然の離党勧告に、深い挫折感を味わった者は決して少なくない(＊51)。また、在日朝鮮人運動の日本共産党との離別の決定は、五八年に本格的に開始された帰国運動に一直線につながっている(＊52)。それにしても、在日朝鮮人が日本社会で生活する正当な権利をもつばかりかその変革の主体でもあり続けうるという、もっとさまざまな歴史の可能性と連携していれば、おのずと意味は変わっていたとも考えられよう。

◉——革命路線の方向転換／解禁される民族主義

日本共産党と在日朝鮮人運動のわかれについて、まずは北朝鮮との関わりから考えたが、しかし、それを日本共産党の党内議論の文脈に引き戻してみると、それにかなり異なった意味づけが与えられているとわかってくる。先に五五年六月下旬に開かれた民対全国会議の報告から引用したが、それに先だって同年三月三日に開かれたより上位の中央民対会議では、同じことが次のように確認されている。

新綱領は、日本の革命のためのものであり、われわれは祖国を保持するためでその目的が違ってくるから、党籍を離脱する。(＊53)

ここで「新綱領」とは、一九五一年八月に提示され同年一〇月の第五回全国協議会で採択された

「日本共産党の当面の要求――新しい綱領」(いわゆる「五一年綱領」)を指している。革命政党の組織原則からすればある意味で当然だとも言えるが、ここでは、党籍離脱の理由が、単なる情勢変化や運動方針上の転換にではなく、綱領上の分岐に根拠づけられているのである。しかもこの綱領上の出来事は五五年ではなく五一年に起こり、翌五二年には、「五一年綱領」とは別に「在日朝鮮民族の当面する要求〔綱領〕草案」(いわゆる「民族綱領草案」)が発表されたということがある(一党内に二綱領!)(＊54)。すなわち、三月三日の中央民対会議の認識に立つなら、日本共産党と朝鮮人共産主義者たちとのわかれは、思想・路線的にはすでに五一年に決着がついていたことになる。

思えば、民族を次第に強く前面に押し立てるようになる日本共産党の路線転換が、その末に、全面的に「民族解放」を主題にした革命路線のかたちに明確にまとまったのは、「五一年綱領」のことであった。この五一年綱領は冒頭から次のように始まっている。

現在、日本の国民は、日本の歴史はじまって以来、かつてなかったほどの苦しみにおちいっている。戦争と敗戦は、国民に破滅をもたらした。戦争後、日本はアメリカ帝国主義者の隷属のもとにおかれ、自由と独立を失い、基本的な人権さえ失ってしまった。現在わが全生活――工業、農業、文化等はアメリカ占領軍当局によって管理されている。(傍点は引用者)(＊55)

いまここで、戦後の在日朝鮮人運動をしっかり意識しながらあらためてこれを読んでみると、なるほど、日共中央民対会議に集まった朝鮮人たちが「新綱領は、日本の革命のためのものであり、われわれは祖国を保持するためでその目的が違ってくる」と言って党と決別したくなる気持ちがよくわかる。自国の侵略戦争が終わってまだ何年も経っていないのに、また共産党自身も、自国の帝国主義に抗し、その元凶たる天皇制の打倒を掲げてきて間もないのに、ここではすでにそうした歴史は後景に押しやられ、もっぱらアメリカによる日本占領の「被害」のみが前面に出てしまっている。しかもこの主張は、もちろん革命党のプロパガンダの性格が強いものだとしても、「戦後改革」を経て「復興」が進み始めたと一部では感じ取られつつあった五一年の日本の状況下で、あまりにも冷静な分析を欠き、民族の「被害」の構図が単純でリアリティがなさすぎる。これでは、継続する植民地主義(＊56)の被害が本当にはどこにあるのか、かえって見えなくなってしまうだろう。

また、この五一年綱領がさらに問題なのは、その植民地主義と侵略戦争に対する認識によってである。綱領の記述は次のように続く。

他国の領土を略奪するための侵略戦争の道は、日本にとって、すでに、試験ずみである。だれでもしっているように、前の戦争は、ナチス・ドイツと同盟しておこなわれたが、わが国の敗北と破滅に終わってしまった。当時の中国は弱かったが、いまは強くなっているし、また、ソ同盟は前よりも、さらに、もっと強くなっている。アメリカ帝国主義者との同盟が勝利をもたらすという保証が、どこにあろうか？　アメリカ人は、ドイツ人より、いくらかでもましな兵隊であろうか？(＊57)

このような主張をまともに受け取るなら、アメリカの誘う侵略戦争の道は「勝利をもたらすという保証」がないから拒否すべきだということになる。すると、日本がおこなった前の侵略戦争にしても、敗北したから悪いというなら、勝てば良かったのか。そんな浅薄な主張では、一貫して天皇制と侵略戦争に反対し闘ってきたと自負する日本共産党の看板が泣こうというものだ。ともあれここには、植民地主義そのものについて深刻な反省を促す志向は認められず、そもそも日本のおこなった植民地主義についての顧慮もないのである。

民族の被害という図式と植民地主義の忘却。日本民族の解放を標榜する五一年綱領については、現在ではあまり真剣に読まれなくなっているので議論にもならないが、当時は重い政治的な意義を持ったその文書がこんな思想内容を含んでいたのは間違いない。『日本共産党の八十年』と名付けられた今日の党の正史によれば、この五一年綱領は、「五〇年分裂」と名付けられている党の混乱期に当時北京に避難していた党幹部の一部がスターリンによってモスクワに呼びつけられ、このスターリンの主張に屈服して作られたものと位置づけられている(＊58)。外から押しつけられたものだという弁解だが、しかしそんな公式説明にもかかわらず、実際には日本共産党そのものの歩みが、すでに見た第六回大会あたりからこの五一年綱領に親和的な方向で順次進んでいる事実を見逃すことができない。

顧みれば、連合軍の日本占領が長期化し、また冷戦状況の深まりを背景にその占領政策が「逆コース」を辿るようになると、反共に志向する占領当局と共産党との軋轢も激しくなり、そこに生み出される反米の感情とともに「民族」が戦後のこの党の中でふたたび強く意識されるようになっている。そうした認識の変化は、一九四六年の食糧メーデーにマッカーサーが「暴民デモ許さず」という非難声明を出し、翌四七年には二・一ストに対して中止命令を発したことを契機にして、まずは占領軍を解放軍とするそれまでの規定への疑いとして始まり、占領政策と軋轢を繰り返す中で、やがて占領を植民地化された民族の被害と捉える方向に進んでいるのである。この認識の変化が、党の綱領・路線の中では、まず四七年一二月の共産党第六回大会で「日本の完全な独立」という行動綱領項目の提起として姿を現し、四八年三月には「民主民族戦線」の提唱という形を取り、そしてそれが五一年の新綱領でいよいよ「民族解放民主革命」の路線として定式化されるに至ったと理解できる。

そこで生じている変化は、結果から見れば、天皇制という形をとった日本の帝国主義と植民地主義の「加害」に抗する闘いが日本民族の被占領という「被害」に抗する闘いになることであり、解放軍であったアメリカが一転して帝国主義の元凶であり主たる打倒対象になるという、大逆転に帰結する。ものの数年も経たないうちに起こったこれほどの転回は、周縁にある朝鮮人たちにとっては、求めてきた革命の性格そのものの変質であり、関与する自らの立場そのものの喪失とも見えたに違いない。そして確かに、この流れの中で、朝鮮人に対する排除は順次確実に進行している。

同時期の日本共産党と在日朝鮮人運動の関係を実質に即して見てみると、在日朝鮮人の存在は日本の継続する植民地主義の現在に構造的な関わりを持つゆえに、共産党側のこのような路線転換にもかかわらず、両者の関係は実はそれを踏み越えて広がっている。とくに一九四八年頃からの数年間は、日本共産党にとっても在日朝鮮人運動にとっても、その活動が次第に占領当局との緊張関係を高めて、きわめて厳しい試練に立たされたときであった。そんななかで、祖国朝鮮における戦争が気遣われるこの時期に朝鮮人の日本共産党への期待はとりわけ高まり、朝鮮人党員数もかなり増加したと言われている。多くの証言によれば、この時期に敢行された数多の実力闘争においてその先頭に立ったのは朝鮮人であり、またそれに目をつけられて厳しい弾圧の対象となったのも朝鮮人なのであった。

それにもかかわらず、在日朝鮮人の位置づけをめぐる議論は共産党内で次のように進んでいる。まず「民主民族戦線」が提起されるプロセスにあった一九四七年一二月、日本共産党第六回大会は、「党は日本民族の独立と世界平和を確立するために全力をつくす」と宣言する党規約前文を採択する一方で、朝鮮問題については、行動綱領の末尾に「朝鮮および南方諸国の完全な独立」という項目を掲げることにより世界平和と民族自決一般の事柄に組み込んだ(＊59)。その次に、一九五一年二月に開かれた第四回全国協議会においては、在日朝鮮人は中国人とともに日本民族とは異なる「在日少数民族」と位置づけ直され、「不当な圧迫をうけている在日少数民族の利益と権利を守る斗いに積極的な協力と援助を行わなければならぬ」と主張される(＊60)。これが、同年一〇月に開かれている第五回全国協議会では、当面の任務に「在日諸民族との提携」を掲げ、ここでは「在日朝、中両人民」は「確固とした独立国家の人民」であるとする位置づけに変わる(＊61)。そしてそのような議論を経て、五二年になると、五一年綱領に対応させて在日朝鮮人運動を党の外部に独自に位置づけるべく起草された「民族綱領草案」が提出されるに至るのである。

このようなプロセスをあらためて振り返ると、「在日少数民族」であれ「独立国家の人民」であれ、紆余曲折しているように見える在日朝鮮人の位置づけが、党の路線上ではある一定の方向性をもって進んでいるとわかる。すなわちそれらはいずれも、日本人を民族として立ち上げていこうとするこのときの路線の流れの中で、民族である日本人たちの共同戦線とその外部という関係に在日朝鮮人を分離して位置づけていく方向性をもった営みにほかならなかったということである。そして、日本共産党と在日朝鮮人運動とのわかれも、この党の路線という視点から見るとき、日本人という民族に基盤を求めて次第に深みにはまっていくこの展開の必然的な帰結であると理解しなければならない。

かくして、日本敗戦直後の再出発の当初は可能性としてあった日本共産党の国際主義は、五〇年代に入ると明らかに一つの民族主義に変質し、これもまた「戦後日本」という枠組みの中にすっぽり組み込まれることになった。しかもこの民族主義が「共産党」という日本国内の反対勢力に根付くことによって、「戦後日本」のナショナルな意識に内向する政治枠組みはより強固な構成をとることになったと見なければならない。

このプロセスを同時代に見ていた竹内好は、一九五〇年発表の「日本共産党に与う」という文章で次のように言っている。

> 日本共産党にたいする私の不満をつきつめていくと、それは結局、日本共産党が日本の革命を主題にしていない、ということに行きつくのではないかと思う。（＊62）

「方法としてのアジア」という立場を提起して戦後日本に異彩を放った竹内の思考は、このように日本共産党を含む「戦後日本」へのもう一つの抵抗として始まっている。そこで、次にこの竹内の思想の営みについて考えたい。

4 「方法としてのアジア」という陥穽

◉——日本人の加害責任と自己解放

これは鶴見俊輔が早くから指摘していることだが、戦後日本の戦争をめぐる言説、とりわけ戦争責任をめぐる言説状況は、一九五五年あたりを境に大きく様相を変化させたと言うことができる。鶴見の言い方を借りれば、戦後も五五年頃までは「戦争責任意識の制度的形成の時代」であって(*63)、それまでは、戦争責任についての意識形成を促すいくつかの発言はありながら、それらが同時代の日本の言説世界に主体的に受けとめられることはなく、むしろ占領軍によって課せられる形で、すなわち公職追放や東京裁判の形でもっぱら制度の事柄として問題化されねばならなかった。それが、五五年以降になると「戦争責任意識を自力でつくり出す動き」が現れて(*64)、戦争責任がようやく思想内在的に問われるようになるというのである。しかもそこで注目すべきは、日本共産党関係者など戦後民主主義の中心的な担い手まで含んで、政治家や軍人ではない知識人たちの思想や行動についてもその戦争責任が問われるようになったことだ。そう言われてみると確かに、その口火を切ったとされる吉本隆明が「高村光太郎ノート——戦争期について」を『現代詩』誌上に、また

「前世代の詩人たち――壺井・岡本の評価について」を『詩学』に発表したのは一九五五年のことであり、それに続いて鶴見俊輔が「知識人の戦争責任」を『中央公論』に、丸山眞男が「戦争責任論の盲点」を『思想』誌上に発表したのは、翌五六年のことであった。

もっとも、このような戦争責任論の「再台頭」(*65)とも言える言説上の展開を考える際には、その背景にある「戦後日本」の日本人の一般的な意識状況にも注意を向けなければならない。民族への志向をあらためて強めた五〇年代、それも敗戦から一〇年が過ぎようとする五五年あたりになってくると、講和条約を機会に進んだ追放解除もあらかた済んで、日本人の間に戦争体験とその責任の問題をもう過去のことにしよう(したい)という意識が次第に広がっていた。「神武景気」と言われた好況が始まるのもこの年で、人びとの関心はもう経済の成長と生活の豊かさに向かってざわめいている。それゆえ、鶴見がこの時期に見いだした「戦争責任意識を自力でつくり出す動き」というのは、一面では確かに戦争責任問題の思想的な進展あるいは深化であったのだが、他面ではこのときに蔓延しつつあった戦争を過去に追いやる意識に抗するぎりぎりの努力でもあったのである。

竹内好は、このような状況の中で、日本人の戦争責任論を質的に一段深めるべく発言している。このときの竹内の念頭に、加害責任を問わないままふたたび民族への志向を強めるようになった「戦後日本」について大きな懸念があったのは明らかである。それを意識する竹内は、あらためて日本が歩んだ近代化の道を全体として問いの対象としている。

アジアの上に重くのしかかっている帝国主義の力を除くためには、みずから帝国主義を採用するか、それとも世界から帝国主義を根絶するか、この二つの道しかない。アジアの諸国の中で、日本は前者をえらび、中国をふくめて他の多くの国は、後者の方向をえらんだ。……（しかし）ドレイが自由人になるためには、みずからドレイ所有者に変わるだけでは不完全であって、支配被支配関係そのものを排除しなくてはならない。（＊66）

日本帝国主義による加害の戦争責任、日本人がこのことをしっかり認識し引き受けなければならないというのは、それが他者を害した罪をつぐなう政治的・倫理的な責務であるという理由だけからではない。加えて重要なのは、日本が選んで辿った近代そのものが、そのナショナリズムの形が、日本人の主体のあり方を根本から規定しているということである。すなわち、日本帝国主義の加害性は、日本人の主体に刻印されたドレイ性（魯迅的な意味で）と深く相関していて、前者が清算されない限り後者のくびきは維持し続けられると考えねばならない。だからこそ、加害責任を避けずに引き受けるとは、日本人のそのような主体のあり方を根本から変えていくことであって、この意味で日本人自身の自己変革と自己解放の核心に関わっている、と竹内は見るのである。

この観点から竹内は、五〇年代序盤の国民文学論争においては、「血にまみれた民族」の戦争責任をあらためて想起させるべく、まずは人びとの内面の精神に広く響く文学の機能に期待を寄せていた（＊67）。これに対して五〇年代を通過した竹内は、戦争体験の継承そのものが次第に困難になってゆく時代状況の中で、「加害意識の連続」（＊68）をいよいよ切実に考えるようになり、それの可能性を「民族感情」とその「責任感の伝統」に求めるようになっていく。この点について竹内は、六〇年の論考「戦争責任について」でこう語っている。

罪は客観的に存在するが、責任は「責任意識」に主体化されなければ存在を証明できない。少なくとも説得はできない。ところが戦争責任は「免れて恥じない」ものである。この救済のためには、民族感情に自然な責任感の伝統をよりどころとするしかない。そのような伝統としては、アジア、とくに中国に対する侵略の痛みしかない。（＊69）

ここで確かに竹内は、「知識人の戦争責任」に即して言説レベルでは再台頭していると見える戦争責任の問題を、人びとが「伝統」として持つ感情に訴えることで日本人の主体に内在する堅固な基盤に据えようと考えている。

もっとも、このときに竹内が進もうとしていた道は、しかし同時に、とても大きなリスクを孕んだ道でもあったと考えなければならない。というのもここで竹内は、そうした思想的エネルギーを生み出す源泉として、日本人の民族感情に根ざす「伝統」と、日本の近代とは対照的に捉えられるアジア近代の「原理」に期待を寄せ、既存のそれに賭けているからである。もちろん竹内とて、そうした伝統や原理が実体として現存するなどとナイーヴに信じていたわけではない。そうではなく眼目は、自分に独自なものとして思想的エネルギーを生み出す伝統や原理に立って歴史の主体となるために、既存の思想に内在する可能性を構成的に広げてみようということである。ここに、竹内の「方法としてのアジア」という立場が生まれた。

文化的な巻き返し、あるいは価値の上の巻き返しによって普遍性をつくり出す。東洋の力が西洋の生み出した普遍的な価値をより高めるために西洋を変革する。これが東対西の今の問題点になっている。……その巻き返す時に、自分の中に独自なものがなければならない。それは何かというと、おそらくそういうものが実体としてあるとは思わない。しかし方法としては、つまり主体形成の過程としては、ありうるのではないかと思ったので、「方法としてのアジア」という題をつけた。（傍点は引用者）（＊70）

とすれば、このように伝統として保持される自分の中の「独自なもの」を、主体形成のために構成的に創出しようという〈方法〉は、いったい何をもたらしたのだろうか？

◉——アジア主義という隘路

問題は、「方法としてのアジア」というこの立場から竹内が、近代日本に生まれた「アジア主義」の潮流をアジアとの連帯を求めた思想伝統として再評価しようとするところにある。竹内のこのアジア主義再評価は、日本の植民地主義の加害責任を問おうとする立場内部に深刻な亀裂を生んで、ここで避けて通れない問題点を含んでいる。

そもそも、戦争責任の伝統を近代日本に基礎づけようとして、それの基盤をほかならぬ日本のアジア主義に求めるというのは、歴史の現実を見る限りまったくリスキーな賭けであることは否めない。朝鮮史研究者の梶村秀樹（一九三五―一九八九）は、現実の歴史を参照しながら、竹内のそんな企図について重大な疑問を端的に次のように指摘している。

なぜ、今日、少なくとも「見方によっては徹頭徹尾侵略的な」玄洋社＝黒龍会をあのように評価しなければならないのか？（＊71）

竹内が積極的に論じようとしているアジア主義、なかでもその中核におかれた玄洋社＝黒龍会というのは、事実としては近代日本の植民地主義や侵略の尖兵となった集団であり、竹内自身がそれを「見方によっては徹頭徹尾、侵略的」と認めている（＊72）。それなのに竹内は、「玄洋社＝黒龍会イデオロギイが最初から侵略的であったかというと、そうではない」と繰り返し主張する（＊73）。梶村にとってはこれがまったく不可解である。梶村の見るところ、「少なくとも『皇室を敬戴し』『本国を愛重し』『民権を伸張すべし』との綱領を標榜する玄洋社に最初から国権論→侵略主義の要素は潜在していたのだ。それが客観的条件によって一定の時期に開花したまでだという論理を完全に否定することはできないはずだ」（＊74）。それなのに、日本の侵略主義の加害性を問うているはずの竹内その人が、明白な侵略主義的イデオロギーをもつ玄洋社を救い出そうとしている。いったい、その意図はどこにあるのか。

この点はたしかに、竹内独自の「方法としてのアジア」という立場にしっかり立ちきらないと理解できないところだ。竹内は、もちろん、玄洋社＝黒龍会に侵略主義があることを否定してはいない。それにもかかわらず竹内がこの玄洋社＝黒龍会を再評価しようとするのは、黒を白と言いくるめようというのではなく、むしろ、たとえわずかでもそこにあるはずのアジアの「原理」に結びつこうとする思想を、その方向に人びとを動かすエネルギーをもった思想を、意識的にそこから引き出したいためである。すなわちここで竹内は、玄洋社＝黒龍会について、その侵略主義イデオロギーからアジアの原理を志向する思想を分離抽出し、ここから近代日本においてアジアの原理を志向する「伝統」を構成的に創出しようと企図しているのである。竹内は言う。

> 思想からイデオロギイを剝離すること、あるいはイデオロギイから思想を抽出することは、じつに困難であり、ほとんど不可能に近いかもしれない。しかし、思想の次元の体制からの相対的独立を認め、事実としての思想を困難をおかして腑分けするのでないと、埋もれている思想からエネルギイを引き出すことはできない。つまり伝統形成はできないことになる。（＊75）

竹内は意図して火中に栗を拾おうとしているのだ。だからこそ、竹内の「方法としてのアジア」という試みは、大きなリスクを孕んだ一つのチャレンジなのである。

すると気になってくるのは、このチャレンジが何を賭金にしておこなわれているのかであろう。もちろん、どんな思想にも何かのポジティヴな可能性があるはずだから、たとえ敵対的な思想についてであっても、その可能性を最大限に見ようとすること自体は悪いわけではない。まして、それが人を動かすほどの力を持った思想であるなら、そこに分け入る勇気は時としてとても大切である。

だが、そのときにそれと引き替えに、もっと大切にすべきもともとの思想の根幹を譲ってしまうなら、すなわち「ミイラ取りがミイラになる」ようなことがあるなら、それはやはり重大な陥穽にはまったものとみなされるであろう。竹内が日本のアジア主義を再評価するとき、そのようなことはなかっただろうか。

と思ってみると、そのことは、焦点となっている玄洋社＝黒龍会を竹内がいかに扱い、どこで防衛線を引いているかという、その微妙なニュアンスにおいて、しかしよく読めばかなりはっきりと表されている。たとえば、玄洋社＝黒龍会を「侵略主義の権化」として批判したE・H・ノーマンの主張に対して釘を刺す竹内の、次の言い分を見よう。

日本の対外膨張を、すべて玄洋社の功（または罪）に帰するのは、行きすぎである。初期ナショナリズムと膨張主義の結びつきは不可避なので、もしそれを否定すれば、そもそも日本の近代化はありえなかった。問題は、それが人民の自由とどう関係するかということだ。（＊76）

なるほど、玄洋社＝黒龍会がいかに侵略主義的であったとしても、彼らの存在だけで日本の対外膨張の責任をすべて語ることはできないから、その責任範囲を限定しようとする竹内のこの反論は、まずはまっとうである。しかし、それに続けて竹内が、初期ナショナリズムと膨張主義の結びつきを「不可避」と是認し、しかもそれを「日本の近代化」ゆえに肯定してしまうのは、いったいどうしてだろう。先に見てきたように竹内は、「みずから帝国主義を採用するか、それとも世界から帝国主義を根絶するか」というアジアの近代化における二つの道を指摘し、前者の道を辿った日本を後者の道へと転轍させるべく「方法としてのアジア」を出発させたのだった。しかしここでは、玄洋社＝黒龍会の存在を是認するために、まずは膨張主義そのものを「不可避」であると認めてしまっているのである。しかもこれは、次のように続けられる。

> 玄洋社（および黒竜会）が、当初から一貫して侵略主義であったという規定は、絶対平和主義によらないかぎり、歴史学としては無理がある。……中国革命への干渉と、満蒙占領の時期だけを固定すれば、日本の国策はあきらかに侵略的だが、この責任を玄洋社＝黒竜会だけに負わせるのは、やはり無理があるだろう。（＊77）

　ここでもなるほど、日本の侵略主義の責任を一貫して玄洋社＝黒龍会だけに負わせることが「無理」と指摘する竹内の主張は、それ自体としては誤りではない。とはいえ、それを主張するために竹内は、日本の国策が侵略的であった時期を「中国革命への干渉と、満蒙占領の時期だけ」に固定するという、視野の限定をあえておこなっている。これなどは、日本の侵略をその植民地主義から考えようとしてみると、まったくそれに逆行する論法と言わざるをえない。これだと、意図はどうあれ事実上、それ以外の時期に侵略的でなかった膨張主義の国策があり、また侵略的でなかった玄洋社＝黒龍会が存在するという主張になるだろう。実際に、玄洋社が朝鮮に送り込んだ天佑侠《てんゆうきょう》という秘密組織と朝鮮の東学党との関係を語る竹内の記述は、「事情を知らない読者」が読めば「天佑侠が東学党を助けた」事実があったと理解されるもので、「誤ったイメージ」を伝えるものとなっている（朝鮮史家としての梶村に言わせれば「実際そういう事実はなかった」のである）（＊78）。その上で、竹内は、日本の国策が「あきらかに侵略的」と見られる時期と場所を引用のようにあえて限定するのである。こうすると、侵略性を問うこの議論の内には、朝鮮の植民地化の問題が一切含まれないことになる。竹内の議論における朝鮮の欠落はよく指摘されることだが、それは、竹内が実際にどれほど朝鮮にも言及しているかではなく、彼の議論の構造に朝鮮の植民地化問題が欠落しているのではという疑問である。そう思ってこの箇所を読むと、その疑問がまさに当たってしまうのだ。しかもこの欠落が、日本のアジア主義を評価するゆえの帰結であるとすれば、それはあまりにも失うものが大きいと言わねばならない。

竹内は、アジア主義再評価を目指す自らの議論を最後にまとめて次のように言う。

おくれて出発した日本の資本主義が、内部欠陥を対外進出によってカヴァする型をくり返すことによって、一九四五年まで来たことは事実である。これは根本は人民の弱さに基づくが、この型を成立させない契機を歴史上に発見できるか、というところに今日におけるアジア主義の最大の問題がかかっているだろう。（＊79）

だが、このように「この型を成立させない契機を歴史上に発見」しようとして、現実のアジア主義者をなんとか救出しようとし、それのために、初期ナショナリズムと膨張主義との結びつきを

「不可避」と是認してしまうというのは、いかにも胸の痛くなる倒錯だ。しかも、朝鮮の植民地化という文脈では、「誤ったイメージ」を作って実際にはここで侵略主義的に行動したアジア主義者たちを現に救済していると見える。それにより竹内好は、「方法としてのアジア」というリスキーな賭けに躓き、その陥穽にはまってしまっている。

◉——民族感情に依るという陥穽

すると、竹内の誤りはどこにあったのだろう。中国の日本思想研究者である孫歌は、竹内の中国論に関連して、それを論ずる仕方について注意を促している。

> ある意味では、その中国論は、中国研究として書かれてはいない。それは、日本社会の表面的な近代認識を正すために、対象をひっくり返して構想自体を作って見せたものになっている。今日において、竹内の中国分析から結論を引き出し、当否を議論するのは無意味なことだ。(*80)

たしかに、このことは竹内のアジア主義再評価についても同様にあてはまると言えよう。それは、現実のアジア主義者たちの実像を描いたものなのではなく、やはり「対象をひっくり返して」いるのである。だから、ここでも竹内の事実認識の当否をそれだけで議論するのは無意味なことである。

とすれば、問題はもっと根本から、すなわち、竹内を「方法としてのアジア」に駆り立てているモチーフそのものから考えなければならない。すでに見たように、それは、日本帝国主義の加害責任への自覚を日本人の根本的な自己解放への道へと差し向けるために、そうした思想的エネルギーを生み出す源泉として、日本人の民族感情に根ざす「伝統」と、日本の近代とは対照的に捉えられるアジア近代の「原理」に期待を寄せ、それに賭けようということであった。竹内が日本近代のアジア主義を再評価したくなったのも、そこにアジアに志向する思想的エネルギーを認め、そこから民族感情に根ざす「伝統」が創出されると考えたからにほかならない。

しかし、そうだとすれば、思想的エネルギーの結集のために民族感情を動員し、そこに民族として責任主体を打ち立てようという企図が、そもそも妥当なのかが問われるだろう。梶村は、そのような竹内の発想を、ナショナリズムをシンボルとして操作しながら巧妙に民衆のエネルギーを結集してきた近代日本の戦争動員のやり方と同型として批判している。

悪しき伝統ではあれ、エネルギーの結集という一点のみでそれを利用する以外にないというのであれば、それは勝てば官軍という論理である。(＊81)

そもそも、このような発想が出てくる根元には、民族意識こそがわれわれのアイデンティティの根底をなしていて、このナショナルなシンボルによってこそ主体は成立するし、その主体の行動も可能になるのだという、「国民的主体」の固定観念が頑固に生き続けている。そうであればこそ、戦争責任を問おうとするときに、まずはその前提として民族感情を基盤にナショナルな責任主体を立ち上げようという発想が出てくる。この固定観念から竹内も自由ではなかった。これに対して梶村は、次のように抗弁している。

国家権力が及ぶ限界に規定されて、当面、思想が機能する範囲はまず国境の枠内であるとしても、それは、ナショナルなシンボルによってしか主体の論理は成立しないということと同じではない。（＊82）

そうなのだ。日本帝国の植民地主義について、日本人が日本の加害責任を負おうとするときに、その前提として、日本人はその民族感情に依拠しながらナショナルな主体をまず打ち立てねばならないということにはならない。それなのに竹内は、この区別を明確に認識せず、「戦後日本」に抵抗するという本来の志にもかかわらず、やはりそのナショナルな思考枠組みを打ち砕くことができなかった。かくして、「戦後日本」に対する竹内の抵抗は、この国民的主体への願望をより強化することによって、むしろここで当の「戦後日本」の物語そのものを強化することになったと言わなければならない。

それを思って顧みると、一九九〇年代になって日本では「歴史主体論争」という論争が起こり、そこでもあらためて戦争責任とその責任主体をめぐる議論がなされたことが想起される。確かにここでも、論争の一方の当事者である加藤典洋は、日本の侵略戦争でのアジアの被害者に対して謝罪すべき主体が欠如しているとし、それゆえまずは三〇〇万人の日本の死者を弔うことで「日本人」

としての主体を立ち上げなければならないと主張して、大きな反響を呼んだ(*83)。一九六四年に竹内と梶村とが論争した経緯を踏まえてこの事実を見るなら、「主体」についての意識という点では、以後三〇年の間に思想論争の構図はいっこうに変わっていないと認めねばならない。すなわち、国民的主体に志向して内側だけで「平和と民主主義」を語る「戦後日本」は、その思想の構成を九〇年代のその時期までずっと変えずに来てしまっている。この上で、日本帝国主義の加害性は温存され、竹内の言うような日本人の主体に刻印されたドレイ性は清算されず、そして価値概念としての「戦後日本」も生き続けてきたのであった。

5　日本民衆の植民地主義への問いへ

すると、そこから抜け出ていく道はいかに開かれるのだろうか。この小論でそれを全面的に探索していくことはできないだろうが、しかしこれまでの考察で、その手がかりの一端は見えていると言ってもいいかもしれない。というのも、ここで見てきた六四年の竹内の失敗は、それを現時点から考え直してみるとある積極的な可能性を示唆する貴重な経験だったと考えることもできるからである。すなわち、竹内の「方法としてのアジア」の挫折は、そもそも国民的主体を打ち立てるという「戦後日本」の思想的希求そのものが、実は日本の加害責任を負おうとする志向とまったく逆立していると、気づかせてくれるのである。わたし自身は、かつてそのことを次のように表現した。

ちょっと逆説的に聞こえるが、「日本人」として加害への連累が自覚され責任が果たされうるのは、「日本人」であることが確立するときなのではなく、むしろ「日本人」であることが分裂するときのことなのである。(＊84)

もちろん、かつての著作でのわたしのこの言い方は、まだ抽象的に過ぎる。すると、竹内のように民族感情に依るのではなく、しかも日本人の加害性の自覚をその国民的主体の清算につなげていくこと、この意味で日本人であることを分裂させていくというのは、具体的にはどのようなことなのだろうか。アジア主義の原点(心情的出発点)を顕揚しようとする竹内好の企図を厳しく批判した梶村の竹内批判は、実は、直ちに梶村自身に跳ね返り、彼に歴史への問いの意味をあらためて考え直させることになっている。日本人であることを分裂させるための、手がかりの一つがここにある。

そもそも梶村は、竹内を批判する際にもその素志を否定するのではなく、戦争における加害責任を認めた上でしかも「日本人の主体において未来を切り開いていく」という、竹内の提起した「もっとも根底的な問題設定」(＊85)に対しては、それに積極的に応答したいと考えていた。だから梶村は、竹内と同様に、というより歴史家としてもっと歴史内在的に、アジアの歴史の中で植民地主義に抗して奮闘した日本人の思想と行動の事例を探し出したいと願わざるをえないのだった。梶村の方こそまさに切実に、侵略に抵抗して民衆の連帯を求める日本人の主体的姿を歴史の中に求めていたのである。それにもかかわらず梶村は、事実を見つめる朝鮮史家として、結局、次のことを認めねばならなかった。

朝鮮近代史の史料に具体的に登場する日本人をいかに底辺までたずね入っても、仮説的な前向きの思想と生きざまが発見しがたいのである。植民地社会の日本民衆の中に、上から与えられた侵略と支配の思想に敢然と逆らって朝鮮人との連帯を志向したといえる層は、どうしても見つからないように思われる。（＊86）

するとこの問題に関する限り、歴史からは何も学ぶことができないのか？　その意味で歴史への問いは「無駄」であるのか？　ここに歴史家＝梶村自身のジレンマが現れてくる。

このジレンマに直面した梶村は、そこから脱する方途を求めて、歴史上の現実に生起したことからではなく、むしろ生起しなかったことに学ぶという方向に歩みだす。すなわち、場合によっては抵抗に向かったかもしれぬ民衆の「未発の契機」に着目し、それが潰されて植民地主義に「からめとられる」場面から学ぶということである。歴史においては、正しい意図を持つものがそれを実現するとは限らないのである。おそらく歴史の中には、そしてそこに生きる民衆の中には、さまざまな形で専制権力に抵抗し、その侵略的な政策にも抗して、「民衆の連帯」を求めるいくつもの志向がありえたに違いない。そうだとすれば、それが見えなくなっている歴史においては、そうした志向がどのようにして結果としては潰され、実際にはその民衆自身が侵略の思想に「からめとられ」て、いかに積極的に加担するようになってしまったのかを、まっすぐ真摯に考えるのでなければばなるまい。

いかに断片的なものであれ、あえて上から与えられる侵略的近代に逆らうものを探し出すには、まず、からめとられながらも悩み、不満をいだいている姿をまるごとかかえこむしかないのではないか？　からめとられて生きながら、どのように充たされない気持ちをいだいていたのか？　不満をもっていながら、単なる物理的圧迫だけでない自分の主体的理由によって、どうして不満をぶちまけることができなかったのか？　ここまでつめていかないと、未発の契機論も、朝鮮問題の領域では、単なる過去の詠嘆的説明にしかならないように思われる。（＊87）

竹内好はアジア主義の心情的出発点を再評価しようとしたのだったが、ここで梶村は、侵略と植民地主義に出会い、それに不満をもち悩みながら、しかし実際にはからめとられていった民衆の経験を、そこで感じられていたはずの痛みを、あるいは、自分の都合（主体的理由）により他者の痛みには無慈悲に振る舞ってしまったことについて想起されるべき痛みを、大切なものとして捉えようとしているのである。

このように「からめとられた」民衆を見る梶村の眼差しは、朝鮮史家として植民地朝鮮における在朝日本人の姿を捉えるときに、とりわけ厳しく切実なものになっている。

実際、歴史に登場する朝鮮植民者の生きざまは、ギョッとするほどすさまじく、弁護の余地なく邪悪である。庶民にいたるまで、ときには庶民が官憲以上に、強烈な国家主義者であった。かれらは朝鮮人に対して、国家の論理で完全武装した冷酷なエゴイストであり、あけすけな偏見の持ち主、差別・加害の実行者であった。朝鮮人のことならすみからすみまで知っていると自負しているくせに、実は本当のことはなに一つ知らないのだった。(*88)

これは、戦場での非日常的な事態なのではなく、植民地の日常的な現実である。このような在朝日本人を描く歴史は、それまで「研究者がまったく避けて通ってきた領域」(*89)であった。しかし、梶村の見るところ、ここにこそ問われるべき問題が凝縮している。

日本敗戦の一九四五年の時点で、植民地朝鮮に居住していた日本人は七〇万人を超えると言われている。梶村はここから、なんらかの形で植民地朝鮮に滞在したり足を記したりした日本人の数を推し量り、またさらに他のアジア諸国に渡っていった膨大な数の日本人植民者たちにまで思いをはせて、「身近に植民地体験者をまったく持たない日本人は、おそらく一人もいない」(*90)と推定する。実際に、軍人・軍属を含めると敗戦時に海外にいた日本人は六六〇万人を超えると言われており、一九八三年の厚生省集計によれば、敗戦からその時点までの「引揚者」は、朝鮮からだけで九一万九九〇三人、総計で六二九万一八二〇人にのぼっている(*91)。それにアジア太平洋戦争において外地で死亡した日本人は二五〇万人を超えるはずだから、それらの人びとの家族や親戚、知人たちまで含めれば、確かに、戦後に生き延びた大部分の日本人にとって、「ギョッとするほどすさまじく、弁護の余地なく邪悪」な植民地体験というのは文字通り他人事ではないのだ。

しかも重要なことは、この普遍的な植民地体験が、戦後の日本人の内向的で利己的な国民意識を形成する基盤になったと見なければならないことである。戦後に多くの日本人は、かの戦争を引き起こしたことについて、「国策の誤り」と言い、それを軍人や軍国主義者たちのせいにして済ませてきた。しかしその陰で、広範な人びとに体験された植民地主義の意識は反省されないまま継続し、国家と国民の現在をつくっている。梶村は言う。

それほど普遍的な植民地体験が、「邪悪なる国家権力と善良なる庶民」という体裁のよい図式だけで割り切ることを許さない屈折・錯雑した深層意識を形づくらせたことが、いっそう重要である。なにかに傷ついた心がそれだけ強烈に希求する権威への帰属意識、そこから出てくる利己的・独善的な国家意識とアジア認識。このパターンが、確かに今でも生き続け、受け継がれていることを感じる。(＊92)

もしも、かの侵略戦争が軍国主義者に「だまされて」おこなってしまった戦争であり、上からの教育や宣伝に乗せられて犯した「錯誤」にすぎないのなら、ことはむしろ簡単である。錯誤から「目覚め」ればいいのだからである。日本の戦後啓蒙はそのように主張し、国民的主体としての覚醒を求める言説で戦後の論壇に地歩を得た。だが実のところ、この「体裁のよい図式」は、植民地体験に発するその「屈折・錯雑した深層意識」を捉えることができず、むしろそれを隠蔽し、その温存に寄与してしまったのではなかったか。

植民地帝国としての日本の植民地主義が、日本人たちをむしろその底辺からからめとって侵略戦争と植民地経営に動員していった仕方は、そのままこの植民地主義への批判を封じる仕組みと連動している。そしてそれは、日本人たちだけをアクターと想定する言説空間を前提にする限りでとても有効に機能するはずのものであったし、また現に「戦後日本」においても有効に機能し続けてきた。梶村秀樹の思想的営為は、この構造を見据えつつ、それを内側から破砕しようとしていた。そんな歴史家＝思想家がいたのである。

わたしは、ここに学ぶべき手がかりが一つあると考えたい。国民的主体への自覚を呼びかける「戦後日本」の主体言説に抗して、民衆の植民地主義そのものを内在的に解体していくこと、これは世紀の変わった現在になお課題として残されている(＊93)。

第二章　捨象の思想化という方法

——丸山眞男と朝鮮

権赫泰《クォンヒョクテ》

1　はじめに

こうして権力が一方で高壁を築いて異端を封じ込め、他方で境界に近い領域の住人を内側に「徐々に」移動させ、壁との距離を遠ざけるほど、二つの世界のコミュニケーションの可能性は遮断される。そうなれば、壁の外の側における出来事は、こちら側の世界にはほとんど衝撃として伝わらない。異端者はたとえ、文字通り強制収容所に集中されなくとも、「自ずから」社会の片隅に身をすりよせて凝集するようになり、それによってまた彼等の全体的な世界像だけでなく、日常的な生活様式や感受性に至るまで、大多数の国民とのひらきがますます大きくなり、孤立化が促進される。ナチ化とは直接的な「暴圧」の拡大というよりは、こうしたサイクルの拡大にほかならなかった。（＊1）

丸山眞男（一九一四―一九九六）が一九六一年に発表したエッセイ、「現代における人間と政治」の一節である。このエッセイは、一九六〇年代の日本社会に吹き始めた反動化の風に危機感を抱いた丸山が、ナチ体制とファシズムの成立過程を精神史的に分析したものであるため、本章の主題とは直接の関係はない。だが、ここでいう「壁」を、丸山本人の意図を越えて、日本社会が植民地化／脱植民地化する過程で積み上げた「境界」と言い換えるならば、日本社会の大多数の国民もまた「壁の内側」に位置するがゆえに、この社会には朝鮮という他者がほとんど「衝撃として伝わらなかった」といえるのではないか。ナチ治下の「ユダヤ人＝異端者＝他者」に注目したこのような想像力が、なぜ日本ファシズム形成と解体の分析ではあらわれないのかと思うほど、このエッセイは丸山の著作の中ではきわめて例外的である。だとすれば主題は明確となる。日本を代表する「近代主義者」「民主主義者」丸山眞男にあって「異端者＝朝鮮」がなぜ登場しないのかを、その生涯と思想を通して分析することである。本章では、戦後日本を代表する知識人の生涯を朝鮮問題と関連づけ、帝国日本の形成と解体の論理構成から、植民地／民族問題がいかにして捨象されたかを考察したい。

一九九六年の死後、丸山眞男についての研究は「丸山現象」と呼べるほどのブームを巻き起こした。全国紙は彼の死を悼む社説と記事を競って載せ、関連書籍もせきを切ったように巷に溢れかえった。著作集のみならず丸山の参加した座談会も本として編まれ、講義録はもちろん私的な日記やメモなどの記録も相次いで出版された（＊2）。ついには丸山を回想し、記録を収集して出版する「丸山眞男手帖の会」という市民団体が誕生するほどだった。

　生前には「丸山政治学」という言葉が生まれ、「日本政治学の父」とも呼ばれるほど日本の学問と知性に絶対的な影響力を及ぼした丸山であったが、彼についての研究はむしろその死後にいっそう本格化し、数多くの研究書が出版された（＊3）。政治学者の三谷太一郎の言葉を借りれば、出版を主導したのは一九五〇―七〇年代に学生として丸山から絶対的な知的影響力を被った「丸山体験によってつくられた丸山世代」（＊4）であった。生前には丸山にほとんど注目しなかった韓国でも、死後に主要著作のほとんどが翻訳出版され、少なくない研究論文が発表された（＊5）。

　しかし、丸山と朝鮮の関連について本格的に扱った研究はいまのところ見当らない。南《ナム》基《キ》正《ジョン》の研究（＊6）は、「平和問題談話会」に集った知識人たちの朝鮮認識を扱う中で丸山眞男にも言及しているものの、丸山の朝鮮に対する認識を系統的に追跡したものとは言いがたい。中野敏男らは丸山の「国民主義」を批判する中で、丸山の政治思想における植民地＝朝鮮の不在に言及しているが、これも丸山と朝鮮の関連を主題としたものではない（＊7）。本章では丸山と朝鮮の直接・間接的な関連について明らかにし、丸山がなぜ朝鮮を捨象し、あるいは後景化させたのかについて、そのナショナリズム論やファシズム論と関連させて分析する。いわば「朝鮮を語らないことを通して朝鮮を語った丸山」を分析することが、本章の主題である。

2　丸山と朝鮮の接点、そして朝鮮「体験」の後景化

丸山眞男の思想を朝鮮と直接関連づけることは事実上不可能である。丸山が残した厖大な研究と記録のどこにも、独立した主題として朝鮮を扱った文章は存在しないからである。しかし、朝鮮について語っていないからといって、朝鮮に対する丸山の思考を分析することが不可能なわけではない。沈黙や黙殺こそ、何よりも重要な政治的表現だからだ。ただし、「朝鮮を語らないことを通して朝鮮を語った丸山」という本章の課題設定は、歴史的リアリティを無視し結果的あるいは事後的な知識と思考をもって過去の思想家を倫理的に断罪することを目的としたものではない。何が丸山の目を朝鮮から背けさせたのか、あるいは朝鮮は丸山の思考体系の中でいかなる位置にあったのかが重要なのである。時代拘束性という点で、個人の思想体系がその生きた時代と無関係ではありえないとするならば、思想家個人を取り囲む直接・間接の体験がその思想の前提をなすことは想像に難くない。丸山に関する多くの研究が、彼の生きた戦時体制と戦後期を、なかでも軍隊体験をその思想的軌跡と結びつけるのはこのためだ。

もちろん、丸山の専門は日本政治思想であり、その生涯も朝鮮と直接的な関連があるとはいえないため、丸山における朝鮮「不在」は異常なことではない。しかし、一九一四年に生まれ一九九六年に亡くなるまでの八〇年以上に及ぶその生涯は、「帝国日本」の形成、崩壊、再建の時期とほぼ重なっている。日本の歴史がアイヌ、沖縄、台湾、朝鮮、「満洲」、東南アジアへと拡大する植民地

帝国の歴史であったことを考えれば、帝国の全盛期と崩壊後にあらわれる戦後日本社会の「再建」過程をみる丸山の視野から、植民地問題がまるごと抜け落ちているのはきわめて不自然であるともいえる。

丸山は政治を「複雑な楽器編成をもった人間社会をコンダクトして行く技術」と理解し、「それに関連する科学的知識の体系」を政治学であるとして、政治学者をオーケストラの指揮者(*8)にたとえた。仮に丸山をオーケストラの指揮者とみるなら、「主要楽器＝植民地」は帝国日本というオーケストラでいかなる和音、あるいは不協和音を生み出すのか、そして植民地という楽器を欠いた戦後日本にいかなる影響を及ぼしたのかを分析することは、彼の政治思想にとってもきわめて重要であるはずだ。しかも帝国日本と戦後日本を分析するために丸山が動員する分野は政治学にとどまらず、音楽、映画、演劇、文学、歴史などあらゆる領域にわたった。丸山はJ・S・ミルの言葉を引用して、教養人を「あらゆることについて何事かを知っており、何事かについてあらゆることを知っている人」(*9)と規定する。しかし、植民地問題に限ってみれば、丸山は「あらゆることを知っている」が、「植民地については知らないか、目を背けた教養人」であった。

個人の体験という面からみると、丸山は明らかに朝鮮を意識しうる位置に立っていた。丸山の前半生では日本帝国主義の支配下に朝鮮は置かれており、その後も多くの在日朝鮮人が日本に暮らしていたという一般的な意味からではない。丸山の朝鮮「体験」はもう少し直接的だ。丸山が父親、関東大震災、留置場、軍隊生活を通じて朝鮮を体験していたことが、断片的記録からうかがえる。まず、彼の父・丸山幹治(一八八〇―一九五五)と朝鮮の関わり、そしてこれについての丸山自身の回想をみてみよう。丸山は一九七九年の対談で父親との関係を次のように述べる。

私は翌年三月の連合通信（今の共同通信の前身）の試験でも受けようと、実はそう思っていたんです。何故かというと、あの連合通信というのは、国際報道を取り扱っているので、外国へ行けると思ったわけです。……私のおやじ（丸山幹治）は新聞記者なんですけれど、「もう新聞記者は一代でたくさんだから、新聞記者にだけはなってくれるな」と言うんです。一般論としては、「まあ好きなことをやれ」とは言いましたけれど。……私のおやじというのは、八つも新聞社を変わっているんです。今では考えられません。日本資本主義というのは、昔の方がモビリティがあって、「企業一家」で終身雇用制になったのは、ずっと後なんです。まあしかし、そのころでも新聞社を八つも変わるとなると、その度ごとに苦労するわけです。……にもかかわらず、私は連合通信にでも入ろうと思っていたんです。（＊10）

この引用を含め、父親についての丸山の回想にはいくつかの共通するエピソードがある。第一は海外を渡り歩く言論人としての父親の生活をみて自らも記者の夢を抱いたこと、第二は父親が九社もの新聞社を転々とした自由主義的な言論人であったことである（＊11）。だが父・幹治は、厳然たる植民者でもあった。年譜によれば、幹治は朝鮮総督府機関紙『京城日報』に一九〇七年三月から一九〇九年四月まで編集局長として、一九二五年から一九二八年一一月までは主筆として在籍したとある（＊12）。朝鮮には五年以上も滞在した。最初に朝鮮で暮らしたのは丸山の出生以前であったが、二度目は丸山の一一歳から一三歳までにあたる。小学校高学年から中学校の初期に該当する。だとすれば、大学時代に抱いた記者への「夢」や、九社の新聞社を転々とした父親の「自由主義」言論人としての経歴は、植民地朝鮮と分離することはできないのではないか。丸山の父親は、朝鮮を日本のアイルランド問題であると、しばしば息子に語ったという(＊13)。これらに照らせば、帝国日本の空間において植民地朝鮮が占めた位置について、丸山はすでに父親を通して認識しえたものと思われる。しかし、父親が『京城日報』でいかなる役割を果たし、そうした役割が自らの思想にいかなる影響を及ぼしたかについての言及はほとんど見られない(＊14)。父の「移職」が植民地帝国日本の空間範囲の中でおこなわれ、よって丸山の記者への「夢」もその空間範囲を前提としていたことについての自覚を探し出せないのである。丸山の回想する『京城日報』は朝鮮総督府機関紙ではなく、父が経験した多くの言論機関の一つにすぎない。丸山にとって父親は植民者としてではなく、「自由主義」言論人としてしか記憶されないのである。

もう一つの体験は関東大震災である。九歳の小学生のときに目撃した関東大震災を、丸山は「戦争体験よりもむしろ強烈」(＊15)な経験だったと語っている。当時丸山が書いた「恐るべき大震災大火災の思出」という文章には、小学生が書いたとは信じ難いほど朝鮮人虐殺の記録が生々しく綴られている(＊16)。この経験は、その後の丸山によっていかに記憶されていくのだろうか？　関東大震災についての丸山の記憶がいかに変わっていったのか見てみよう。

《一九二三年》

お父さんは、こんぼうをもって、ガランガランと通りをけいかいしてゐる。それは、朝せん人が、悪い事をするからである。

毎夜毎夜、近所の人と、かはりばんこに夜、あやしい者が見へたら誰何するのである。……震火災の後、朝せん人が、爆弾を投げると言ふことが、大分八釜《やかま》しかった。それであるから、多くの、せん人を防ぐのには、警察ばかりではどうしても防ぎきれない。それから自警団と言ふものが出来たのである。だが、今度の自警団はその役目をはたして居るのではなく、朝せん人なら誰でも来い。皆、打ころしてやると言ふ気だからいけない。

朝せん人が、皆悪人ではない。その中、よいせん人がたくさん居る。それで、今度は朝せん人が、二百余名は打殺されてゐる。その中悪いせん人は、ほんのわづかである。それで警察の方ではなおいそがしくなる。それであるから今度の自警団は、暴行を加へたことになる。しらべて見ると、中には、せん人をやたらに、打殺したので、警官が、しばらうとすると、それに、うつてかかつて、さんざんなぐつた末、警察にまでおしこんで行くやうならんばう者もある。このやうにするのなら、あつてもなくても同ぢである。かへつてない方がよいかもしれない。こんなことなら自警団をなくならせた方がよい。

自警団とは前にも申した通り、警察ばかりでは防げないから、そこで自警団と言ふ物を作つたのであつて、決して、朝せん人を殺すやくめとはまつたくちがふ。

《一九四七年》
震災直後に、方々の警察署や連隊で社会主義者や朝鮮人の虐殺とかリンチがあったでしょう。亀戸署や巣鴨署でのリンチのことを、吉野作造先生が「後世のために」というので記録に残していますが、それを見ると、「主義者」でも何でもないものが、ただ組合運動をやったというだけで、目をそむけるような拷問にあっています。それからしばらくして例の甘粕大尉事件です。（＊17）

《一九六六年》
あのころは私は全く子供で、満九歳でしたが、それでもあの甘粕大尉事件のショックは忘れられませんね。
それから震災のすぐあと自警団が組織され、その連中が篝火《かがりび》をたいて徹夜で警戒しながらいろいろだべっている。それを側できいて「主義者」という言葉がでてきたのをよくおぼえています。（＊18）

この三つの引用文から、丸山の記憶が時間を経ていかに変わったかがわかる。一九二三年、丸山は朝鮮人虐殺について書いている。一九四七年には吉野作造の記録に言及しながら、朝鮮人と社会主義者への虐殺として回想する。ところが、三番目の引用文からわかるように、一九六六年には「主義者」への虐殺としてのみ語っている。しかもこの引用文は、哲学者の古在由重（一九〇一―一九九〇）が、現実の国家がどれほど暴力的でありうるのかを、震災当時の朝鮮人大量虐殺、大杉栄事件、亀戸事件を通した自身の体験を絡めて語ったことへの返答なのだ。丸山の関東大震災の記憶が、朝鮮人と社会主義者への虐殺から社会主義者への虐殺へと収斂していったとみることができる（＊19）。

最後の朝鮮体験は軍隊生活である。朝鮮に関する唯一の直接的体験だ。「無責任の体系」や「抑圧の委譲」といった重要な理論を、丸山が軍隊体験を通じて理論化・思想化したことはよく知られている。「年譜」によれば、丸山は一九四四年七月に松本所在の歩兵第五〇連隊に補充兵として入隊した後、歩兵第七七連隊へ転属し朝鮮・平壌にて同年九月まで軍生活を過ごすも、脚気《かっけ》により平壌第二陸軍病院に入院し、治療をうけた後に日本へと送還されて同年一〇月に召集解除となる。そして翌年四月に再召集されて広島の参謀部情報班に配属され、敵潜水艦などの船舶情報と国際情勢に関する収集・整理を担当していたところ、一九四五年八月六日、広島の原爆を経験し、九月に召集解除となった（＊20）。約九か月の軍隊生活のうち、朝鮮で生活したのは三か月ほどであったが、この経験は丸山にきわめて重要な思想的資源を提供した。

平壌生活に関するはじめての言及は、一九四九年におこなわれた軍隊に関するある座談会で見られる。丸山は軍隊内での私的制裁を分類・分析しながらも、「ぼくの最初入ったのは朝鮮の平壌の部隊」（＊21）だと語るにとどまり、他には語っていない。しかし一九五八年に広島の軍生活を回想した際、「朝鮮の時代に比べたら肉体的には実に楽だった」（＊22）と証言していることから、丸山の思想的基盤となった過酷な軍隊体験のほとんどが平壌でのものだったことが推測できる。より具体的な話は、一九八八年から一九九四年までのインタビュー記録をもとにして刊行された『丸山眞男回顧談』で知ることができる。植手通有から「軍隊では朝鮮人の差別はなかったですか」と質問され、丸山は次のように答える。

ないですね。朝鮮人の上官にもよくぶん殴られた。その点では軍隊というところはすごい。階級だけなんです。平壌では、朝鮮人の兵隊には、慰問団がひっきりなしに来て、踊りをみせたり、にぎやかなんだな。初年兵は外出できないから、よく家族面会が来るんです。そのたびに、おすそ分けに与かりました。見たところは、家族も兵隊も、皇国万歳という感じなんですね。平等になって喜んでいる感じ。それこそ皇民化政策で、だから罪が深いともいえます。(＊23)

父・幹治の朝鮮経験を「職場異動」の経験としてのみ回想しているように、自らの平壌での体験も軍隊生活一般に埋没させていることがわかる。もちろん「朝鮮人の上官」から受けた暴力が、丸山によって加工された記憶であると言いたいわけではない。問題は、丸山が朝鮮人上官から受けた暴力を、「階級」という軍隊の一般的な属性に閉じ込めようとしているところにある。軍隊という階級社会組織に、植民者―被植民者という構図がどのように複雑に絡み合っているのかを省察しようとする感受性が丸山にはなかったのである。具体的なエピソードが登場するのは、植民者であるフランス白人医師に「復讐」する被植民地者のシリア人を描いたアンドレ・カイヤット監督の映画「眼には眼を（Œil pour œil）」（フランス、一九五七年）を観てからだ。丸山はこの映画を通じて平壌の経験を思い起こす。

朝鮮の平壌に兵隊で行ったときに、行軍の前を荷車を引っぱっている朝鮮人が横切る。指揮官がこらッ！と大喝すると、ヘイヘイと卑屈に頭をさげて、あわてて牛をひっぱって列をよける。やりすごしながら朝鮮人がこっちをじろっと見た。そのときの眼がとても印象的でやりきれなかった。それをあの映画を見て思い出した。（＊24）

丸山の軍隊に関する回想で唯一登場する植民者と被植民者の構図である。「ヘイヘイと卑屈に頭をさげて」「列をよけ」「やりすごしながら」「こっちをじろっと見」る朝鮮人と、「こらッ！と大喝する」日本人指揮官、そしてこれを眺めながら「やりきれなかった」丸山の植民地体験。この原風景は、きわめて重要な論点を提供してくれるが、それ以上進展することはない。軍隊の体験の中に平壌の体験を無機質に溶け込ませてしまったためである。丸山にとって平壌の体験とは軍隊の体験であり、植民地体験ではなかった。なぜこのようなことになるのか？

丸山はファシズム批判を思想化するため、軍隊システムの中にあったはずの植民地／民族問題を捨象したと考えられる。一九四四年当時、丸山はこの問題を認識できなかったのかもしれない。しかし、その後二〇年経っても認識できなかったということは、丸山のなかに朝鮮／民族問題／植民地などをみる思考が生まれるのを拒否する心性があったことをうかがわせ、それこそが問題となる。丸山は一九四四年に「国民主義の『前期的』形成」という論文で、日本について「我国の様に昔から民族的純粋性を保ちいわゆる民族問題を持たなかった国」(*25)と規定している。これに対し、中野敏男は次のように指摘する。

「アイヌ」や「沖縄」などの問題についてはここでは仮に問わないとしても、関東大震災の記憶や父丸山幹治が『京城日報』に単身赴任していた経験などを持つ丸山が、また、東京帝国大学の同僚として植民政策学の矢内原忠雄などの去就にも関心をもたざるをえなかったはずの丸山が、民族の問題を現に抱えている日本帝国の現実に気づいていないというのは到底信じることができない。(*26)

すなわち、丸山の「単一民族説」と植民地—朝鮮問題の無視は、戦後社会の中で培養されたのではないことになる。入隊前から抱いていた思考が平壌の軍生活から戦後へと引き継がれ、晩年の『回顧談』に帰結したというわけだ。民族問題と朝鮮問題の無視は、他の記録でもときおり見いだせる。

一九六六年の座談会で、哲学者古在由重が警察署の留置場で残酷な拷問を受けた朝鮮人を目撃した話を聞かせても、丸山は「朝鮮の人も治安維持法ですか」(*27)と答えるだけである。また一九五〇年の座談会で、中国を研究する竹内好が「〔朝鮮は——引用者〕あれだけ日本にやられていて、しかも、なおかつ民族独立運動が盛んであるということは、よほど大きいエネルギーを持っている民族ではないかという気がするのですが」と発言しても、丸山は朝鮮には触れず、「それが、アジアの場合すべての前提でしょうね。東南アジアなどの民族運動でも、ある程度そういうことは言えると思うけれども、やはりそこには数百年にわたる帝国主義への隷属からアジアが解放されようとしている巨大な世界史的な転換を認識する必要があると思います」(*28)と語る。朝鮮人が受けた酷い拷問すら、丸山は日本人もまた適用される治安維持法という民族的区分のない無機質な制度へ回収する。また、朝鮮の粘り強い独立運動も、一九五〇年の時点で勃興しはじめたアジア・ナショナリズム一般の問題へと収斂させる。これは関東大震災の朝鮮人虐殺を主義者の虐殺へと、軍隊内の朝鮮人兵士の問題を階級社会の話へと溶解させてしまう姿勢と似ている。こうした丸山の態度は倫理的に正しくなく、丸山の朝鮮の無視は意図的であると主張したいわけではない。日本ファシズム研究の深化にもかかわらず、あるいは深化のゆえに、ファシズム内部において朝鮮という植民地がいかなる位置を占めているのかという問いが、丸山にはなかったことを指摘したいのである。丸山において朝鮮や朝鮮人は存在していないか、または日本人と等しく「抑圧された大衆」だったことになる。

3　丸山眞男のファシズム論と朝鮮という他者

丸山は戦後、国民主義的ナショナリズムの理論構築のために戦前の日本社会をいくつかの概念で定位する。超国家主義(極端な国家主義)、日本(型)ファシズム、ナショナリズム、軍国主義がそれだ。丸山にとってきわめて重要な概念であるファシズムからみてみよう。丸山は「日本ファシズムの思想と運動」(一九四八年)において、運動としてのファシズムを国家機構としてのファシズムと区別したうえで、三段階に時期区分する。第一段階はファシズムの準備期の一九一九―一九二〇年で、丸山はこれを「民間における右翼運動の時代」と呼ぶ。第二段階はファシズムの成熟期で、一九三一年の「満州事変」から一九三六年の二・二六事件まで。民間の運動としてのファシズムが軍部の一部と結合し、軍部がこれを牽引して国政の中核を掌握していく時期である。丸山はこれを「急進ファシズムの全盛期」と呼ぶ。第三段階は一九三六年から一九四五年の敗戦までの時期で、「日本ファシズムの完成時代」である。軍部が上からのファシズムの露わな担い手として、官僚や重臣などの半封建勢力、そして独占資本およびブルジョア政党とともに不安定な連合支配体制をつくり上げる時期である(*29)。この段階で運動としてのファシズムは国家機構としてのファシズムと一体化する(*30)。そして一九四五年八月一五日に日本ファシズムは終わりを告げる(*31)。

丸山はファシズムの一般的要素を「個人主義的自由主義的世界観を排するとか、或いは自由主義の政治的表現であるところの議会政治に反対するとか、対外膨張の主張、軍備拡充や戦争に対する讃美的傾向、民族的神話や国粋主義の強調、全体主義に基く階級闘争の排斥、特にマルクス主義に対する闘争というようなモメント」(*32)を持つイデオロギーと診断し、日本ファシズムにもこれが貫徹されたという。さらに日本ファシズムの固有の特徴として、家族主義的傾向、農本主義思想、「大亜細亜主義に基くアジア諸民族の解放という問題」を挙げている(*33)。普遍―特殊の総体的把握という丸山政治学の特徴が、このファシズム概念にもよくあらわれている。ところで、ここで重要なことは、ファシズムの一般的要素とされる「対外膨張」イデオロギーと、日本ファシズムに固有とされる「大亜細亜主義に基くアジア諸民族の解放」のイデオロギーの関係である。日本ファシズムにおいて、「大亜細亜主義に基くアジア諸民族の解放」という要素が実際のイデオロギーとして作動していたとの主張は論外である。ただ、日本ファシズムが国家機構として完成するのが一九三〇年代後半とする丸山の主張を受け入れるならば、一九世紀末から二〇世紀初中盤にかけて国家機構を総動員しておこなわれたアイヌ、沖縄、台湾、朝鮮、中国などへと続く対外侵略史は、少なくとも丸山のファシズム理論では説明できなくなる。丸山は一九世紀後半からの日本の対外侵略をどのように説明しているのだろうか。次の文章をみよう。

日本ファシズムのなかには、自由民権運動時代からの課題であるアジア民族の解放、東亜をヨーロッパの圧力から解放しようとする動向が強く流れ込んでいるのですが、しかもそれが殆ど不可避的に日本がヨーロッパ帝国主義に代ってアジアのヘゲモニーをにぎろうとする思想と織り合わさってしまうのであります（東亜協同体論より東亜新秩序論への展開を見よ）。日本がともかく東洋において最初に近代国家を完成し、「ヨーロッパの東漸」をくいとめた国家であるという歴史的地位からして、日本の大陸発展のイデオロギーには終始この東亜解放的側面がまつわっております。勿論後になればなるほど、この側面は帝国主義戦争の単なる粉飾という意味を強化して行くわけですが、そうした面が完全に消滅したわけではないということは現在ビルマやインドネシアにどういうことが起っているかということを注意されれば、お分りになると思います。（＊34）

丸山は自由民権運動などの「東亜解放」思想が対外侵略的な性格へ転化したことを「不可避」だったとしているが、この文章の翌年に書かれた「日本における危機の特性」では、この「不可避」さについて「防衛と膨張のけじめ」が難しかったきわめて独特な国際的条件の中に日本が置かれていたことに起因すると述べている(*35)。すなわち、ヨーロッパ帝国主義の東漸への防衛が、「東亜解放思想」を対外膨張イデオロギーに転換させざるをえなくしたということだ(*36)。大戦の終結後に繰り広げられるビルマやインドネシアの反帝国主義闘争を日本の「東亜解放」と関連づけて説明することにどれほどの根拠があるかはひとまず問うまい。だがこの文章を読む限り、丸山が一九世紀末の対外侵略の歴史に注目するゆえんは、一九三〇年代以降に完成する日本ファシズムの「東亜解放」的性格の歴史的起源を探るためであって、実際におこなわれた一九世紀末の侵略のイデオロギーを究明するためではない。なぜこのように考えたのか?

丸山はファシズムと民主主義の対立、すなわちファシズムがどれほど民主主義とその可能性を抑圧したかを問題にするだけであって、ファシズムであれ民主主義であれ帝国主義へとつながりうることには関心がないのである。もちろん丸山は「ヨーロッパ帝国主義の脅威という面ばかり強調すると、その反面、日本が過去五十年、同じ東洋の仲間である朝鮮に対し、台湾に対し、中国に対し、どんな風に振舞ったかという点が忘れられてしまう」(*37)と述べ、日本帝国主義の植民地支配がいかに過酷だったかを語ってはいる。しかしこの発言は、どこまでも植民地支配という結果を前提に、その過酷さに言及したものであって、帝国主義と日本ファシズムにいかなる関連があるのか、また関連がないならばファシズム理論でどのように日本の近代を説明できるのかという関心からなされたものではない。よって丸山にとっては関東大震災の朝鮮人虐殺も、朝鮮人独立運動家への過酷な拷問も、植民者としての父親も、朝鮮人軍人も、ファシズムやファシズムへの転換過程の国家がほしいままにおこなう「個人への抑圧」であるにすぎず、植民地主義の姿としてはとらえない。丸山が晩年の『回顧談』において、一九九〇年の韓国大統領盧《ノ》泰愚《テウ》の訪日と海部俊樹首相の「お詫び」をめぐって、「帝国主義国で、謝罪した国があるかといえば、ありませんね。いつ一体イギリスはインドに謝罪したか。いつドイツは膠州湾について謝罪したか。いつソ連はツァール・ロシアのやったことに謝罪したか。こういうことと、たとえば、朝鮮人の強制連行など、植民地支配の下で行われた人権侵害とは基本的に違う。それは無条件にきちんと謝罪すべきことです」(*38)と語ったのはこのためだ。丸山にとって問題となるのは植民地統治の過程で発生した抑圧であり、対外膨張そのものではないのである。

　この点は丸山が用いるナショナリズム概念にも現れている。丸山を一躍有名にした「超国家主義の論理と心理」(一九四六年)は、日本の超国家主義あるいは極端な国家主義の思想構造と心理的基盤を分析した論文である(*39)。丸山はこの論文で、近代国家は国民国家であり、国民国家の本質的属性はナショナリズムであるが、なぜ日本のナショナリズムは極端な形態で展開したのかを究明する。丸山の言う極端性とは、帝国主義や軍国主義、あるいはファシズムを意味する。国民国家形成初期に現れた絶対主義諸国家もみな露骨な対外侵略を引き起こしたから、対外侵略は「ナショナリズムの内在的衝動」をなしていたとみる。そして、そのような衝動が日本で極端に展開した理由を、カール・シュミット（Carl Schmitt）の「中性国家」概念を用いて説明する。簡単にいえば、ヨーロッパでは個人の内面に介入しない制度、すなわち法機構として国家が形成されたのに対し、日本では人間の内面的価値に介入しこれを管轄するような国家が形成されたのが原因だとした。ヨーロッパ諸国が、カール・シュミットのいうように人間の内面的世界に介入しない「中性国家」であるかどうかはいったん留保しよう。日本がヨーロッパのような「中性国家」を形成できなかったことが、極端なナショナリズムの原因だとするならば、極端なナショナリズムの対極には「新しいナショナリズム」が置かれることになる。丸山によれば「新しいナショナリズム」とは、「民主革命と結合した」もので、ナショナリズムとデモクラシーの「幸福な結婚」（＊40）を意味する。

こうしてみると、丸山がナショナリズムを否定しなかったのみならず、近代ナショナリズムが生み出した対外膨張を問題にしなかったのは当然である。丸山が関心を寄せたのは日本ナショナリズムの歪曲と「極端なる」抑圧、そして中性国家の不在を通して人間の内面に介入した「国体」である。このため、一九世紀ナショナリズム一般がなぜ帝国主義イデオロギーへ転換したのかではなく、日本ナショナリズムの「堕落」（ファシズム）、そしてその「堕落」のもとでほしいままに行使された反人権的な暴圧だけを問題としたのだ。丸山にとって、西欧帝国主義が対外膨張という形態を取るとしても、それがナショナリズムとデモクラシーの「幸福な結婚」の延長線上にあるならば、あくまで「近代の完成」とみなされて批判的に考察されることはない。丸山が対外膨張に注目するのは、それが対内的な抑圧とともに日本ナショナリズムの「極端性」が発現したとみる限りにおいてである。

丸山は一九四五年八月一五日以降を「極端性」が除去された西欧的近代の完成、つまりナショナリズムとデモクラシーの「幸福な結婚」の契機とみる。丸山がこのようにみるのは、ナショナリズムの「極端性」を支えていたデモクラシー「不在」という要素が除去され、両者の幸福な結合の可能性が現実のものとなったからである。だとすれば、丸山からみれば両者の幸福な結合としての「近代の完成」は、必ずしも植民地主義と矛盾しない。むしろ植民地主義は「近代の完成」を支えるきわめて重要な条件であるとも考えうる。

こうした思考は、ファシズム論における丸山の「マス(mass)」概念にも見いだせる。丸山はヒトラーの演説を引用しながらファシズム下の大衆を「職業的・階級的規定」といった「人間の社会的活動に個性を付与する要素を一切取りさった、砂のように無性格・無規定な人間の量的な塊」と定義する一方で、ファシズムは「人間を等質的なマスに解体すると同時に、このマスでつくられた社会組織をセメントのように固め」るという(*41)。この概念によれば「帝国日本」の一切の階級的・地域的・職業的矛盾はひとまず「砂」のように解体され、ファシズムを支えこれを導いていく社会組織として再構成・固定化され、個人はみなファシズムに「強制的同質化」(*42)される。

だとすれば、ここで植民地は丸山の「マス」概念においてどのような位置を与えられるのだろうか? 丸山のいうようにファシズム——社会組織の解体と再構成を通じた強制的同質化——が、帝国日本の強力な政治イデオロギーだとするならば、植民地はどこに位置づけられるのだろうか? 結論からいえば、帝国と植民地、帝国主義本国人と植民地住民という要素は、丸山にとって重要な考慮の対象ではない。丸山のファシズム概念において、民族問題は「マス」概念に埋没してしまうからである。前述したように、丸山が平壌での軍隊生活時代を回想しながら朝鮮人上官から被った暴力の経験を語り、軍隊内には民族差別が存在しなかったと主張したのも、帝国日本の民族的位階関係を大衆概念に埋没させ、「強制的同質化」させるファシズム論の延長線上にある。

> 沖縄人や朝鮮人に対する残虐行為というものと、バターンやビルマでのそれとは、異質なものと思わない。現実の政治状勢はちがったかも知れないが、日本国内における抑圧と、よそものに対する扱い方は、そうちがわない。部落問題にしてもそうですが、果して被差別「部落」だけの問題かどうか。党と大衆団体にしても、内外論理、完全な差別観がある。(*43)

丸山にとって帝国日本のあらゆる民族問題は、ファシズムという万能の武器のもと、みな捨象されるか後景に退かされる。丸山は国民主義的ナショナリズムを立ち上げるため、ファシズム論をひきだし、植民地朝鮮をその思考から切り捨てたのである。後述する抽象と捨象の同時作用である。中野敏男が「『近代』の意義を語り続けてきた丸山眞男の視野に、原理論としては、帝国主義としての近代がそもそも捉えられていない」(*44)と指摘したように、丸山は帝国主義という概念をほとんど用いていない。丸山にとって重要なのは近代の完成であり、近代と帝国主義の関係ではない。もちろん丸山は、超国家主義、ファシズム、ナショナリズム、軍国主義を、常に帝国主義を否定する概念として用いているわけではない。しかし、これらの概念は特定の国家と社会が丸山のいう「デモクラシー」に抑圧的な要素を構造的・歴史的に有しているかを分析する際に有用なだけである。よって対外膨張と植民地帝国の形成はファシズム、超国家主義、軍国主義の外延的発現にすぎず、ファシズム概念を構成するにあたり植民地がどのような位置を占めるのかに、丸山はほとんど関心を持たなかった。丸山が理論的な枠組みから植民地朝鮮を捨象するのは、その論理からすれば当然のことなのである。

4 「捨象の思想化」という方法——むすびにかえて

以上みたように丸山は、朝鮮＝植民地問題をその思想体系の中から「さっぱりと」捨象することによりファシズム理論を完成させ、国民主義的ナショナリズムの理論を立ち上げた。丸山が朝鮮＝植民地を捨象、無視、後景化したことをどのように理解すればよいだろうか。ここで想定できるのは、丸山が「捨象の思想化」とでも呼べる方法を用いたのではないかということである。事物に関する概念形成は捨象と抽象の二重作用によりおこなわれる。抽象は対象から共通の要素をひきだすことであり、捨象は共通性（論理的自己完結性）にそぐわない要素を捨てることである。抽象と捨象はコインの両面である。これまで検討したように、丸山にとっての捨象の対象は植民地であり朝鮮である。ここでいう朝鮮は、もちろん歴史的存在として日本列島の隣に位置した実体だけを意味するわけではない。「朝鮮」は同時にいわゆる未開・低開発・野蛮の土地であり、アジア的停滞の象徴である。帝国主義侵略を被り植民地を経験した第三世界一般を象徴するところの朝鮮であり、丸山がアジア、東洋、中国、アジア／アフリカなどの名称で呼ぶものである（＊45）。では、丸山が朝鮮を捨象して、ひきだされる抽象とは何であろうか。
よく知られているように、丸山は広島市宇品町にある陸軍船舶司令部で被爆した。しかし私的な記録を除けば、原爆に関する体系的な思想化の試みを見いだすことはできない。丸山はこう語っている。「いちばん足りなかったと思うのは、原爆体験の思想化ですね。わたし自身がスレスレの限界にいた原爆経験者であるにもかかわらず」(＊46)。丸山はなぜ自らの思想から原爆問題を捨象したのだろうか。
平野敬和は、「丸山眞男の思想的作業の独自性は、戦争体験の思想化にあった」が、そこから排除されたのがまさに原爆体験であったと指摘する。そして「丸山が戦争体験の思想化を試みた立場性が、必然的に原爆体験の思想化を困難なものにしたように思われるのである。言い換えるなら、丸山は原爆体験の思想化を犠牲にしてでも、政治学者として戦争体験を思想化することにこだわり続けたのではないか」と問う。

〔原爆体験は——引用者〕丸山が戦争体験の思想化において、戦前と戦後を断絶させるという立場性とは、相容れない「体験」であった。そして、彼は自らの「体験」を語るという自己表現のあり方を抑制し、その思想化を意識的に拒み続けたのである。(＊47)

平野の文章における「原爆」を朝鮮＝植民地に読みかえれば、「植民地体験の思想化を犠牲にしてでも、戦争体験を思想化することにこだわり続けた」ということになる。丸山は、日本の近代において、日本が加害者として経験した帝国主義—植民地問題を犠牲にしてでも、戦争体験を思想化することにこだわり続けたともいえる。ファシズムと対決しうる思想を自らの体験を素材として育みながら、戦前と戦後の日本を断絶させようとした丸山にとって、断絶されない原爆体験や植民地体験は、戦争体験の思想化と「相容れない『体験』」だったのである。こうしてみると、一九四五年八月一五日を丸山が実際にいかに迎えたかが気にかかる。

丸山は八・一五を迎えたときの心情を、「悲しそうな顔をしなければならないのは辛いね」と言う同僚に「よく言ってくれた」と小さい声で返事したと回想しており、八・一五を「無血革命」、「歴史的転換」と表現する(＊48)。丸山は当時の日本社会全体を覆っていた悲しみや虚脱とはまったく異なる視点から八・一五を冷静に眺め、これを新たな出発点とみなした。「日本軍国主義に終止符が打たれた八・一五の日はまた同時に、超国家主義の全体系の基盤たる国体がその絶対性を喪失し今や始めて自由なる主体となった日本国民にその運命を委ねた日」(＊49)だったのである。だからこそ丸山は一九世紀へとさかのぼり、ファシズムに「汚染」される前の国民主義イデオロギーを探すのだ。丸山が敗戦直後に書いた論文において、福沢諭吉から陸羯南《くがかつなん》に至る侵略の流れを国民主義という名で救い出そうとしたのはこのためだ(＊50)。竹内好はそれと対照的な感情を抱く。

八・一五は私にとって、屈辱の事件である。民族の屈辱でもあり、私自身の屈辱でもある。つらい思い出の事件である。ポツダム革命のみじめな成りゆきを見ていて、痛切に思うことは、八・一五のとき、共和制を実現する可能性がまったくなかったかどうかということである。可能性があるのに、可能性を現実性に転化する努力をおこたったとすれば、子孫に残した重荷について私たちの世代は連帯の責任を負わなければならない。(＊51)

竹内好は八・一五を「ポツダム革命」と呼び、民族の力でその革命を達成できなかったことと、人民の力で戦争を終わらせられなかったことを「民族の屈辱」として受けとめる。こうした感受性が丸山にはない。丸山にとって、八・一五は戦争を終えてファシズムと決別し民主主義の可能性を顕在化できる「希望」の契機だったからである。丸山はナショナリズムとデモクラシーの「幸福な結婚」を戦後社会で夢見て、一九世紀のアジア主義を国民主義の名でふたたび召喚した。これに対し、竹内は中国という抵抗の歴史を日本社会へと投げかける「歴史の巻き返し」を夢見て、いわゆる「方法としてのアジア」を選んだ(＊52)。そして一九世紀のアジア主義を侵略の思想から「救出」し、抵抗の思想として召喚する道を選んだ。一九世紀のアジア主義を、丸山は国民主義として、竹内は抵抗の思想として召喚したのである。もちろん、丸山が帝国主義一般と植民地との関係をまったく自覚していなかったわけではない。たとえば、英国のインド植民地支配の問題について、丸山は次のように鋭く指摘する。

近代ヨーロッパの絶大なテクノロジーの進歩なり、自由主義、民主主義といったものが、世界の人口の半ば以上を占めるアジアの、無知と貧困と隷従の犠牲の上に築かれてきた、ということは、われわれは、瞬時も忘れえないことであります。そこに既に、今の自由とか、民主主義というものの持っていた歴史的な限界が、決して国際的な規模における自由主義、民主主義とはいえない素因が窺える。人々はしばしば、イギリスの自由主義の、良識と穏健と知性というものを讃えますけれども、そういったイギリスの自由主義の立派さというものの半面には、非常に苛烈なインド支配があった。その地盤の上にイギリスの進歩というものがあったということも疑いえない所であります。

その限りにおいて、ヨーロッパの進歩や自由は、富裕な国々の自由であり、進歩であるといわなければならない。(＊53)

英国などの西欧の近代を帝国主義と定義する一方、民主主義・自由主義としての近代が植民地の犠牲と不可分だったとして、帝国主義―植民地の非対称性に注目する丸山のこうした西欧批判は、一九九〇年代に日本で流行したポスト・コロニアリズムを先取りした面もある。そういう意味では「西欧主義者」(＊54)の名を冠せられる丸山らしからぬ、きわめて異彩を放つ一文といえよう。英国とインドに対するこうした感受性が、帝国日本と植民地朝鮮について見られなかったのは、丸山が日本近代の精髄を民主主義を成就するかどうかに置いていたためだけではない。丸山は前の引用文に示されているように、西欧民主主義の進行が必ずしも帝国主義と矛盾するわけではないと理解していた。のみならず、場合によっては民主化が帝国主義化とコインの裏表のように同時に進みうるとの自覚があった。丸山の日本分析にこうした視角があらわれないのは、日本の近代が姜尚中《カンサンジュン》のいう「両義性」、自身のいう「防衛と膨張」というきわめて特殊な条件に強く規定されていると認識したためだ。このため丸山は日本を帝国主義国として分析することを最後まで拒んだ。こうして西欧の近代には帝国主義論を、日本の近代にはファシズムを割り当てる分裂的な視角が起動したのである。結局、丸山のファシズム論は植民地を捨象せざるをえない内的構造を有していたのである。

＊付記

本章「捨象の思想化という方法」は、権赫泰著『平和なき「平和主義」――戦後日本の思想と運動』(鄭栄桓訳、法政大学出版局、二〇一六年)にも収載されている。同書とのあいだで訳文に齟齬が生じることを回避するため、本書においても鄭栄桓訳を用い、表記法等は本書の形式への統一をはかった。訳文を提供いただいた鄭栄桓氏、ならびに法政大学出版局に厚く御礼申し上げる。(新泉社編集部)

第三章　戦後の復旧と植民地経験の破壊
——安倍能成と存在／思惟の場所性

車《チャ》承《スン》棋《ギ》

1　我々と諸君

我々は同じ日本国民として、与《くみ》し易《やす》き阿諛諂佞《あゆてんねい》の徒ではなくて、敵としては寧《むし》ろ恐ろしいやうな頼もしい諸君と事を共にして行きたい。それを可能にすることが我々の責任と努力とにかかること固《もと》よりであるが、諸君が徒《いたず》らに過去に拘泥したり、眼前の利害に執はれたり、現在の欠陥に局限されたりすることなしに、世界史的の大勢に眼ざめて、東亜の一角に新文化を建造するといふ長い事業を、我々と分担することを切に希望して止まない。（＊1）

いわゆる大正教養主義者、そして「オールド・リベラリスト」の代表者の一人であり、戦後、日本の憲法改正に関与し教育制度改革を主導した人物として、日本で評価される安倍能成《よししげ》（一八八三―一九六六）は、一九二六年から一九四〇年まで京城帝国大学（以下、「京城帝大」と略）法文学部哲学科教授（後に法文学部長）として在職し、約一五年間、京城〔現ソウル〕に居住した在朝日本人でもあった。この引用文は、日中戦争勃発後、植民地／帝国全体に総動員体制が構築されていた頃に、安倍が朝鮮の日本人、「外地」教育機関の「内地」教員、アジアの植民地で西洋哲学を教える日本人教授として、朝鮮の学生たちに「日本国民」としての自覚と協力を要請しているものだ。

南次郎総督の「内鮮一体」というスローガンが、政策的に強化される雰囲気の中で、安倍は朝鮮の学生たちを「同じ日本国民」と呼ぶ。少なくとも彼の言説の秩序では、朝鮮人と日本人は「国民」として同一視されている。それにもかかわらず、そこには微妙な分割が存在しているのを無視できない。まさしく「我々と諸君」という言説を発する者と受け手の間の分割である。当初「内鮮一体」は、「内地人」と「朝鮮人」との間の差別を前提とすると同時に、隠蔽しながら叫ばれたスローガンであったが、ここでの分割は少し異なるように見える。安倍は、追従者というよりむしろ恐るべき敵になりうる存在、東亜新文化建設事業を「分担」する同志として呼びかけているからだ（＊2）。

「敵としては寧ろ恐ろしいやうな頼もしい」存在を、与えられた権力関係に服従しながら命を長らえることだけを考えるような奴隷的追従者と区別する最も重要な要素は、自己意志である。はっきりとした自立的意志を持って自分で決める存在であるがゆえに、敵になると恐ろしく、同志となれば信頼に足る者となる。この言説の目標が日本への協力に向かっているのはもちろんであるが、自己決定に立脚した協力を要請している点で、単純な「内鮮一体」、あるいは「滅私奉公」という動員の論理と対立する側面まである。少なくとも「自由は人間の意志にある」(＊3)と信じる安倍能成にとって、独立した自己意志を持つ存在は自由な潜在力を持っているからだ。

実際に彼は、京城帝大に赴任した直後、京城（朝鮮）と京城帝大の独自性を強調する文を発表したこともある。

> 京城帝国大学は一個独特の使命を有する独立の大学である。それは内地大学の出張店ではない。思ふに当局者がこの大学を設けた主意も、断じて半島の子弟を喜ばすに大学の空名を以てするにあつたのではない。我々はこの意味に於いて情実と方便とを出来るだけ排して大学の本領に向つて進まねばならない。……
>
> ……京城は京城として、新しき文化を容れると共に独特の文化を発揮すべきこと、尚京城帝国大学がその独特の使命を充すべきと同じであらう。（強調は引用者）(＊4)

安倍は、京城帝大がその立場上、「東洋研究の中心」(＊5)としての独自性を持たなければならないと主張する。もちろん彼の考えとは無関係に、京城帝大は植民地エリート教育機関であり、知識の植民地を構築する装置として機能せざるをえない位置にあったのだが(＊6)、少なくとも安倍は、「内地」とは異なる独自性を京城（朝鮮）と京城帝大に期待していたと推測できる(＊7)。

植民地で植民本国日本と区別できる独自性を探ろうとする植民者の視線は、容易に一般化して批判することができる。数量的判断によって位階化することのできないような他者の文化価値を認めることが、その背後で政治的支配―被支配関係を隠蔽しうるということは、もはや周知の事実だからである(＊8)。しかし安倍の場合、大正教養人として、軍国主義化していく日本での「思惟／存在の分離」をいかなる形であれ解消しなければならず、そのうえで朝鮮の日本人、「外地」教育機関の「内地」教員、アジアの植民地で西洋哲学を教える日本人教授として、ここでも同じような分離を経験し処理しなければならない位置にいた。このように特異な位置にいたことで、植民地／帝国主義時代に安倍が経験したことを批判的に扱う研究がこれまでもたくさん存在した(＊9)。そのうち意味ある研究の中で、彼がかなり長い期間、朝鮮にとどまっていたにもかかわらず、そして朝鮮で見て感じたことについていくつかの論文を残しているにもかかわらず、京城帝大という一種の治外法権的な空間の中で、また対立のない世界を指向する彼の世界観によって、朝鮮に出会うことができなかったと指摘するものがある(＊10)。

しかし明治・大正時代には、日本の近代思想の形成にかかわり、さらにいわゆる「戦後民主主義」の形成にまで主導的にかかわった彼の履歴を考慮するなら、彼の植民地経験、または朝鮮認識だけを分離して判断してしまうと、安倍自身についても彼の「朝鮮認識について」も正しく理解できないであろう。そのうえ、安倍が教養主義者、あるいは自由主義者として取り上げようとしていた思惟の場は、植民地／帝国時代の「外地」(植民地朝鮮)と「内地」(帝国日本)という存在の場と、また、「戦時」と「敗戦」という歴史的審級と複雑に連関していた。ここでは、安倍の朝鮮関連テクストを彼の世界観ならびに政治学が表されているテクストとともに読むことによって、彼の思惟の過程に表出したり隠蔽されたりしている存在の位置を確認したいと思う。

思惟と存在は、それぞれ互いに別の場所性を持つ。それらはときに、極端に離れることもあり、過度に重なることもある。しかしどんな場合でも、二つの場の緊張、または還元不可能性が消え去るなら、反省の力も一緒に喪失することになる。とくに日本の近代には、思惟／存在の場所的距離を隠蔽（アジアを離脱し西洋に入っていこうとする「脱亜入欧論」）したり、誇張（日本という場をイデオロギー的に本質化しようとした「近代の超克論」）したりしてきたという極端な経験がある。植民地に長期間滞在した世界市民的教養主義者である安倍は、ある面では存在／思惟の場所的距離を敏感に自覚する位置にいたのであり、敗戦と帝国解体を経て、この場所的距離はまたほかの流動性の条件の上で調律されていった。この点を考慮してここでは、植民地／帝国体制とその崩壊という激変の過程を経ていった安倍のキーワード（個人、道徳、自由等）の含意を分析することで、存在の位置を顕わにすると同時に、彼が植民地経験を破壊するなかで構築しようとしていた日本の戦後秩序の問題性をもまた捕捉したいと思う。

2　文化主義、固有性、多民族国民国家

安倍能成は、いわゆる「大正教養主義」の代表的な知識人の一人だと言える。松山中学校を卒業し東京の第一高等学校に進学したのは一九〇二年のことで、翌一九〇三年に夏目漱石が赴任してき

た。松山中学校教諭として松山に赴任していたことのある漱石や、松山出身の正岡子規、高浜虚子などとゆかりのある地方で生まれ、すでに中学時代から文学と評論に関心を持っていた安倍は、第一高等学校時代はもちろんのこと、東京帝国大学哲学科に進学した後も、漱石などの影響のもとですでに多様な文筆活動を展開していたが、この頃から教養主義の空気の中で「個人主義」の価値を前面に出す文章を発表していた(*11)。

とくに漱石を中心として形成された教養主義の空気は、岩波書店という出版社と結びつきながら、哲学・文学・歴史などの人文学的教養を基礎に、自我を培って理性的な人格をつくり上げる大衆教養の時代を主導していった(*12)。この人文学的教養とは、もちろん基本的に西洋の哲学・芸術についての知識を意味するが、単なる知識の習得に終わるのではなく、「高邁な人格」の形成を強調したという点に大正教養主義の特徴があると言える(*13)。ここで言う人格とは、個人の自由、あるいは自律性を基本的権利として掲げる個人主義を根本的な前提とするときに成り立つものであって、大正教養主義の教養が、人格形成を強調しているにもかかわらず、前近代的な修養と区別される理由はここにあると言える。京城帝大に赴任して数年後に書かれた安倍の文章からも、彼がこのような個人主義を社会構成の基本原理とみなしていたことがわかる。

> 実際日本家屋の部屋といふ様なものは、西洋人にとつては部屋とはいへないであらう。それは他人の侵入を妨げる、他人から自分を分つ、自分の領分を明かに限局する設備において殆ど欠けてゐるからである。西洋の部屋は唯《ただ》鍵によつて開かれる。さうしてその鍵を握るものは即

ちその部屋の主人である。一つの家があるとすれば、その家は大体かくの如き部屋から組織せられたものである、といつてよい。いはば各個の部屋を積み又は集めて全体の家屋を組織するといふ仕組になつて居る。西洋文明にとつて鍵はたしかに多大のシンボリカルな意味を有する。……ここに問題とすべきことは、我我の国も亦《また》我我の旧来の文明の上に鍵の文明を採用しようとしてゐるといふ事実である。我我が今我我自身の仕事をしたり我我自身の生活を持つ為に、鍵を必要として来てゐることは、否定しようとしても否定せられない。……我我は部屋に居ては十分に鍵をかけ、十分自己を守り、自己を育て、自己を省察するがよい。この部屋の中の生活が我我の生活の全体ではない。けれども部屋の外の生活の為には、先づ部屋の中の生活がなければならない。社会的生活の基礎に個人的生活がなければならない。西洋の文明の長所は個人的自覚の強いところにある。個人的自覚のないところに真の意味の社会的組織はない、従つて社会的組織の改革も何もあり得ない。文化一般に通じて先づこの個人的自覚が欠くべからざる条件である。あらゆる文化の方向や性質の分化はこの基礎の上にこそ初めて発生するのである。（強調は引用者）（＊14）

このような価値論的陳述を裏付ける図式として、西洋／東洋（日本）の文化類型学が横たわっていることは間違いないが、本当に重要なのは、西洋／東洋を問わず「個人についての自覚」が何よりも優先されなければならないということだ。それに「鍵」という象徴が意味するように、安倍にとって個人の固有な（proper）自律性とは、自身の所有財産（property）に対する排他的独占権と等価関係にありうるということだった。

だが彼は、抽象的な個人ではなく、植民地（外地）に居住する植民本国人（内地人）であった。そのうえ植民地の帝国大学教授として、帝国主義の植民地支配を正当化する装置の一要素でもあった。彼はこの事実を比較的自覚していたほうだった。そうであるがゆえに彼は、自分が「朝鮮の仕事の一部分を負担せる当事者であることを強く意識」し、そこから「喜びと誇り」を求める一方で「苦しみと恥」を感じつつ、「当事者としての努力の生活、当為に催促せられる生活」を営む一方で「旅人として観ずる生活」に逃げ場を見つけ出そうとしたのだ（＊15）。植民地経営に関与しているという当事者意識は、必然的に一定の倫理的負担をもたらしたように見える。したがって、彼が旅行者のように「観ずる生活」を逃避手段として選んだのは、前述した「鍵」の比喩を借りてくるなら、閂《かんぬき》を下ろした部屋の窓から世の中を眺める行為に当てはまろう。ゆえに、彼が所有していた西欧的・近代的な教養は、植民地という「慣れることができず落ち着かない」（＊16）現実を審美的に（aesthetically）受け入れることができるだけで、ここに働きかけたり介入したりするのはもちろん、出会うことも容易ではなかったと考えられる。

しかしながら、彼が外地で観ずる生活を逃避手段として選ばざるをえなかったという事実を放置してはならない。つまり、朝鮮（あるいは京城）という場所全体が旅行先だったというより、朝鮮内部が当為的生活と逃避的生活に分割されていたのである。彼は単なる旅行者ではなく、滞在者でもあったからだ。彼は在朝日本人として、居住者と旅行者との間、言い換えると、当事者意識と観照者意識との間、労働と遊戯との間、関心（interest）と無関心（disinterestedness）との間を行ったり来たりするしかなく、そのように動揺しながら、一定の反省的地点を見いだすことができたのだと考えられる。朝鮮で彼は、世界市民的教養主義者であろうとしても、自ら「日本人」という限界にとらわれざるをえなかったし、このような制約を自覚したから、ふたたび限界を抜けだそうとしたり回避したりしようとしたのだ。

……京城の町でも時時婦人が首を真白にして白昼に風呂から帰つてくる姿などを見る。こんな姿は内地でも時時見たのであるが、かういふ浴室、化粧室続きの様な姿をした婦人が平気で街頭を歩く所が、世界のどこにあるか知らといふ疑問を起したのは、朝鮮へ来てから後のことである。それは少くとも街頭の朝鮮婦人には見られぬ現象である。これに似た光景も、昔の下町風の狭い通でも行く選ばれた美しい人人によつては、或る一種の浮世絵風な美しい光景を現じたかも知れない。然し我我がここで見るところのものは、この危い六ケ《むつか》しい美しさの崩れた姿と、それにふさはしくない背景とである。これを概括的にいへば、私が私の周囲に見る在来の日本的生活様式は、一方に於て粗雑化し、他方に於て環境に相応しない。それは成長し発展し行く姿を見せることが少いと共に、又選ばれたる趣味の人をも引きつける力をも失ひつつある。これは内地でも段段さうであらうが、朝鮮に於ては特に甚しいものがある。（強調は引用者）（＊17）

ちょっとしたエピソードにすぎないが、家の中でしか見せてはいけないような姿のまま道を闊歩する日本人女性たち、内地ではたくさん見られた彼女たちの姿が、「朝鮮へ来てから後」は異常に見えてきたというのは意味深長である。彼女たちが安倍の目に粗雑で情趣がないように映ったのは、何よりも彼女たちが「ふさはしくない背景」に置かれているからだ。安倍自身はこのエピソードを一般化してもいるが、重要なことは、彼が「日本的生活様式」に否定的なものを感じるとき、その視線に「西洋的生活様式」という準拠が導入される以前に、まず、朝鮮（京城）の町が背景として目に入っているという事実である。彼が、あらためて近代的なものと伝統的なものが混在する日本の生活文化の問題を敏感に発見したのは、朝鮮という場においてであった(＊18)。朝鮮に滞在していたとき、彼は「朝鮮を問題にする度毎に、同時に、日本を問題にせずには居られ」ず、西洋的なものと日本の在来的要素が混じり合った「錯綜の日本」も、内地にいたときは「異質的な要素の混在に割合に平気になつて居たのが、朝鮮にやつて来ると、又それが新しく気になつて来る」のである(強調は引用者)(＊19)。

もちろん彼が否定しようとする日本在来の要素とは、いわば徳川時代的なもの、すなわち近代的な文明世界から分離・孤立していた「島国的」なもの、「非国際的」なものだ(＊20)。したがって彼の判断の決定的な審級に、西欧的・普遍主義的概念としての文明が横たわっているのは否定できず、日本が朝鮮を植民地化したのも、やはり「世界の文化に貢献すること」(＊21)だったから意味があった。しかし彼は、一元的な文明の概念を批判し、互いにほかの民族文化の独自性と多様性を強調していた新カント派的文化主義の影響を受けており、彼が朝鮮で執拗に見ようとしていたものも、朝鮮固有のものであった。彼は、「朝鮮人が我我から学び取らうとするところのものは、その日本的なもの〔徳川的なもの――引用者〕ではなくして西洋的なもの」(＊22)であるのを知っていたが、総督府によって施行されている生半可な近代的開発について繰り返し批判し、自分の関心事は「やはり朝鮮固有の品物、建築、風俗等」(＊23)であることを明らかにした。京城とアテネを比較して「廃墟の美しさ」(＊24)に注目したように、朝鮮の固有性を発見しようとする彼の視線は、主に過去に向けられていた。だがそれは、すべての固有性の言説が陥りやすい限界でもある。安倍能成の位置をより正確に理解するために重要なことは、朝鮮の固有性に対する彼の関心が、朝鮮と日本、植民地と植民本国を単純な包摂関係としか理解していなかったために、それを超えることを妨げているという点にある(＊25)。

　複数の植民地を抱えている植民本国日本と、そのもとに包摂されてはいるがそれぞれに文化的独自性を持っている植民地が、どのように一つの「帝国」内に統合されるかという問題は、近代的個人と全体との関係を持続的に扱っていた彼の政治学―倫理学的思惟の中心と連関している。彼が植民地朝鮮で日本の「地方的限界」(＊26)を痛感し、植民地同化の困難さ、多民族帝国の建設の難しさを吐露したのも、彼の植民地経験と無関係ではないだろう。「滅私報国も全体主義も、奴隷としてでなく自覚せる国民として初めてこれを認めるのである。自覚とは即ち自由の始終である」(＊27)と主張する彼に、「台湾を領有し、朝鮮を併合し、更に進んで東亜協同体の中心として大陸に乗り出さうとする」(＊28)日本が、互いに他の民族と衝突しどのように共存の秩序をつくり出すことができるのかは、難しい問題だった。

3 国家の自由

安倍は一九四〇年九月、一高〔第一高等学校〕の校長に就任し、一五年ぶりに「外地」（京城）から「内地」（東京）に復帰する。復帰とともに、「内地」では政治的優位の雰囲気が広がっているのを実感するようになる。日中戦争勃発後、強化されてきた国家総動員体制は、一九四〇年の第二次近衛内閣の「新体制宣言」とあわせて、より強い高度国防国家を目指す統制体制を形成していたのである。文化主義的立場から個人（あるいは個体）の自由と独自性を重要視していた彼は、強力な統制社会をどのように受け入れていたのだろうか？

……現代を以て政治の文化や思想を支配する時代、現代の文化や思想を以て政治によつて支配された文化や思想と呼び得る所以は、その思想や文化が現実の政治的必要によつて規定せられる程度が極めて大きいといふことにある。さうしてその政治的必要といふことも、結局は現実の国民の生活又は生死、国家の危急存亡に干渉することによつて、いつそうその痛切の度を強化するのである。思想、文化、政治がかかる切実な生活的要求に根ざすといふことは、有無をいはさぬ必然性から来るものであり、其自身として必しもわるいことではない。……現代の政治的傾向が現代の文化や思想を規定して居ることは、現に否定すべからざる事実として、我々がその正しい認識を志すべき所のものである。新しい文化がこの線に沿つて発展すべきことも

亦《また》、殆ど必然的だといわねばならない。（強調は引用者）（＊29）

彼は、政治的な統制は、単純な政治の支配ではなく、「切実な生活的要求」から始まる思想的・文化的転換によってなされると考え、そこに一定の必然性を発見する。表面だけを見れば政治が文化と思想を支配しているように見えるが、「文化や思想に対する政治の支配そのものが、既に一つの文化的思想的傾向を示すものである上に、かういふ傾向を規定するものとして、既に文化的思想的なる契機が存在」しているために、裏では逆に統制文化または統制思想とも言えるほどのものが、政治を支配しているというのだ。政治が支配する時代をむしろ、「思想若しくは文化の政治を支配する時代」（＊30）と規定するような逆説が可能なのは、切実な生活的要求に基礎を置く統制文化（思想）が「在来の政治的、経済的、更には文化的機構が、その惰性的、自然的状態に任せて居た」（＊31）ことを打開できるからであり、それゆえに「全体を構成せるあらゆる要素をして、全体の一員としてよく全体の趣旨に即応する活動をなさしめるように」（＊32）できるからである。要するに統制文化（思想）は、「与へられたる条件から全然独立することではなく、勿論この条件に制約させられるが、更にそれに反発しそれを克服し、それ以外それ以上のものたらんとすることによつて、新たな現実を作る」（＊33）道徳的自由の最も組織的な実践だと思われるのである。この延長線で互いに他の民族（自然）間の共存の秩序（文化）を模索するという困難な問題は、直ちに同化という「正しい方針」（＊34）の承認へと向かう。

与えられた自然的状態を条件としながらも、そのうえで理性の意志によって実践される人間的行為を自由と考える安倍にとって、統制文化（思想）は、彼の思想と存在の間隙を新しく再調整する環境となった。植民地から「内地」に復帰した後、新体制運動を実感するなかで安倍は転向したのだろうか？　京城での安倍と東京での安倍は、別の存在なのだろうか？　これに対して端的にそうだと答えられないのは、安倍はすでに思惟／存在の互いに異なる場所性の間を移動したり、その間隙を調節したりしてきたからである。

　安倍が早々と自身の知的経歴を形成した時期、すなわち明治末期から大正期にかけた教養主義時代は、この思惟／存在の分離を前提としていた。自由主義、デモクラシー、教養主義等に特徴づけられる大正期日本の思想形成には、日露戦争勝利後に、日本帝国主義が拡張したことが必然的条件としてかかわっている。日本は日露戦争に勝利した後、国際的地位を確立して飛躍的な経済発展を成し遂げただけでなく、半世紀にわたる対外的緊張を解消したことで、日本国内の政治文化は統合から分散へと方向を変えていた（＊35）。ここに近代的公教育制度が確立され、実務的な技量の体得よりも、知識それ自体の習得への学問が思想の中心軸を形成する雰囲気の中で、新カント派的文化主義哲学の強い影響を受けながら、新しい世界市民的個人という自覚が登場した（＊36）。つまり、日本が本格的に帝国主義的成長を加速させていた時期と、自由主義的雰囲気の世界市民的教養主義知識人が登場していた時期は一致するのである。

　このような物質的・政治的条件は、この時期の教養主義知識人たちの存在／思惟の間隙を形成する決定的な要因でもあった。日本国内の状況だけを見ると、自由主義・教養主義的潮流の流行は、民本主義の確立と自由な個人の権利拡大などを可能にする思想的基盤の役割を果たしたのかもしれない。しかしアジアを視野におくとしたら、事情は違ってくる。日本の経済的成長と帝国主義的膨張という歴史的条件のもとで、自由主義者・教養主義者たちは、意図せず帝国主義的特権を持つことによって、存在の現実的制約を相対的に超越した所で普遍的・批判的思想の場を持つことができたが、その特権の供給所である帝国主義的暴力と植民地主義の現実が存在する限り、自由主義者・教養主義者たちの思想は常に致命的に毀損されざるをえなかった。すなわち、これらの人たちは、暴力と殺戮の対価を享受しながら暴力と殺戮を否定しなければならないという、二律背反の状況に陥ってしまうのである。大正教養主義を代表する貴族出身のエリートグループである「白樺派」の柳宗悦が、植民地朝鮮に対して最も同情的だったという事実は、この人たちの存在／思惟の場所性の間隙を象徴的に表している。

安倍もまたこの条件を共有しており、彼の自由の理念も、実際、この存在の場と思想の場の間隙を道徳的に克服しようとする試みから導き出されたものと考えられる。与えられた条件としての自然性を否認することはできないものの、意志を通して最も理想的な状態を追求しようとする道徳的実践を自由とみなした安倍は、この間隙を自身の思想の原動力にしていたと言っても過言ではないだろう。そしてこの間隙は、植民地朝鮮という現場でより強く現れた。彼は、当事者／観照者、労働／遊戯、関心／無関心性の世界が衝突するなかで、二つの世界を行き来しながら、朝鮮という異質的な他者を通して日本（人）としての自己を認識し、日本（人）の限界を超えようとしたからだ。

植民地朝鮮で安倍は、当事者として日本人という自分の立場を意識しながら、朝鮮（人）との差を否定的に感じていた。前述した「部屋」のたとえを借りるなら、彼の個人と自由の出発点である

「部屋」が根づく基礎は、すでに「家」(国家)内部につくられていた。したがって、たとえ「部屋」の外で朝鮮(人)と出会うことはできずに、個別的独自性の単位を日本/朝鮮、あるいは内地/外地に分割するしかなかったとしても、観照者になろうと意識し緊張を強いられるなかで植民地の植民本国人としての当事者性が自覚できたのである。朝鮮に滞在していた頃の彼は、相対的に観照者、遊戯、無関心性の世界で自分により適合した場を探そうとし、そこで思惟の普遍性を目指そうとしていたからだ。しかし、戦時総動員体制の「内地」に戻った後、その緊張は国家的危機という「切実な生活的要求」のもとに封じ込まれ、当事者、労働、関心の世界が圧倒するようになった。存在/思惟という互いに異なる場の間隙は、この世界の強力な求心力によって、ほとんど解消されてしまうようだ。世界市民的個人、観照的視線、個人(個体)の独自性という価値は、植民地/帝国日本の求心力によって存在の場に導かれてくるようになる。朝鮮との対比を通して際立っていた日本とその制限性は、植民地を所有した帝国日本に対する肯定に転換する。さらには、個人(個体)と全体との間の緊張、または共存の困難さに対する彼の配慮は、全体に対する個人(個体)の責任関係を強調する方向に転換する。その責任関係の核心には天皇が存在する。

この頃、天皇に帰一するといふことがよくいはれてをりますが、それは結局、我々が天皇に対し奉つて、臣民として我々の総ての行動の責任を負ふに外ならないと信じます。国家の道徳的、情操的、政治的中心が皇室にあるといふ我が国柄から申して、それは同時に国民として国家に対してあらゆる行動の責任を負ひ、この責任感に基づいた行動を励むといふことであり、皇室を国家の中心と仰ぎ奉ることによつてこそ責任感が、一層具体的人格的な、血も肉もあるものになるべきであると信じます。(強調は引用者)(＊37)

国家が最も理想的・道徳的な主体(道義国家)として登場するとき、自由は「国家の自由」と同義語になる(＊38)。そして、「国家の自由」を実現しようとする計画的・統制的実践の頂点に天皇制がおかれている。ここで、皇国イデオロギーと区別しがたい全体主義的国家観が述べられているが、安倍にこのような国家観が可能だったのは、天皇と皇室を中心にして道徳的理想を具現しようとする国民―国家間の共同責任関係が成立するときにのみ、「国家の自由」が保障されるという判断があったからだ。彼にとっては、天皇を頂点として進められている国家的な道徳的・政治的理想実現の課業に国民個々人が責任を感じて自発的にかかわることは、皇国臣民の義務として当然だっただけでなく、人間理性の自由を実践する歴史的行為としても意義を持っていたのである。

このように、安倍の自由概念は道徳的意義を帯びて、戦時体制期の「内地において」国家理性の自由として制限される。実際、自由に道徳的意義を付与し、国家という枠を想像力の条件としたのは、大正教養主義の人格主義がもっていた一般的な特徴でもあった(＊39)。安倍の皇民主義は、人格の道徳的教養という教養主義的指向が全体主義時代の具体的な歴史的条件と合致するとき、どの地点でその政治性をあらわすようになるかということを典型的に示している。

4　敗戦という「神風」(＊40)

戦時体制期の安倍のテクストを見ると、彼が天皇制国家主義に転向したように考えられるが、それが単純な転向ではないという事実は、敗戦を受け入れる彼の態度によく表れている。彼は、日本が犯した戦争（植民地支配は言うまでもなく）それ自体より、負けたという事実に日本社会の問題を見つけ出そうとする。彼は「困つた戦争を始めたとは思つたが、始めた以上はやむを得ない、出来れば勝ちたい」(＊41)と思った。彼はあたかも、ある必然性、または運命によってもたらされたものであるかのように、戦争を受け入れた。そのうえ、あの戦争を「世界を相手にした戦争」(＊42)と規定することで、具体的な敵（あるいは被侵略者）は抽象化され、その運命性はますます濃く彩色されるという効果が発揮される。彼は、自分が戦争中に書いた文章を恥ずかしく思い、戦争に果敢に反対できなかったことを後悔するふりをしてはいるが、このような態度もやはり、アジアの他者たちを侵略し民衆が暴力に動員される戦争に協力してしまったことへの悔恨から始まるというより、あくまでも負ける戦争を防げなかったという事実に起因するのである(＊43)。

ここで注目したい点は、「世界を相手にした戦争」に負けたことに対する責任を吐露する言説が、「日本」、すなわち植民地を率いて東アジア帝国の建設を企てていた巨大な日本ではなく、日本列島を境界として制限された狭い意味での日本を救済する効果につながっているという事実である。敗戦、つまり「日本は負けた」(＊44)という事態だけを前面に出すことで、日本が主導してきたアジア侵略、植民地化、反革命的テロ、帝国主義的植民地争奪などが複雑に入り混じった、長期間の暴力的過程が跡形もなく消去されてしまったのはもちろんであるが、「世界を相手にした戦争」という抽象的な規定によって事物化された世界の反対側に矮小化された「単一の日本」を想像させる。そのようにして、敗北の感情と自責とが結びつくことで、また反省の総力戦の中で「単一の日本」が思い浮かぶ。「戦争中も戦争後も日本国と皇室とに忠実な一国民たらん」(＊45)とする安倍は、敗戦国の「日本国民は総力戦といふことの意義を、今度の戦争に於いてやつと感知し始め、而《しか》も真に総力戦の実を挙げることが出来なかつた」(＊46)。戦争に負けたことで、日本ははじめて総力戦の時代に入ることができるようになった、と言っているわけだ。そして新しい日本、新しい国民に生まれ変わろうとする意志の総力的実践によって、敗戦国日本ははじめて自由になることができるようになった。

安倍にとって日本の敗北は、振り返ったり覆したりすることのできない過去の歴史、すなわち、すでに与えられたものとして自然性の領域に属する。前述したように、安倍にとって自由とは、自然の限界を前提にしながらも、自覚的・意志的実践を通してのみ獲得できるものである。これは文化的意味においても政治的意味においても同じである。

安倍は、与えられた経験世界を超越したものを予知できる理性と、その理性の意志、すなわち理想的な現実世界の中に持ち込もうとする道徳的意志を、自由と名付ける。すでに与えられたものとしての経験的現実を自然的・必然的条件としながらも、「現実に立つて理想を仰ぎ、更にこの理想を現実化しようとする」(＊47)道徳的実践、付与された条件に制約されながらも、それ以上のものを追求する意志的実践こそ自由なのである（＊48）。彼の観点では、日本が戦争に負けた最も根本的な理由も、まさしくこの道徳的自由意志が崩壊した点にあるとされる。安倍は、「今度の敗因の最も根本的なものが道義の頽廃にあつたといふ事実」（強調は引用者）（＊49）を明示し、それによって新しい日本の出発のための力も道義に求めている。

……現実に足をふまへて理想を打開してゆく道徳的意力〔ママ〕の外に、日本を救ふ道はない。これなき時日本国民の前途は否定せられざるを得ない。法律的強制、経済的分配も、この道徳的意志に基づかずしては、本当に国民を生かす、従つて日本を生かす力とはなり得ない。日本に於けるあらゆる政治的経済的活動は、この意味に於いて皆道徳的でなければならぬ。（＊50）

……日本の国家は組織を要する。さうしてその組織は個人の強い、自覚的な理性的要求に根ざさねばならない。その意味において結局肝腎なのは国民個々の道徳的梁骨である。（＊51）

そもそも日本という国家を崩壊させた道徳の退廃とは何で、改めるべき道徳的意志力とは何なのか？　敗戦が目前に迫ってくるまで日本は、大東亜共栄圏の理想を力説してアジアの民衆を動員し、アジアの統一と解放のために犠牲になるという道義を掲げて、戦争を正当化していた。しかし、敗戦とともにアジアを失った後にふたたび叫ばれている道義は、どこか違って見える。安倍の言う戦争中の道義の退廃も、敗戦後求められる道徳的意志力も、焦点はアジアに合わせてはいない。上部では形式的で強圧的な動員と徴発が、下部では無気力と無責任の風潮が広がっていた戦時期の道義の退廃を清算し、敗戦の苦しみと混乱の中で、日本を新しく再出発させるために求められる道徳的意志とは、個人の自由意志と国家の理性の意志が、責任連関の中で一つに結合される状態を示しているのは間違いない。

> ……個人の全体に対する関係が単に強制的、或は物的たるに止まる時、即ち単に法律的、経済的たるに止まる限りでは、それは道徳的であることは出来ない。この関係が内面的に自覚され、この全体的関連の実現が個人の良心と責任とを以て行はれるに至つて、始めてそれは道徳的たり得る。即ち全体が個人に内在し個人が全体に関与することによつて、国民の道徳的活動は始めて国家的たるを得、国家の行動は始めて国民と離れざるを得るのである。（＊52）

ここでの「国家」は、言うまでもなく、過去の「日本帝国」を意味しているのではない。帝国主義時代の安倍にとって、個人（個体）と全体は、自然的・血族的に異なる個別単位が互いに結合されて、「新たなる民族的統一」（＊53）を成し遂げなければならないという難しい課題を考えるときの道具概念だった。そこでは、長い歴史と文化を共有し自然に一つの民族に溶解された場合とは異なり、「日本帝国」がその境界を拡張しながら互いに他の民族を包摂しようとするとき、個別の民族が自然的民族性（ethnicity）を克服し一つの新しい民族（nation）に統合されるために、「民族的自覚」（＊54）が必須であることが力説された。だが、敗戦とともに「日本帝国」が崩壊してこれら異質な民族は分離し、個人（個体）と全体の問題は、おのずと日本国民と日本国家の関係にかわった。民族的他者を帝国内部に実質的に包摂するためには、たとえば朝鮮人を日本帝国内部に実質的に掌握するためには、朝鮮人の内部に日本帝国の臣民としての自覚を自然に持たせるよう、制度的・イデオロギー的に同一性の根拠をつくり続けなければならなかったわけだが、国民と国家の関係において国民を「国民」と呼ぶ瞬間、常に－すでに国家内部の存在となる。

こうして、敗戦後の日本の現実を前にして彼が求める自由は、またもや最終的には国家の自由なのである。言説の表面をなぞると、国民と国家、個人と全体の間の関係は有機的相互作用というレトリックで言い表されているが、その関係を責任という観点から自覚しなければならないのは、結局は個人であり国民なのだ。より卓越した道徳的意志は国家が専有しており、危機におかれた現実を打開するために、まだ成立していない理想的状態を実現しようとする国家の道徳的実践の前で、国民個々人は内面から沸き出てくる自由意志を国家の意志と合致させる以外に他の道を選ぶことはできない。いや、可能だとしても、それはふたたび道義の退廃を招くだろう。個人は自分が国民であることを内面から自覚するときに道徳的でありうるし、道徳的であるときに国家的でありうる。

敗戦後、日本社会の崩壊した価値観を再樹立し主体を再建するために、道徳的な力による国民的統合が必須だと考えた安倍は、戦後日本の、いわば「天皇制民主主義」を確立させた新憲法を、この統合の決定的な契機にしようとした。彼が「新憲法において最も関心をもつたのは、天皇の御位置と国民の権利義務とであつた」（＊55）。彼にとって天皇は、国民―国家間の責任連関が最終的に収斂される、政治的・道徳的・文化的中心なのである。日本が戦争に負けたのは、その戦争が天皇と国民との「総意」に基づかず、天皇に対する国民の「尽忠」の精神が背景にないまま遂行されたからだった（＊56）。敗戦後、安倍が繰り返し論じた「道義の退廃」、つまり国民―国家間の意志が分裂していた実際の内容とは、ほかでもないここにあった。

まさにその天皇は、日本の敗戦後、連合国によって退位させられるだろうと思われたが、アメリカの主導の下に制定・公布された新憲法がむしろ天皇の地位を保障していたのは周知の事実だ。ただし国家元首としての大権は剝奪され、一人の「人間」として、彼には象徴的な地位だけが与えられた。しかし安倍は、「象徴としての天皇」こそ真の国民―国家統合の中心になることができると考え、新憲法を積極的に肯定する。過去、アジア・太平洋戦争時代に天皇が権力の中心にいたとき、軍部、政治家等は天皇への忠義を誓い、「国体明徴」「尽忠報国」を叫んだが、それは自分たちの利害を覆い隠した「偽善と虚喝」にすぎず、むしろすべての権力から排除された天皇こそ、「皇室の名に於いて国民を罪して自分達ばかりの権力と利益とを図らうとする連中」から解放され、真の国民―国家統合の中心になることができるというのである（＊57）。象徴天皇制によって、天皇ははじめて「無の象徴」「無私無我」の存在というその本質に忠実にとどまることができるようになり、「真に天皇を国民の裏に内在せしめ」、また、「国民の上に超越せしめて」国民統合を実現できるようにさせる、一種の空虚な存在となった（＊58）。戦勝国であるアメリカによって付与された「平和」と「民主主義」と「象徴天皇制」を、あたかも日本の伝統と本質にもともと内在していたかのように自然化する考えは、与えられた現実を必然的条件と思い、そのうえで実践を目指すこの教養主義者の「植民地的無意識」をあらわしている（＊59）。

そして、このように単に一つの象徴としての人間を神聖な中心のほうに疎外させることによって、帝国主義時代から繰り返し言ってきた「一君万民」の理想は、新憲法の下でのいわゆる「天皇制民主主義」として実現されているようである。

新憲法では天皇は統治の事には殆んど関与されぬことになつたが、これは天皇と皇室とを国民一部のものでなく国民全体のものとし、天皇に対する国民の心持を強制された奴隷的跪拝でなくて、自然な素直な、親愛のこもつた人格的尊敬とするやうに向けられるべきである。日本における民主主義は天皇に対する敬愛と両立するものであり、これを両立させる所に新憲法の精神がある。(*60)

日本の知識人の多くがそう考えたように、敗戦後の混乱から日本が救済されるには、国民的自覚を内面化した主体が再建されなければならないと、安倍もやはり信じていた。国民的主体とは、戦時期統制と動員の対象にすぎなかった「臣民」が、自らの自由意志を持って、国家理性の道徳的・理想的指向を内面化する段階に飛躍するときにつくることができる。安倍は、天皇が実質的な権力から分離され、象徴的権威のみを持つ空虚な存在へと変わった事件を、この飛躍の契機と感じたようだ。いわば、権力的実体は無化し、象徴的意味だけが残されることによって、天皇はもはや(大権の核心としては)どこにもいないのに、(象徴の中心としては)どこにでもいる存在となり、持ち込まれた民主主義を国民統合の方向に調整する不可欠な要素となったのである。一九四六年一月に

「人間宣言」した後、天皇の全国巡幸が実施されたが、その政治的目的がここにあったのは言うまでもない。天皇の巡幸の一部分に随行した安倍は、象徴天皇制を通して「君と民との離れぬ関係の下に、日本的民主主義」(＊61)が成就すると信じていたが、天皇と一体になった国民たちが「めいめいが自分の住んでゐる所、自分のやつてゐる職場にあつて、出来るだけのことを尽し……日木国をもりたてゝゆく」(＊62)という、戦時期動員のスローガンとして叫ばれたものによって、〔安倍の言うところの〕「日本的民主主義」は逆説的にその内容を補おうとしているように見える。

5 存在／思惟の場所性——むすびにかえて

敗戦は、戦後の日本が植民地／帝国日本の歴史を書き直す「根源的」事件だったと言える。敗戦というプリズムを通さずには、植民地／帝国日本の歴史が叙述できなくなっているだけでなく、敗戦を糸口にしないでは、新しい日本の歴史もやはり展望することができなくなったからだ。敗戦という結果を招いた問題を探そうとしないでは後ろを振り返ることはできず、敗戦の経済的・政治的・文化的衝撃を克服できる力の発見なしには未来を見通すことはできなかった。したがって、過去と未来に向かうとき、敗戦という事件が認識と判断と叙事を常に−すでに規制しているという点で、敗戦は根源的（ursprünglich）である。少なくとも「戦後は終わった」という宣言が、これ以上当惑することなく受け入れられるようになるまでは、ということである。

しかし、敗戦が根源的事件として効力を持っていた時期でも、それが常に根本的な自己批判を伴っていたというわけではない。むしろ敗戦の衝撃と国家の危機から抜け出そうとする緊急性は、過去に関しては否定要因を都合よく局限したり（たとえば、戦争を国家壊滅状態にまでもっていった責任者としての戦争マニア、軍部）、未来に関しては可視化していた欲望（desire）と差異を国民統合の必要（need）のもとになんとか服属させたりした。これとともに、戦後に終焉を告げて現れる新しい自己肯定の思考が、日本資本の新植民地主義的アジア進出を視野から消し、そのなかで敗戦という事件は、植民地／帝国時代に日本が傷を負わせたアジアを忘却するという効果も生んだ（＊63）。

安倍は、過去からは「道義の退廃」という問題を探し出し、未来には「道徳的意志力」の実践を試みた。しかし、個人（個体）の道徳的意志の実践を自由と規定する彼の政治学―倫理学は結局、天皇制の象徴的保存と国民的統合に強調点がおかれた「日本的民主主義」に帰着した。この過程で彼のアジアも忘れ去られているかのように見える。一五年間の「外地」滞在という経歴を持っている彼が、朝鮮での経験はおろか、日本がまさに何か月か前までアジアの一部を統治地域の中に含んでいたという事実についてほとんど整理することなく（＊64）、在日朝鮮人の存在とその法的地位の問題についても無関心なまま、「日本人」の国民統合を主張しているのである。

敗戦という事件がもつ強力な効力を念頭におくとき、ここでなぜ朝鮮について言及しないのかを安倍に問いただすことに意味がないわけではないが、得るものはそれほどあるように思えない。むしろ朝鮮滞在時の安倍と敗戦後の安倍を対比させることで、「内地」と「外地」、帝国と国民―国家を貫きながら、彼の存在／思惟の場所性がどのように流動してきたのかを批判的に検討するほうが効果的であろう。これによって、安倍または自由主義的教養主義者の矛盾と二律背反の実像を顕わにすることができるだけでなく、歴史的問題を対象化する私たち自身の立場さえも反省的に振り返ることができるだろう。

安倍の自由主義的教養主義は、道徳的理想を追求する人間の自由意志に対する信頼に基づいている。理想主義哲学の影響を強く受けてもいるが、その立場は、根本的に人間理性の能力を絶対視し、歴史的進歩の必然性を（唯物論者とは違う意味で）確信しているところにある。ゆえに現実に生きるよりは理想に生きることを望む。しかし、彼の存在の場と思惟の場は、両立不可能性を隠蔽したまま結合していた。先に大正教養主義の歴史的条件について言及したが、この理想主義は国家、戦争、植民地主義、帝国主義という土壌の上で育った。したがって自分たちの「自由」という理念が、国家あるいは民族という条件を歴史的先験性として前提にしているという事実を自覚しなければ、この理想主義には抽象的普遍主義の明るさ以上のものは何一つ期待できないだろう。

だが、朝鮮で安倍は、植民地の植民本国人として当事者意識を持つことができたし、「外地」に行った「内地」教養主義者として、日本の地方的限界を見つけ出すことができた。前に言及したように、安倍は朝鮮滞在時に相対的に観照者、遊戯、無関心性の世界で適合した場所を探そうとしたが、これは、それだけ「当事者」としての自己存在が強く意識されたという事実の反証でもある。すなわち「内地の内地」と言える東京では、教養主義者は自己存在の境界を瞬間的に忘れることができるわけだが、「外地」という環境では、彼の存在を簡単に忘れさせてはくれない。それゆえ彼は、当事者であることを意識しながらそこから逃避しようとし、または逃避しようと努力しながらも、ふたたび当事者に戻るしかなかった。この流動性、彼の存在／思惟の場の流動性とも言えるその不安の中で、彼は自己存在の境界を認識し、「内地」に対してもある程度反省的な距離を取ることができた。もちろんこの緊張は、朝鮮／日本という民族的範疇を区別と対照の単位に確立する結果を生みもしたが、このように「日本」に縛りつけられている自己存在の制約性についての自覚は、「自由な他者」との結合の難しさを意識させる方式で、思惟の場で思い浮かぶ抽象的普遍概念と、存在の場で展開される事態との間隙に対する自覚を引き出した。

しかし植民地で、たとえば「我々」と「諸君」との間の違いを経験することで、存在／思惟の場所的距離と緊張を意識することができたが、戦時体制期の内地に復帰した後、「我々の自由」を構築する過程でその経験は破壊されていった。大正教養主義がその出発の地点から抱いていた思惟／存在の間隙、すなわち世界市民的個人の自由という思惟の中の概念と、植民地／帝国日本の臣民という存在の限界との間隙は、植民地朝鮮のそれもまた自由な他者を眺めながら緊張を維持することができた。たとえ、自我―他者の関係を民族単位で設定しているという限界はあるにしても、帝国内部にやすやすと統合されない自由な他者の存在についての認識は、安倍が、自己意志を持ったすべての存在に固有な概念としての自由と、歴史的・地域的に制約された存在の条件との間の還元不可能な間隙を感知していたことを表している。だが、戦時体制期の内地における安倍の自由は、歴史的・地域的制約から出発し、その限界を道徳的に克服する実践と同一視される。彼にとって自由とは、当初から道徳的意義を備えるものだったが、この時点で彼の道徳的想像力は思惟／存在の場所的距離との間隙を埋めて展開された。つまり、思惟された概念としての自由と歴史的存在の限界との間の還元不可能な距離と緊張は消え去り、両者は一つの連続性の中に置かれるようになった。

そうして当事者性の自覚に起因した流動性は自己肯定として固着され、個人（個体）の自由は国家の自由に、理性の意志は統制の意志に、道徳的責任は皇室に対する責任に収斂された。そのうえ、敗戦という根源的事件は当事者を受難者（＊65）に転位させ、自由の理念は「天皇制民主主義」に帰着したように見える。

坂口安吾は道徳的意志への訴えが支配する戦後復帰ディスコースを強く批判し、堕落という正反対の道を提示したことがあるが（＊66）、この文のコンテクストで見ようとするなら、坂口安吾の堕落というものは、存在／思惟の間隙と還元不可能性を最後まで持ちこたえさせて、両者を衝突させようとする立場でのみ肯定できる価値である。存在／思惟の間隙と還元不可能性を忘却あるいは破棄し、存在の限界を道徳的に克服しようとする実践を通して、思惟された概念としての自由を獲得できるように感じるとき、植民地本国の知識人が植民地の経験から維持できた存在／思惟の間隙に対する緊張は消えてしまう。安倍能成にとって経験の破壊とは、このような緊張の崩壊、そして存在／思惟の外在性に対する意識の崩壊にほかならない。安倍は、戦後の日本社会が道徳的に生まれ変わることができるなら、敗戦と降伏という屈辱はむしろ日本を守ってくれる「神風」にほかならないと言ったことがある。敗戦という「神風」が、結果的に日本を守ってくれる風になったかどうかはわからないが、安倍とその他の日本の知識人たちの植民地経験とアジアでの経験を、それが「日本」を不安に陥らせることがないように一挙に破壊してしまった決定的な風であったことは間違いない。

II 制度

——配置の力学

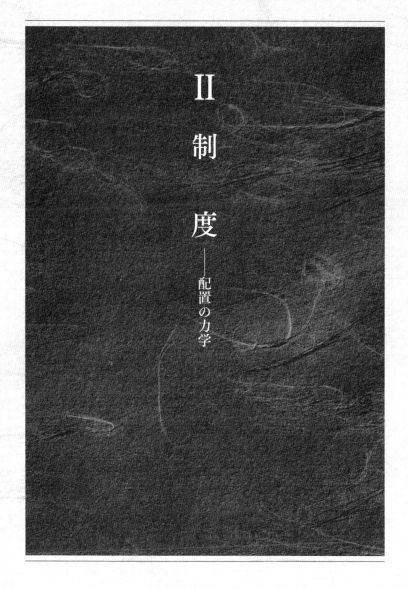

第四章 「強制連行」と「強制動員」のあいだ
——二重の歴史化過程のなかでの「植民地朝鮮人」の排除

韓《ハン》恵《ヘ》仁《イン》

1　はじめに

歴史的事件はどのように概念化されていくのか。概念化される過程で何が選択され、何が消去されるのか。それは、事件を叙述する主体または空間が、その事件をどのように顕在化しようとしているのかによって決まることで、そこに同じ事件についても異なった概念化が生まれる。

戦後に再建される日本と韓国は、「忘却しなければならない植民地」と「記憶しなければならない事実」といういわば共通の課題を抱えたが、それは日本と韓国というそれぞれ別々の枠でのことではなく、帝国の中での経験の階層的位置によって、問題が共有されたり消去されたりする場合がある。そのうちの一つが、戦時期朝鮮人労務動員についての概念化の方法である。戦時期朝鮮人労務動員は、朝鮮人「強制連行」と「強制動員」とに概念化されており、それが戦後の日本で強制連行という用語に収斂したとするなら、戦後の韓国社会では強制動員に収斂している（＊1）。

少し大まかに整理すると、朝鮮人強制連行は戦争犯罪としての意味を、強制動員は植民地支配の被害としての意味を持つと言える。強制連行という言葉に暴力的・不法的という意味が含まれるとすれば、強制動員は、強制という表現において暴力的な面を強調してはいるものの、相対的には体系的かつ合法的である。言い換えると、戦後日本は、アメリカの占領期を経て新しく独立した国家として定着していきながら、植民地を持っていた日本帝国という主体としてではなく、戦争に敗北した日本というものが主体化される空間であり、他方で韓国は、日本帝国によって被害を被った植民地という意識が強く働きつつ主体化される空間だと考えられる。

強制連行という用語が日本で定着するようになったのは、よく知られているように、一九六五年に出版された朴慶植《パクキョンシク》の『朝鮮人強制連行の記録』（未来社）によってである。これは朴慶植が明らかにしたように、日韓協定締結反対運動の一環として叙述されたものである。朴慶植はこの中で、日韓協定の内容が植民地支配の責任を問わないとしたことを批判し、とくに朝鮮人労働者の被害が充分に反映されていないと主張した。また、植民地民だった朝鮮人労働者についても、中国人の強制連行、強制労働と変わりがなかったということを、実態調査を通して証明した。そのほかもう一つ注目すべき点は、日韓協定の論議では朝鮮人労働者の被害に関して官斡旋による徴用労働者しか挙げられていないことに対し、労務政策の運用においては一九三九年九月からの集団募集労働者も強制連行の被害者だと主張したことだった。

それ以降、強制連行はなかったと主張する側では、この募集期の強制性に対して問題を提起してきた。すなわち、中国人の強制連行と比べると、中国人の募集が身体的強制を含むものだったのであるなら、朝鮮人の募集は「応募」という自律的方法を使ったという点、さらに法的強制性という側面でも、「官斡旋」や「徴用」というよりは、練成の意味があったというようになる。もっとも、他方でこのような論理に対抗する論理も、応募であったにしても自由がなかったことと、募集当時の暴力的強制を暴露する水準にとどまるという誤りを犯している(*2)。

結論から言うと、朝鮮人に対する「募集」の強制性が、中国人労働者に適用していた「募集」の強制性と異なるのは、それが暴力的だったからではなく、朝鮮が「植民地」だったがゆえに起こりえた便法的運営であったがためである。そのような意味での募集、あるいは募集労働者のことが、戦後、日本の責任という問題においてどのように消去されていくのかという部分を明らかにすることは、日本社会の中で「植民地」がどのように消去されたのか、植民地責任がどのように縮小されていくのかを知るうえで、重要な課題となるだろう。ここでは、労務動員体制がつくられる時期から日韓協定の時期までに募集労働者のことがどのように排除されていったのか、日韓協定以後の韓国社会は募集労働者をどのように認識していたのかを、一緒に探ってみようと思う。これは、日韓協定後、韓国社会で募集労働者をどのように包摂し、何を排除したのかという問題ともつながっている。

視点を変えて、日本の戦前と戦後の植民地民に対する排除の連続性という視野からこの問題を見てみるなら、帝国日本と戦後日本、そして韓国に共通している、国民化の中で植民地民を排除する機制をそれがそのまま示しているという、新しい意味に読むことができると考えられる。

2 「募集」という方法

日本帝国の戦時の人的動員は、一九三八年四月から実施された「国家総動員法」を根拠としつつ下位法を拡大適用することで、順次、広範囲に、かつ強圧的になされていった。労務動員の場合、日本の閣議決定である一九三九年七月の「労務動員計画」(*3)に従って計画動員を実施した。具体的な動員方法は、「国家総動員法」第四条、第六条(*4)に基づいて一九三九年七月に公布された「国民徴用令」といった、国民に対する直接的な「強制」と、第五条(*5)に基づいた「国民勤労報国協力令」(一九四一年一一月)、「女子挺身勤労令」(一九四四年八月)、「学徒勤労令」(一九四四年八月)のように、「協力」を強要する方法で展開された。二つの方法の最も大きな違いは、違反したときに何を法的処罰の首位におくかであるが、戦争遂行のための国家との雇用関係という性格を持つ「協力」それ自体も、強制的な動員だった点は否定できない。

植民地朝鮮、台湾、樺太の場合も、一九三八年五月に「国家総動員法」が実施され、労務動員のための「国民徴用令」もまた、一九三九年一〇月一日、朝鮮、台湾、樺太ならびに南洋群島で実施された(*6)。「国民徴用令」は、第二条「徴用ハ特別ノ事由アル場合ノ外職業紹介所ノ職業紹介其ノ他募集ノ方法ニ依リ所要ノ人員ヲ得ラレザル場合ニ限リ之ヲ行フモノトス」という条項によって、最初から全面的に実施せず、四回にわたる改定を通して徴用の範囲を広げていき、日本政府は植民地を対象とする場合はできるだけ徴用が表面化しない官の「募集」や官の「斡旋」という方法を取った。またもう一方の軸として、「協力」を強要する仕方で展開された「国民勤労報国協力令」、「女子挺身勤労令」、「学徒勤労令」等は、日本と植民地で同時に施行した。このように日本本土そして植民地では、それぞれの法域内で戦時動員体制が形成されていった。

一九三九年七月の「労務動員計画」を根拠にすると、植民地朝鮮人を労務充足人員として日本本土に動員するのは、事実上法域が異なる「外地」から「内地」への移動なので、法域を越えることのできる新しい法的仕組みが必要になった。ただし、当時日本と朝鮮との間には渡航抑制政策が取られていたために、自由に労働者を募集したり移動させたりすることはできなかった。このような事情があるなかで一九三九年七月二九日、厚生、内務両次官連名による「朝鮮人労務者内地移入に関する件」が各地方長官宛てに依命通牒された。その具体的内容は、事実上、労務者を募集するための根拠となる法律ではなく、募集労働者の資格と渡航に関するものだった。これによって朝鮮総督府は、労働者募集のために「朝鮮人労働者内地移住に関する方針」を決めて労働者の資格を規定した。そして実質的に労働者を募集できる根拠として、一九一八年から実施されてきた「朝鮮総督府令労働者募集取締規則」を基本法とした(*7)。これは事実上、朝鮮以外の労働現場に行く朝鮮人を募集する者を取り締まるための法であり、労働者が募集に応じるよう強制するものではなかった。したがって法自体は既存の自由募集の状態と変わらず、一次募集の際にはそれほど抵抗はなかった。

実質的に大量に労働者募集を始めた一九四〇年に入り、朝鮮総督府は、朝鮮内部でも計画的労務動員をしていたので、内外地の動員をより計画的におこなうために一九四〇年一月から「朝鮮職業紹介令」(一九四〇年一月一一日)を公布した。この職業紹介令によって、それまで朝鮮内から外地への労務募集を管轄していた法である「労働者募集取締規則」を廃止し、一般労働者には職業紹介令を、朝鮮内での土木工事等には「総督府斡旋要綱」(一九三八年五月)による「官斡旋」を、「内地(樺太を含む)移住労働者」には「募集に依る朝鮮人労働者の内地移住に関する件」(一九四〇年二月)を基本法として分割運用した(*8)。

以前の「労働者募集取締規則」と、一九四〇年に実施されることになった「募集に依る朝鮮人労働者の内地移住に関する件」との最も大きな違いは、前者の規則が募集主自体への警察の取り締まりであるのに対し、後者の法の基本的内容は、日本が労務者を募集する際に、官の主導下で地域別に募集人員を割り当て、警察および軍がそれと関連する業務を補助するという点だ。すなわち、警察の取り締まり対象が募集主から労働者に変わったことを意味する。

これとあわせて、早くから軍需企業に選定されていた金属工場、製鉄工場等には、陸軍省で「朝鮮人内地移入に関する件」を基盤として「朝鮮人工場労務者内地移入斡旋に関する協定」を定め、募集ではなく総督府が直接斡旋して動員することを要請した。募集と斡旋の一番大きな違いは、雇用主の費用負担の範囲だと言える。いわゆる募集の形を取る場合には、移住の際にかかる動員警備等の費用を含む全体的な費用を企業が負担し、斡旋の場合は、総督府が募集費用および移動費用を負担した。

俗に募集期といわれる一九三九年九月から一九四二年二月までは、工場労働者の場合、募集という方法と並行して官斡旋が適用された。しかし労働者の側から見ると、募集といっても、官の斡旋と警察の関与のもとで動員されたという点で、内容上は全面的な官斡旋だった。これは何の援護もない徴用であり、徴用の便法的な運用である。したがって、朝鮮人にはこのような過程もまた徴用と認識されていて、それが「募集された」という形容矛盾のような証言が出てくる理由でもある。

その後、一九四一年八月の「労務緊急対策要綱」によって、日本の内閣は、朝鮮総督府が一九三八年から維持してきた朝鮮内動員の根拠である「総督府斡旋要綱」を、一九四二年二月から拡大適用することに決めた。この体制〔制度〕の特徴は、日本の企業が担当していた朝鮮人労務動員のすべての実務と責任を朝鮮総督府が負うようになったことだ。この制度によって、朝鮮における日本本土への労務動員は、朝鮮内での動員の方法と同じ体制で動くようになる。すなわち、一九三九年下半期から始められた日本本土への労務動員は、一九四二年二月に朝鮮総督府によって一元化された「官斡旋」政策が施行される前までは、施行細部法令が、朝鮮内の動員関連法とも日本内の動員関連法とも異なる形態で運用されていたのが、一九四二年以降は、施行細部法令を朝鮮内部で別に発令せず、日本で発令された法令をそのまま適用した。一九四二年の官斡旋制度は、朝鮮総督府が割り当て人員を斡旋すれば、各道府邑面《ゆうめん》で「国民勤労報国協力令」に従って報国隊を結成し、隊別に動員を実施するというものだった。募集期とは異なり、「国民」の協力を強調するとともに、練成所の中で労務者に国民労働教育を実施した。

一九四四年八月には、技術労働者だけでなく、炭鉱、土木労働者にも徴用令を発動し、関釜連絡船が途絶える一九四五年六月まで動員した。徴用を避けようとする動きも見られたが、当時の徴用は実は差別的要因としても働いたのである。つまり、徴用労働者は援護の対象であり国家が保護してくれる労働者だと言って、一種の特権層だと思わせるようにしたのだ。

時期によって異なる形で法が施行されたとはいえ、大きな枠では日本「国民」であることを強要されたのは間違いない。制度的変化に従って法を区分してみると、一九三九年から一九四二年までは法域が異なる「植民地民」に対する便法的募集動員だったとするなら、一九四二年から敗戦時までは、一体化された法体制の中での「国民動員実施計画」による「官斡旋」、徴用という一元化された動員体制への「国民」動員だったと言える。

一方、中国人の動員は、一九三七年に華北地方を占領したあと、一九四二年一一月に「華人労務者内地移入に関する件」(＊9)を閣議決定し実施した。朝鮮人労働者は炭鉱、鉱山、土木労働を中心に動員し、中国人労働者は「重筋労働部面」労働として、鉱山の仲仕《なかし》や工場雑役夫として募集したという違いがある。このとき、中国人労働者募集対象者として、実質的に動員された中国人労働者は、中国華北地方の石門捕虜収容所の捕虜、帰順兵などだった。捕虜収容所の捕虜や帰順兵を対象としたのは、「捕虜ハイクラデモ作戦行動デ得ルコトガデキ」、捕虜収容所で「良民ニ還元シ労工トシテ供出スルコトガデキル」(＊10)からだった。捕虜収容所はのちに労工訓練所と改称された。

本格的な中国人労働者動員は、一九四四年二月の次官会議で「華人労務者内地移入促進に関する件」が決定発令された後に始められ、単純に軍が主導していた中国人労働者の供出を、北京大使館と国民政府の斡旋のもと、華北労工協会が実務を担当することになった。

この法によって行政供出、訓練生供出、特別供出等に分けて中国人労働者を獲得した。行政供出というのは、華北政務委員会議の行政命令に従って割り当て、その割り当て分を各省、都、県、郷村で一般の中国人を捕虜に仕立てて拠出する方法だった。この方法は、朝鮮でおこなっていた官斡旋の方法と同じやり方であった。

訓練生供出とは、前述したとおり、捕虜収容所に収監されている捕虜、帰順兵、匪賊、囚人を三か月間訓練した後に供出する方法を言う。行政供出と訓練生供出の違いは、前者は行政機関による中国民衆＝捕虜の供出であり、後者は軍部による捕虜、帰順兵、匪賊、囚人の供出という点であるが、捕虜として扱われた事実には変わりない。特別供出は、当時、華北運送公社、国民政府機関などで働いていた熟練工の供出であり、その数は最も少なかった(＊11)。このような方法で約四万人あまりの中国人が日本各地の一三五の作業所に連行され、強制・隔離労働を強いられた。中国人労働者の場合、民間人を供出したといっても、日本内では捕虜として扱われたために、作業場、住居地等は朝鮮人労働者や日本人労働者から徹底して隔離された。朝鮮人労働者の証言によると、中国人労働者は罪人のように手を縛られたまま作業場に行き、作業場も朝鮮人の作業場とは別だったので、出会うことは一度もなかったとのことだ。

中国人労働者の労務管理は、朝鮮人に対するよりも強圧的であっただけでなく、徹底して隔離されており、作業能率を上げるために労働慰安婦を雇用した慰安所を設置していた(＊12)。

これら中国人労働者確保のための法的形態と、「国民動員実施計画」をもとにして朝鮮人になされた動員は、労働力確保という点では同じであるものの、根本的に異なるのは、朝鮮人労働者は「国民」の資格で動員されたのに比べ、中国人労働者は敵対国の国民を奪い取ったという点である。

したがって、朝鮮人労働者は国民への「同化」の対象だったが、中国人労働者の場合は徹底した「異化」の対象だった。

とくに、朝鮮人と中国人に対して日本帝国が共通しておこなった募集の本質は、朝鮮人の場合は、同化すべき国民である「植民地民」に対する便法的占有であるならば、中国人の場合は、「国民」の枠の外で不法におこなわれた占有であると言えよう。

3 隠蔽される「加害」、つくられる「被害」

日本の敗戦とともに、それまで戦争に動員されていた朝鮮人・中国人労働者は、日本人にとって異質な存在、あるいは日本人に害を及ぼすかもしれない敵に変身したように感じられた。とくに、敗戦直前に起こった花岡事件(＊13)とこれを取り巻く中国人強制連行、強制労働に対する戦争犯罪裁判は、その不安感をより増幅させた。

内務省警保局保安課長は一九四五年八月一〇日、電信で「朝鮮人並華人労務者集団稼働の場所に対して警戒を強化し、不穏策動の防止に努むる事」を指示した。中国人への対策は、中国人が戦勝国民だったので、朝鮮人に対する対策よりもはるかに迅速になされたが、「朝鮮人に対しては徒《いたず》らに軽挙盲動〔ママ〕せしめざる様指導を加ふる」こと(＊14)とあわせて順次帰還を促すよう指示した。

朝鮮人・中国人労働者を雇用していた土木建設業者たちは、そのような状況に対処するために、一九四五年一一月に「華鮮労務対策委員会」(以下、「対策委員会」と略)を結成した(＊15)。委員長は前戦時建設団団長が、副委員長は株式会社鹿島組副社長が担当した。委員は株式会社間組社長、大成建設株式会社社長、株式会社飛島組副社長、株式会社西松組専務取締役、株式会社熊谷組専務取締役、鉄道工業株式会社専務取締役、株式会社地崎組社長、株式会社川口組支配人など、積極的に朝鮮人・中国人労働者を雇用していた土木建設業者たちで構成された(*16)。

この対策委員会の主要な活動は、それまで雇用してきた朝鮮人・中国人労働者の監視と帰還作業、関連資料の隠蔽、花岡事件裁判への対応、そして国家への被害補償請求などだった。対策委員会は、早くから「八月一六日ヨリ　戦時中の華人及朝鮮人に関する統計資料訓令其他の重要書類の焼毀を軍需省より被命　直に課員をして整理し会計経理に関するものを除き私物と雖《いえど》も一物をも残さず桜田国民学校裏地（当時の戦時建設団本部）にて焼き三日間を要した」(*17)と記録している。

花岡事件裁判については、その裁判が他の類似した事件にまで広がらないようするために、鹿島組社長を代表とする裁判対策委員会を設置し、あらゆる方面から努力を傾けた。弁護士の活動経費として「万一中華民国ノ関係ニ対スル政治的活動ノ為メ軍資金ヲ要スル場合生レタルトキハ前各項ノ外別ニ協議ノ上約定ヲナスコト」(*18)を決め、個別に中華民国とのロビー活動までおこなった。

裁判に勝つために裁判対策委員会は、中国人の強制連行はなかったということを証明しようとした。そのために当時雇用していた中国人労働者を二分化して、捕虜と捕虜でない一般労働者に分けた。捕虜の場合は軍が主体となって動員したと強調し、一般労働者の場合は日本政府の計画に従って国家の主導のもとで一九四三年三月から動員したという論理を展開して、中国人労働者の雇用、つまり強制連行は国家の責任であると強く主張した(*19)。企業は中国人強制連行の主体ではなく、むしろ軍と国家による被害者だと言い募るようなことまでした(*20)。また裁判長にも随時上中書を送り、中国人労働者は「契約労務者たる事を強調せられ強制労働問題を否認」(*21)した。

結局この花岡事件は、こうしたさまざまな局面から働きかけをおこなったことが功を奏し、横浜裁判では過酷行為のみが集中審議されたにとどまり、末端行為者だけに責任を取らせるという結果に終わった。この裁判では、システム的な犯罪、強制連行・強制労働を立案実施していた政府、軍、企業の幹部・経営者は、裁判の対象にすらならなかったのである。そして、過酷行為が証明された鹿島組現場関係者四名、警官二名が起訴され、一九四八年三月一日に有罪判決が下された。現場関係者四名のうち三名は絞首刑、一名は終身刑、警官二名は重労働二〇年の刑に処されたことで終止符が打たれた(*22)。

この裁判は、強制連行が戦争犯罪として断罪されるには個別的な過酷行為が証明されなければならないという先例となり、以後、中国人・朝鮮人労働者は、自身の被害状況を証明するために、体制的な強制というよりは個別的な身体的暴力性を強調するようになった。これは、より体系的に制度化されていた朝鮮人戦時動員については、直接的で身体的な強制と、不法なあるいは便法的な強制連行といった、矮小化された像をつくる結果を生み出した。

対策委員会がおこなった他の活動は、土木建設業が戦争によってどんなに被害を被ったかを調査し、日本政府に被害補償を要求することだった。つまり、企業が中国人と朝鮮人を雇用するに至ったのは、基本的に企業の利益のためではなく国家が主導したためであるから、企業もその被害を被っているという立場を取ったのである。そして、中国人・朝鮮人の雇用による損失、帰還費用、日本人の安全のために労働者が帰還するときまで監視する費用をも請求した。

ここで特徴的なことは、対策委員会が朝鮮人労働者を二つの部類に分けて対処したという点だ。すなわち、一九四二年を起点として、それ以前に雇用された朝鮮人労働者を自由募集労働者、一九四二年のいわゆる官斡旋による労働者を「集団移住労働者」と区分したのである。〔官斡旋以前の〕一九三九年以降に募集によって動員された朝鮮人は、自由意志で募集に応じたとし、これらの人たちは生活の基盤が日本にある者として恩恵を受けたのに、日本を出て行かず危険な存在だと強調したのだ。

さらに帰還費用についても、いわゆる自由募集労働者に関しては企業に責任がないと強調した。集団移住労働者、すなわち官斡旋による労働者は、企業ではなく国家主導で移住したわけであり、しかも集団移住の際に事業体は「労務者供出協力費」を朝鮮総督府に前納しているので、当時の供出の責任は朝鮮総督府にある。したがって集団移住労働者に対する責任は、企業ではなく朝鮮総督府をはじめとする日本政府にあり、帰還責任もまた日本政府の役目なのだから、その費用は国庫から補助されるべきだ、と主張したのだ。

前述したように対策委員会は、自由募集労働者の場合は帰還の意志がないと強調しておきながら、この人たちが集団行動によって事業体を破壊し威嚇するので公安管理が急がれるということを前提に、公安費用を国庫で補助しなければならないとまで主張した(*23)。これらを踏まえて対策委員会は、国家に対する被害補償請求として**表4－1**のように陳情した(*24)。

対策委員会は、日本政府に対する被害補償請求と並行させながら、引き続き朝鮮人代表団体と帰還に関する協議を進めたが、その際、一貫して自由募集労働者と集団移住労働者を分けて、自由募集労働者を排除した。帰還希望の如何に関する調査も、自由募集労働者の場合、実質的にそのような傾向があったのかは確認できないが、朝鮮への帰還を希望していないと報告した(*25)。

対策委員会が自由募集労働者を排除した理由は、一九四二年からの動員は国家の責任ゆえに以後すべての費用は国庫補助でなされるべきだと主張すると、それ以前、すなわち一九三九年八月からの募集は、官の協力を受けたとはいってもその雇用関係は事業体との間にあるために、帰還費用および関連手当は事業体の負担となりうるからだと推測できる。したがって敵対的関係を維持しながら、逆に公安費用という名目で国庫補助を受け取る方法を取ったのである。しかしここで残念なのは、対策委員会と帰還交渉等をしていた「在日本朝鮮人連盟中央総本部」から出た「要求条件」でも、「総合的情報の提供は「朝鮮人労務者の過去四年間(に於ける年度別使用人員数、就労場所など)」と規定してしまったという点だ(*26)。

対策委員会は政府と交渉するなかで、一九四六年に中国人・朝鮮人雇用被害国家補償金として商工省から五四五万円、厚生省から三二〇〇万円など、総

表4-1　国家に対する被害補償請求(国庫補助)

◉華人労務者の処理及び損害補償に関する陳情
・華人労務者移入費補助のうち土建労働者に関する件(華北労工協会に前納した労働者募集費用回収)
・華人労働者送還のための費用
・華人労働者送還前の保護及び管理費用
◉朝鮮人労務者の処理及び損害補償に関する陳情
・終戦前の損害に対する補償(朝鮮総督府に前納した供出協力費前納金)
・終戦後の損害に対する補償
◉華人及び朝鮮人労働者損失補償金，休業手当並びに救国手当及び慰労金

額四五九五万円あまりを交付された。

土木建設業だけでなく、石炭炭鉱業関連でも類似の状況が展開された。つまり、特別鉱害復旧臨時措置法（一九五〇年五月一一日）をめぐる被害論理の中でも、募集労働者は排除されたのである。この法でいう特別鉱害とは、第三条第一項に定められているもので、「太平洋戦争中戦争遂行のための緊急な国の要請に基く石炭増産の応急措置としてした法令による命令又はこれに準ずると認められるべき行政上の措置に基いて、通常の場合は鉱害の防止のため掘採しない箇所を掘採し通常の場合は鉱害の防止のため掘採方法を制限する箇所をその制限をしないで掘採し、その他鉱害の防止のため通常講ずべき措置を講じなかったために発生したもの」を意味する。

日本政府は、この特別鉱害が始まる時点を一九四五年六月からと定め、その被害を物質的な損害に限定しようとした。そういった動きに対し、福岡県議員代表の井上馨は、一九四一年一二月から始まった戦時非常石炭増産運動、および決戦必勝選炭増産運動、また石炭緊急対策要綱など、全国民的運動が次から次へと展開されながら石炭の増産が強力に推し進められてきた事実を挙げ、鉱害の時期を繰り上げた。それと同時に、多くの朝鮮人が雇用されていた九州炭田の被害についても、日本政府当局の無謀な行政にその原因があったと考え、「九州炭田は石炭鉱業の歴史といたしましては、最も古いものであります。すでに老齢に達している関係からいたしまして、よほどむりをしない限り、急激の増産は困難な状態にあつたのであります。従つてこれまで鉱害を恐れて採掘していなかつたところ、あるいは坑内の保安上絶対に残さなければならなくして、とつておいたところなどを採掘しなければ、急場の間にはとうてい合わなかつたのであります。これをむりやりに採掘せしめたので、かつて業者が非常に憂慮していたあの悲惨な、しかも広範にわたる鉱害が発生したのであります。……私はここに特に一言申し上げたいと思いまするこことは、……福岡県におきましては、この鉱害によりすでに人命の危機にさらされているという事実があるのであります。……当時熟練した工員は、各炭山とも次々に戦争に召集されまして、これを補うのに国民徴用令、あるいは勤労動員令等を発令いたしまして、石炭採掘には全然未経験の農村人、あるいは都市のか弱い青年、これを徴用し、また朝鮮人までも動員して工員としたのであります。これがため不なれな炭鉱労働者は非常に増加し、死傷者はまた急激に上昇、あまつさえしろうと工員の作業は、その能率において極端に低下したのであります。これは掘れば掘るほど損をするという実情であったのでありますす」(*27)と公述した。日本人たちもやはり、アジア・太平洋戦争勃発以降、国家賠償が可能な範疇、すなわち日本国内で国民徴用令の適用が広範囲に実施され、日本国民としての直接的な犠牲が強いられていた一九四二年以降を原点とし、極端な被害を被った時代は戦争の時代だと記憶しているという事実を、この発言から垣間見ることができる。

このように、日本の戦後被害の論理の中で処理された朝鮮人と中国人の被害の事実は、同じように消去されていきながら、加害の主体である企業が被害の主体となって被害補償等の当事者となった。加えて日本では、戦争の期間が太平洋戦争以後に集約されており、朝鮮人に関しては動員法令が関連しているにもかかわらず、植民地民に対し都合のよい解釈をして募集労働者を排除し、日本の「国民」の枠内で一体化した法令でなされた官斡旋、および徴用労働者のみを戦争の被害者と見る意識が生じた。

4　再建される「国民」、忘却される植民地

日本は、サンフランシスコ平和条約（一九五一年九月八日調印、一九五二年四月二八日発効）によって、占領体制を整理し戦後処理を始めた。この戦後処理は、アメリカの影響下でなされたものの不完全であったために、現在に至るまで未解決の問題として残っているものが少なくない。

戦争賠償に関することでは、懲罰的な性格の高額賠償ではない支払い可能な金額で、現金賠償の代わりに設備の放棄による現物賠償や役務賠償を基本とした。戦勝国による一方的な決定ではなく、日本との二国間交渉を通して賠償額と内容を決めることになった。しかしこの論議の場に、戦争の最大被害国である中国は分断状況だったという理由で招聘されず、また韓国は戦勝国ではなかったので招聘されず、賠償の論議から除外された(＊28)。

サンフランシスコ平和条約に調印したアメリカおよび連合国、ベトナム、ラオス、カンボジア、フィリピンに対する賠償問題は一九五〇年代半ばから六〇年代にかけて取り組みがなされ、調印しなかったソ連とビルマ、タイ等に対する賠償問題も五〇年代に解決していった。植民地の中では、台湾が最も早い一九五二年に日華平和条約に調印し、対日賠償請求権を放棄して日本の軍需施設二〇〇〇万ドル分を受領することで終結した。韓国とはサンフランシスコ平和条約締結後から日韓交渉を通して、一九六五年六月、日韓基本条約ならびに日韓請求権、そして経済協力協定（日韓協定）に調印した。中国とは一九七二年九月に日中共同声明に調印し、一九七八年、日中平和友好条約を

締結した。中国は賠償金請求を放棄して、日本側からODA等の高額の経済援助を受けた(＊29)。

このように日本は、対外的に関係を整備すると同時に国内的には植民地民を排除し、新しく構築された「国民」たちには援護・補償体系を形成していきながら、日本という国家を編成していった。

◉――日本の「国民」づくり――労務動員被害に対する援護体系の成立

日本は敗戦直後の一九四六年にGHQの指令に基づき〔旧軍人・軍属に対する〕軍人恩給を廃止したが、サンフランシスコ平和条約発効後の一九五三年に恩給法を改正し、ふたたび復活させた。また、一九五二年三月に「国家補償の精神に基き、軍人軍属等であった者又はこれらの者の遺族を援護すること」を目的とする「戦傷病者戦没者遺族等援護法」を制定したのを皮切りに(＊30)、一九五三年八月に「未帰還者留守家族等援護法」、一九五七年に「引揚者給付金等支給法」などを制定し、現在も被害者補償および援護関連の法制を引き続き制定している。これらの法による援護対象者は一九五八年に大幅に拡大され、「国と使用関係」を前提にした準軍属を新設して、実質的に戦争に動員されていた日本国民の大部分を援護の対象とした。そのうち、朝鮮人の戦時動員と同一の法の中で動員された日本人準軍属に該当する者について、少し長いがすべて羅列してみることにする。

準軍属に該当する者

(1) 国家総動員法による被徴用者

①国家総動員法第四条に基づく国民徴用令・船員徴用令等により徴用され、国の行う総動員業

務や政府の管理する工場等の行う総動員業務に従事中の者

②軍需会社法によって指定された軍需会社の従業員であって、軍需会社徴用規則によって現職のまま徴用されたものとみなされる者（いわゆる現員徴用者）で、業務に従事中の者

(2) 総動員業務の協力者

国家総動員法第五条に基づく総動員業務への勤労協力に従事中の者

・学校報国隊の隊員（いわゆる動員学徒。学徒勤労令により、中学校、女学校、大学等から動員され、軍需工場等で働いた学生、生徒）（＊国民学校初等科の生徒は除く）

・女子挺身隊の隊員（女子挺身勤労令により動員され、軍需工場等で働いた女性）

・国民勤労報国隊の隊員（国民勤労報国協力令により動員され、軍需工場等で働いた人）

(3) 戦闘参加者

陸海軍の要請に基づいて戦闘に参加した者。主な例として、①満州において、関東軍の要請により敵と交戦した開拓団員等、②沖縄本島において、日本軍の要請により軍事行動中の住民

(4) 国民義勇隊員

「国民義勇隊組織ニ関スル件」（一九四五年三月二三日）に基づいて組織され、出動中の国民義勇隊の隊員。出動例として、都市疎開、陣地構築作業

(5) 特別未帰還者

陸海軍に属していない一般邦人で、一九四五年九月二日から引き続き海外にあって帰国せず、かつソ連、樺太、千島、北緯三八度以北の朝鮮、関東州、満州又は中国本土の地域内において、

ソ連地域内の強制抑留者と同様の実情にあった者

(6)　満州開拓青年義勇隊員

「満洲開拓民ニ関スル根本方策ニ関スル件」（一九三九年一二月二二日）に基づいて組織された開拓民のうち、青少年をもって結成されたものであって、茨城県内原訓練所で訓練を受けた後、満州に送出され、現地訓練所に入所している期間中の者（一九四五年八月八日までは、陣地構築等の軍事に関連する業務に従事中の者に限る）

(7)　軍属被徴用者

国家総動員法により徴用され、陸軍又は海軍の直轄工場等に所属して軍属の身分を取得した者又は陸海軍軍属たる身分を有する者として軍当局において徴用された者で、本邦において勤務に従事中の者

(8)　準戦地非徴用軍属

陸海軍の本来の軍属として、一九四一年一二月八日以降、本邦等で勤務に従事中の者（陸軍、海軍の共済組合員であった者）

(9)　満州学徒

学徒勤労奉公法により、一九四一年一二月八日以後、中国（関東州及び台湾を除く）において総動員業務と同様の業務に協力中の在満日本人学徒等

(10)　防空監視隊員等

①防空監視隊令第三条の規定に基づいて組織された防空監視隊員で防空上の監視及び通信業務

に従事中の者
②船舶防空監視令第一条の規定に基づいて組織された船舶防空監視隊員で防空監視及び通信業務に従事中の者
⑾　準事変地非徴用軍属
陸海軍の本来の軍属として、一九三七年七月七日から一九四一年一二月七日の間において、本邦等での勤務に従事中の者（陸軍、海軍の共済組合員であった者）
⑿　防空従事者、警防団員等
①防空法に基づき、一九四一年一二月二〇日以後、地方長官等からの防空業務従事命令により、防毒、救護等公共の防空業務に従事中の医師、看護婦等の医療従事者
②防空法に基づき、一九四一年一二月二〇日以後、地方長官等からの防空業務従事命令により特別の教育訓練を受け公共の防空業務に従事中の警防団員
⒀　満州青年移民
「満洲ニ対スル青年移民送出ニ関スル件」に基づき満州に送出された者（満州開拓青年義勇隊の前身である）で、陣地構築等の軍事に関する業務に従事中の者（一九三七年一一月三〇日から一九三九年一二月二一日の間の傷病に限る）
⒁　義勇隊開拓団員
茨城県内原訓練所で訓練を受けた後、満州に送出され、一九四一年一〇月以降、満州開拓青年義勇隊の隊員として、現地訓練所で訓練を終了した後、集団開拓農民となった者（一九四五年八

月八日までは、陣地構築等の軍事に関する業務に従事中の者に限る）（＊31）

国民動員に関連するあらゆる法律によって動員された日本人は、「準軍属」という名で戦争被害援護対象者になっている。すなわち日本政府は、一九三八年の国家総動員法に基づく動員法令は国家との契約関係の中で起こったものとして、その被害責任は日本政府が負わなければならないという認識を持っていたことがわかる。ところが、この法律と動員方法は植民地朝鮮人にも同じように実施されたにもかかわらず、援護法には国籍条項を入れて植民地民を排除したのである。

援護法が制定された同じ時期の一九五二年六月一四日、ＢＣ級戦犯である朝鮮人元捕虜監視員は、「平和条約発効と同時に日本国籍を喪失したから、平和条約第十一条にいう『日本国民』に該当せず、拘束をうくべき法律上の根拠はない」として、人身保護法による釈放を東京地裁に提訴したが、「戦犯者として刑が科せられた当時日本国民として拘禁されていた」という理由で棄却された（＊32）。このような事実からわかるように、植民地朝鮮人は、日本国民として強要されて戦争に加担したことについて、その責任は負わなければならないのに、戦後には非国民であると勝手に認定されて、被害補償を受ける道はなくなったのである。

こうした現象は、日本が帝国日本を解体する際に、同化を強要した国民、すなわち植民地民に対する責任をまったく意識しなかったことが原因ではあるが、私たちがそれ以上に批判しなければならないのは、サンフランシスコ平和条約締結後に始められた日韓交渉の場で、当時の韓国政府もまた植民地民としての被害を忘却していたという点だ。

◉——忘却される植民地——日韓協定の足かせ

サンフランシスコ講和会議で日本は、朝鮮の被害の範囲を最小限に抑えるために、朝鮮は「今次戦争ニ関係ナク帝国ガ正当ニ取得シ且《かつ》帝国ノ主権行使ニ付従来争ナカリシ領土」(＊33)なのであるから支配していた植民地なのだと強調し、戦争賠償国の対象から除外して協議しようと努力した。しかし実際に韓国との日韓交渉が始まると、その補償の範囲は、植民地支配の被害ではない戦争被害へと縮小していった。

一九五二年から始まった日韓交渉を前に李承晩《イスンマン》政権は、対日賠償要求案を構想するにあたり、「一九一〇年から一九四五年八月一五日までの日本の韓国支配は、韓国国民の自由意志に反する日本単独の強制的行為として、正義・公平・互恵の原則に立脚しない、暴力と貪欲の支配であった結果、韓国及び韓国人は日本に対する如何なる国家より最大の犠牲を被った被害者であり、……わが大韓民国の対日賠償請求の基本精神は、日本を懲罰するための報復の賦課ではなく犠牲と回復のための公正な権利の理性的要求にある」(＊34)と主張し、具体的に賠償の範囲を「第一部　現物返還要求の部、第二部　確定債権の部、第三部　中日戦争及び太平洋戦争に起因する人的物的被害の部」の三部に分け、「対日賠償要求調書」として整理した(＊35)。そのうち第三部は、民間の請願を受け入れて作成したもので、当時の民間人の被害の範囲を知ることができる。

韓国での人的被害に関する調査は次のようにおこなわれた。まず、一九四四年八月に徴用令が前面化するなかで設置された朝鮮勤労者援護会が、一九四六年五月の軍政庁法令第六一号によって解体され、その残務整理の一環としてソウル市が徴用者申告を受け付けて徴用の実体を把握し、「徴用、徴発、官斡旋、または法令によって動員された労務者の中で、雇用主から賃金、預金、手当を受け取れなかった者、死亡者、あるいは業務上の傷害によって就業ができなくなった者は、遺族または本人が届けること、ただし三八度線より北または外地に出動していた者は、事実を確証できる者に限り現住所を管轄区役所に提出」(*36)させた。韓国政府樹立後の一九四八年一二月には「全国人口調査施行令」を発布し、韓国政府として初めて人口全数調査をした。この人口調査は単なる人口把握だけでなく、「檀紀四五二八年八月一五日午前零時現在の住居地、本籍地、軍事経験、徴用経験」(*37)等を調査項目に入れ、帰還の時期および徴兵、徴用の規模を把握する意図もあった。当時の民間の認識は被害者の集まりで主導されており、被害者たちの補償要求を整理してみると、時期的には日中戦争、太平洋戦争の時期、対象者として軍人、軍属、徴発、官斡旋、徴用労働者、地域的には国外ならびに北朝鮮、補償内容として死亡者、負傷者に対する補償ならびに遺族への補償、未払い金補償、未帰還者の帰還措置、遺骨返還、死傷者についての真相調査に整理することができる(*38)。

このような李承晩政権の賠償請求努力に対してアメリカ側は、「韓国が在韓日本人財産という形で実質的な賠償をすでに受け取った」ので、「韓国はこれ以上日本から賠償を受け取る権利はない」という立場を取った。したがって、前述したとおり、韓国は結局、署名国から除外されただけでなく、日本の賠償義務国家からも除外されて、日本と韓国との国家間解決ということに行き着いた。これによって一九五二年二月から韓国政府と日本政府は、「日本国と大韓民国との間の基本関係に関する条約」(通称、基本条約)のための会談を始めた。

このうち戦時動員被害の範囲を規定できる人的被害補償に関する論議は請求権交渉でなされたが、日本は交渉の初期から人的被害補償の範囲を「戦時中に徴用された朝鮮人労働者および、戦時中死亡した朝鮮人の賠償と補償」(*39)とし、金額を約三億ドルと決めていた。

韓国政府側は、「日本の三六年間の支配は非合法的統治であり、その間に受けた被害の無限の損失に対する賠償を要求することはできるが、韓国の対日賠償要求基本精神に立脚して、それらはみな不問に付し、日中戦争と太平洋戦争期間中に限り、戦争によって直接われわれが被った人的、物的被害のみを調査すること」(*40)にした。

韓国政府は一九五七年一二月初旬、保健社会部を通して各市・道に「いわゆる大東亜戦争当時、日本地域と戦争地域全般にわたって強制労務徴用されていた人々の数と、被徴用中の生死及び徴用期間、徴用地等、個人別の精密な調査」(*41)を命じたが、それは、被害者からの申告と調査によって一九五八年一月に完成した。この資料は現在、国家記録院等に保管されている、いわゆる『倭政時被徴用者名簿』であり、当時申し出た人員は二八万五七七一名と確認できる(*42)。この名簿は、一九三八年以後の徴用期間、徴用地、帰還の有無、生死などの項目に分けられていて、これを見ると、このときに申し出のあった徴用地は、日本のみならず、北朝鮮地域、サハリン、南洋群島、満州地域まであり、動員地域による差別はなかった。

その後一九六〇年、張勉《チャンミョン》政権は「請求権八項目」を決めて討論したが、そのうち人的被害請求としては、「(三)被徴用者の未収金、(四)戦争による被徴用者の被害に対する補償」に決定し、被徴用者の未収金は約二億三七〇〇万円と計算した。㈣で決めた戦争は太平洋戦争に限定し、韓国政府は被害者の被害補償について、「最小限、戦後、日本が自国民の戦争被害者に対するものと同程度の補償を要求することは当然だ」と主張した(＊43)。

この提案を受けて日本側は、「日本の援護法を援用し個人ベースで支払」うという意思を表明したが、これに対して韓国側は、韓国国民への支払いは国内問題であるので全金額を国が受け取り、個人に対しては個人請求権によって支払うと主張した(＊44)。このときの日本側の真意について太田修は、外務省内部文書によると、本当に個人補償をするつもりだったというよりは、韓国側の請求権金額をできるだけ減らし問題解決を先送りにしようとしたのではないか、と分析している(＊45)。

一九六一年の第六次会談では、より具体的な論議が進められた。強制動員の被害請求を「被徴用者の未収金(賃金、俸給、手当)約二億五〇〇〇万円、戦争による被徴用者の被害に対する補償(労働者と軍人・軍属として強制徴用された人たちに対する補償)約三億六四〇〇万ドル」と想定し、その根拠として、「太平洋戦争前後」に日本に強制徴用された韓国人の「労務者は六六万七六八四名、軍人・軍属が三六万五〇〇〇名で、合計一〇三万二六〇三名、そのうち労務者の死亡者一万九六〇三名、軍人・軍属の死亡者八万三〇〇〇名」と提示した(＊46)。

ここで重要なことは、被害労働者の範囲をいわゆる徴用労働者のみに限定し、それまでに論議されてきた官斡旋による労働者すら排除したという事実だ。このように日本側が労働者の動員を官斡旋、徴用で区分することに関して、韓国側は、「官斡旋も徴用も、当時韓国人労働者を日本に連行したやり方は大変過酷だった」(＊47)と主張し、官斡旋と徴用を区別せずに人的被害の範疇に入れた。

しかし当時、韓国政府さえも募集による労働者はその範囲から外している。韓国政府は、時期を日中戦争からと想定しておきながら、総動員法に基づく動員についてはその補償の範疇から除外したのである。

交渉は一九六二年三月まで続けられ、未払い賃金と被害補償について推定数を出すための根拠となる資料を検討したが、日本の外務省アジア局と大蔵省理財局は、一九六二年一月一〇日、「『法的根拠』のある金額は韓国側の要求に比していかに少額のものとならざるを得ないかを韓国側に感得せしめるためにも、事務的論議を進める必要がある」(＊48)という日本政府の認識に暫定的に同意した。一方で韓国の朴正熙《パクチョンヒ》政権が、経済発展を優先して、政治的妥結、経済協力のほうに急旋回したこともあり、一九六五年、「財産及び請求権に関する問題の解決並びに経済協力に関する日本と大韓民国との間の協定」締結によって、「完全に、そして最終的に解決された」こととなった。

それまでの論議を見ると、日韓協定が論議されていた当時、日本と韓国政府が話し合った強制動員の被害範囲は、時期的には太平洋戦争前後であり、人的被害は被徴用者、すなわち軍人、軍属、官斡旋、徴用労働者のうち死亡者、負傷者と規定されている。地域的範囲は特段指定されておらず、金銭的補償範囲は未収金として整理されたのがわかる。しかしその後、韓国政府の「対日民間請求権申告に関する法」では、人的範囲は第二条第九項で「日本国によって軍人、軍属、あるいは労務者として招集／徴用され、一九四五年八月一五日以前に死亡した者」と規定されている。これを「被徴用者死亡者」と称し、同法施行令でその基準を、①軍人・軍属として戦闘または職務遂行中に死亡した者、②労務者として労務従事中に死亡した者、③軍人・軍属あるいは労務者として戦闘、

表4-2　強制動員関連の被害範囲状況表

条 項	論議段階 (1951-1963年)	対日民間人請求権補償法 (1974年)
強制動員の時期	太平洋戦争前後	指定なし
人的範囲	軍人・軍属・労働者のうち，死亡者及び負傷者	軍人・軍属・労務者のうち，死亡者
強制性の認定範囲	斡旋，徴用	召集または徴用
強制動員の地域的範囲	指定なし	なし
強制動員の金銭的補償範囲	未収金	日本金融機関の預金，寄託金，保険金

職務遂行または労務従事中の傷痍が原因で死亡した者と限定した。

韓国政府が決めた被害補償の範囲は、どれをとってみても日本当局が日本国民に対しておこなった援護に比べてはるかに及ばないのは事実だ。しかもここで指摘したいのは、「対日民間請求権申告に関する法」（以下、「申告に関する法」と略）が取り決めている範囲よりも、その被害補償のための「対日民間人請求権補償法」の範囲のほうがずっと縮小されているという点だ。「申告に関する法」の中で法自体が持っていた動員被害の範囲は、その解釈によって相当広い意味で解釈できるというわけである。

つまり、「申告に関する法」で決められている「被徴用者」労働者の範囲は、「日本国が招集、徴用した労務者」とされるとき、「日本国が招集」したという意味を当時の法的次元で考えてみると、日本の援護法のように「国家総動員法」に基礎をおくあらゆる形の労働者（勤労報国隊、女子挺身隊等）を含ませることができるのに、韓国政府はそのように解釈しなかったのである。また、招集および徴用の場所が指定されているわけではないので、招集・徴用地も日本、あるいは国外に限られていたと考えることはできない。したがって当時、朝鮮国内（北朝鮮のほうに動員されていた）で招集、徴用されていた労働者だけでなく、満州、中国地域、太平洋、サハリンに動員された労働者も含めることができる。それにもかかわらず韓国政府は、招集の範囲に募集労働者すら含めず、地域的範囲も日本に限定したのである。

5 むすび

日本帝国は解体されたのか。少なくとも強制連行、強制動員の問題を見るとき、この問いはたいへん答えにくい状況に直面する。これまで見てきたように、戦後再建される日本と韓国は、「忘却しなければならない植民地」と「記憶しなければならない事実」という共通の課題をもって強制連行、強制動員を概念化した。日韓協定の結果がその実質的な証拠である。

朝鮮人労務動員が強制連行だと認識されたのは、中国人強制連行と連動して概念化されたからであることは否定できない。中国人強制連行が戦争犯罪と定義されたことで、朝鮮人強制連行もまた、不法な強制であるとイメージ化されてきた。しかし、中国人強制連行と異なる点は、より普遍的で持続的という性格を帯びていることであり、その被害は単純に個人的・身体的強制を超えているということである。また日本人の徴用被害とも異なる点は、植民地朝鮮人には募集や斡旋といった便法的方法を使って、その被害に対して補償のなされる主体を曖昧にしたということが挙げられる。

とくに国家総動員法に基づきながらも、募集という方法で動員されるようになった朝鮮人募集労働者が、戦前と戦後にどのように排除されたのかを明らかにして、日本帝国がとった植民地政策の断面を見てきた。朝鮮人労働者を募集という方法を使って動員したのは、渡航禁止を維持してきた法域で、他の地域と同様のことを運用する便法だった。募集労働者は朝鮮内の朝鮮総督府の法律によって処理された。総督府は、日本が要請した「募集」労働者に関して既存の自由募集の法律を適用させたのだが、これは既存の企業が主導する「自由」な募集ではなく、朝鮮総督府をはじめとする各機関が、応募という「同意体制」を構築して、募集を装った動員体制をつくったものだ。つまり徴用法を便法によって運用したものなのである。

また、華鮮労務者対策委員会が官斡旋、徴用労働者については国家との結びつきを強調し、他方で募集労働者を排除したのは、結局、対策委員会すなわち事業体の責任を回避するための方策であった。事業体の雇用責任を揉み消すために彼らを仮想の敵にして、公安費用まで要求したのだ。このようなやり方が在日朝鮮人社会に対しても用いられ、帰還政策でも朝鮮人についての責任をすり抜けようとしたのである。それだけではない。この論理は日韓協定の論議でもそのまま適用された。

結局、これらの人たちは、動員体制の内部で被害を被ったにもかかわらず、動員体制に完全には属しない、それゆえに保護されない、強制連行と強制動員との間に存在する永遠の「植民地民」として存在するしかなかった。募集の強制性というのは、このように体制外の存在として押し出されることにあるのではないか。この存在は、逆説的に帝国日本と戦後韓国が連帯して持っている共通意識のメカニズムでもある。

第五章　人権の「誕生」と「区画」される人間
――戦後日本の人権制度の歴史的転換と矛盾

李《イ》正《チョン》垠《ウン》

1　はじめに

朕ハ爾等《なんじら》国民ト共ニ在リ、常ニ利害ヲ同ジウシ休戚《きゅうせき》ヲ分タント欲ス。朕ト爾等国民トノ間ノ紐帯ハ終始相互ノ信頼ト敬愛トニ依リテ結バレ、単ナル神話ト伝説トニ依リテ生ゼザルモノニ非ズ。天皇ヲ以テ現御神《あきつみかみ》トシ且《かつ》日本国民ヲ以テ他ノ民族ニ優越セル民族ニシテ、延テ世界ヲ支配スベキ運命ヲ有スルトノ架空ナル観念ニ基クモノニ非ズ。（＊1）

一九四六年一月一日、昭和天皇は、新年の詔書でこのように自身の神格を否定する、いわゆる

「人間宣言」を発表した。これは、連合国司令官マッカーサーとの一種の政治的交渉によるものであるが(＊2)、戦後の日本社会で民主主義的な制度をつくり上げるにあたって象徴的な転換点となったことだけは明らかだ(＊3)。神のような存在としての天皇の位置が否定され、天皇は、新生国日本において国民統合の象徴であり、戦後の日本社会を貧困から救い、平和と民主主義を推進するための重要な求心点なのだと、広く宣言したのである。「人間宣言」の後に実施された世論調査の結果によると、天皇制に対する支持は九四・八パーセントに達し、以前とは異なり、天皇を政治の圏外に置きながら人間化、民主化の役割を期待したという(＊4)。

実際にそれまでの憲法が日本国憲法に改定されて、天皇の「臣民」は「国民」に変貌させられ、日本は国民の権利を尊重する民主的制度を築く国家と宣伝された。そして、そこには天皇が存在していた。すなわち、国民と天皇の一体感を強調した人間天皇の姿をつくり出すことによって、天皇の戦争責任を免除すると同時に、逆に天皇を平和、民主主義と結びつけたのである(＊5)。このような戦後日本の急転する政治的変化の過程で関心を引くのは、象徴的とはいえ、神から人間になって降臨してきた天皇と同等の位置に置かれた人たちは誰だったのだろうか、ということだ。

近代国民国家の特徴の一つは、国民の人権保護を国家の第一の責務と規定し、その統治原理を憲法という具体的法律で決めたことだ。自国民であれ外国人であれ、国内領土に居住する人たちの基本権を保障するのは、近代国家の責任であると同時に義務となった(＊6)。日本も、一八六八年の明治維新を経てすでに近代国家としての転換を図り、「大日本帝国憲法」に権利条項を含ませた。だが当時の日本の人権概念は、西欧から輸入した「文明としての人権」であり、「西洋化」と「天皇制国家建設」という二重課題の中で、独特の形態で構成されたものだった(＊7)。すなわち、近代的な文明国家を目指そうとする日本の焦る気持ちと、西欧の侵略の脅威から逃れるためには天皇制を中心とする強力な国家をつくらなければならないという現実論とが結びついて、日本で最初の成文憲法に、人間の権利は天皇の「臣民の権利」なのだと規定されたのである(＊8)。

それゆえ、外見は近代国家としての形を備えてはいたものの、戦前の日本社会における人権は自然権的権利ではなく、神と同様の統治権を持つ存在から賜った権利だった。すなわち、臣民の権利は必要に応じて神の意志によって制限されたり限定されたりしうるものであり、明示的概念としての意味があるだけで、西欧の近代的人権概念、個人に基礎をおく権利概念とは相当な距離があった。したがって敗戦後、日本国憲法に臣民ではなく「国民」として権利を規定するようになったことは、日本の人権の歴史において画期的な転換であり、同時に象徴天皇制と直結する新しい論争を巻き起こすに至った(＊9)。

このようなコンテクストで日本の戦後民主主義、とくに人権問題に関心を持つのは、戦後の「日本式民主主義」の矛盾を明らかにし、「継続する植民地主義」の現在の性格を顕わにしたいがためである。民主主義と平和を標榜し、多様な政策を試みてきた戦後の日本社会は、人間の権利を何によって規定し、基本権保護の基準にする人間の範囲をどこまでと考えたのか。当時の日本社会が構成した人権とは果たして何だったのか。そして何よりも、保護される人間とそうでない人間の選択と排除の論理はどのようにつくり上げられ、どのような論争点が形成されたのか。ここでは、日本が戦争に負けた直後の一九四五年から一九五〇年代末までに人権関連制度をめぐってなされた論議と解釈を通して、戦後日本社会の性格の一面を把握してみたいと思う。

2 「平和憲法」の矛盾——人権規定の日本化

敗戦後に制定された「日本国憲法」が「平和憲法」といわれるのは、国民主権と基本的人権、平和主義を基本原理としていることと、憲法第一条と第九条に注目するからである。すなわち、第一条の「天皇の地位と主権在民」規定と第九条の「戦争放棄、戦力の不保持・交戦権の否定」条項は(*10)、象徴天皇制、民主主義、主権在民、そして戦争放棄と武力行使の禁止等を規定したもので、人権と平和のための制度を作成するにあたっての基本原則となった。

敗戦直後、連合国最高司令官(GHQ SCAP：General Headquarters of the Supreme Commander for the Allied Powers)として日本に派遣されたマッカーサー(Douglas MacArthur)は、「政治犯の即時釈放」「弾圧法規の廃止」等を主とする内容の「人権指令」を発表し、憲法を改定して自由主義的要素を導入することを日本側に要求した(*11)。しかし日本は、GHQとの憲法改定の論議の過程で、「大日本帝国憲法」すなわち「明治憲法」の内容をそのまま踏襲しようとし、「日本化した」人権規定を作ろうとした(*12)。その代表的な例が、改定憲法の「国籍条項と生存権条項」である。

◉——植民地民を排除した条文改定

一九四七年五月二日に公布された外国人登録令は、外国人、とくに在日朝鮮人を管理するための制度的基盤をつくった代表的な外国人排除令である。一九五二年に外国人登録法が制定されて植民地民は一方的に外国人とされ、国籍による差別問題が提起され続けてきた(＊13)。そして外国人を排除しようとした日本の戦略は、憲法改定過程においてもそのまま反映された。日本国憲法の中で人権条項と言える部分は第三章〔国民の権利及び義務〕であり、「侵すことのできない永久の権利」〔として〕「すべての基本的人権の享有」を規定している〔第十一条〕。ここで論議の的となったのは、人権保障の範囲をどこまで規定するかであった。

日本は、植民地状態から解放されたものの母国に帰ることができない数多くの朝鮮人と中国人、台湾人たちの処遇に積極的に対処しようとはしなかった。憲法改定の論議のなかで、GHQ案は日本案とは内容に相当な違いがあった。GHQの改定憲法案は、明治憲法とは違って国籍や人種に縛られない人権を規定したのが特徴的だった。アメリカ政府の憲法についての基本的政策文書と言える「日本の統治体制の改革」(SWNCC二二八文書)によると、日本の人権保障の範囲を、「日本臣民および日本の統治権の及ぶ範囲内にいるすべての人」と規定している(＊14)。この文書では、国籍保有者だけが人権を保護されるという国民国家的な思考を超えて、「自然人(All natural persons)」に対する法のもとでの平等が強調されているわけである。

しかし日本は、GHQ案の"Japanese people"という部分をいったん「日本人民」と訳し、それをまた「日本国民」と修正して、平等の範囲を日本「国民」に限定しようとした。出身国による差別禁止という内容も、「門地」による差別禁止という曖昧な表現に変えた。そうして、日本案とGHQ案はともに外国人についての規定を別に作り、法によって保護されるようにした。また、両国が交渉を重ねる過程で日本は、GHQが提案した女性に関する内容の大部分を削除した(*15)。表現の自由や社会権規定、公衆衛生、社会保障制度条項も削除した。日本は戦後民主主義を標榜していると言っているが、女性の平等や社会保障、基本的自由の保障といった実質的な制度をつくることに関しては、すすんで取り組む姿勢を見せなかった。

一方で、憲法が保障する範囲と戦後の植民地民に対する処遇については、一貫した意見を述べた。当初は二つの案の折衷として、憲法が保障する範囲を「すべての自然人」と規定したが、「日本国民たると否と〔を問わず〕」という条文を入れることで合意をみた。また、この条文には外国人の人権の保障も含まれていたので、別に規定されていた外国人条項は削除された。しかしながら、外国人の人権規定に負担を感じた日本は、執拗にこの条項を削除しようとした。結局、「日本国民たると否とを問わず」の条項と「国籍」条項を完全に削除し、人権保護対象は「すべての国民」に限定されるようになった。こうして外国人に対する差別、植民地民に対する差別的処遇問題は、憲法による保護の枠外に置かれることになった(表5―1)。

このとき日本がどのような提案をし、なぜGHQが納得するに至ったのか、このことに関連する資料は確認されていないようだ。しかしながら、マッカーサーが天皇制を存続させて日本に対する統治権を容易に掌握しようとしていたことと、一九四八年頃を境にアメリカの占領政策が民主化から「反共軍事基地化」に転換されていることを考えると、GHQと日本とが政治的・軍事的な交渉をしたのではないかと思われる。

さらに、日本国憲法第十条の「日本国民たる要件は、法律でこれを定める」は、憲法改定の過程

表5–1　日本国憲法制定過程の「国民条項」の変化

	GHQ案	日本案
個別案	第13条　すべての自然人（All natural persons）は法の前に平等である．人種，信条，性別，社会的身分，カーストまたは出身国（national origin）により，政治的関係，経済的関係または社会的関係において差別されることを，授権または容認してはならない． 第16条　外国人は，法の平等な保護を受ける．	第13条　凡ての国民は法律の下に平等にして，人種，信条，性別，社会上の身分又は門閥に依り政治上，経済上又は社会上の関係に於て差別せらるることなし．爵位，勲章其の他の栄典は特権を伴うことなし． 第14条　外国人は均しく法律の保護を受くる権利を有す．
改定案	第13条　凡ての自然人は其の日本国民たると否とを問わず法の下に平等にして，人種，信条，性別，社会上の身分若は門閥又は国籍に依り政治上，経済上又は社会上の関係に於て差別せらるることなし． 第16条　削除	
最終案	第14条　すべての国民は，法の下に平等であつて，人種，信条，性別，社会的身分又は門地により，政治的，経済的又は社会的関係において，差別されない．	

出所：古関彰一『日本国憲法の誕生』〔岩波現代文庫，2009年，173–182頁〕をもとに再構成（強調は引用者）〔原文カタカナの条文は現代仮名遣いに置き換えた〕．

で加えられたもので、GHQ案にも日本政府の草案にもなかった。これは、明治憲法第十八条の「臣民」を単に「国民」に変えたものであり、この条項によって「日本国民」は「日本国籍所有者」を意味するようになった。一九五〇年に制定された国籍法（法律第一四七号）によって、日本国憲法に表記されている「日本国民」「国民」は、日本国籍所有者に限定されたために、外国人は差別されて当然とみなされるようになった。

また憲法第十一条には「国民は、すべての基本的人権の享有を妨げられない」という条項があり（＊16）、「日本国籍を持たない外国人には、基本的人権の享有を妨げられる」

と解釈することもできるようになった。実際、一九五九年に制定された国民年金法（一九五九年四月一六日、法律第一四一号）では、被保険者の資格は「日本国内に住所を有する二十歳以上六十歳未満の日本国民」（第七条）と定められており、たとえば、一九一〇年以降に日本に在住し、〔国民年金制度が発足した一九六一年以後の〕一二年間にわたり保険料を納めていたにもかかわらず、日本国民ではないとして年金を受け取れなかった在日朝鮮人の事例〔金鉉釣《キムヒョンジョ》氏が一九七九年に提訴した、老齢年金不支給決定取消訴訟。一九八二年に国民年金法の国籍条項は撤廃され、一九八三年に東京高裁の控訴審で勝訴したものの、国籍要件についての憲法解釈は覆らず〕があった(＊17)。

結局日本は、憲法施行の前日に「外国人登録令」を公布した。その後、一九五二年にサンフランシスコ平和条約が発布され、「出入国管理法」によって、日本に居住する朝鮮人にはみずからの意思とは関係なく一括して「朝鮮籍」を付与した(＊18)。このような措置に対して朝鮮人たちは、「一九四五年九月二日以前から日本に在留している朝鮮人は、同政令の適用から除外するとともに朝鮮人の国籍は、朝鮮が安全に統一するまで選択の自由を認め」てほしいという内容の請願書を提出した(＊19)。しかし、朝鮮人に対する差別と排除政策は変わらなかった。日本は、戦後に制定された日本国憲法を人権尊重、恒久平和主義の性格が強いと宣伝したが、それは国籍に基づく自国民を対象にしているだけで、植民地支配に対する責任は反映されない形式的なものだった。

◉――「公共の福祉」によって制限される生存権

一九四七年に日本国憲法が施行されて一年あまり後の一九四八年一二月一〇日に、世界人権宣言が発表された。これは、第二次世界大戦のような惨状が二度と起こらないようにという国際的な願望によって、各国の代表が集まり、宣言草案の作成作業をおこなったものだ。この過程には韓国はもちろん、日本も参加することはできず、アジアからは中国とインドの二か国の代表だけが参席した。世界人権宣言は、包括的で抽象的な内容に満ちていると批判されてはいるものの、抽象的な文言の中には、社会主義国家と資本主義国家間の尖鋭な論争と対立の痕跡が残されている。第二次世界大戦後の冷戦期に、資本主義国家は、市民の政治的自由と個人の平等を強調することで資本主義体制の優越性を主張し、社会主義国家は、国家が保障する労働権、健康権、教育権等の社会文化的権利と、生存権の保障を主張した(＊20)。

このような対立が反映して、世界人権宣言の第一条から第二十一条までは個人の自由と平等を規定する内容が主流をなし、第二十二条からは労働権や労働組合への参加権、休息と余暇の権利、健康権等、生活の維持に関する内容が主となっている。世界人権宣言に個人の権利と集団の権利が一緒に規定されたのは、資本主義国家と社会主義国家とが妥協した結果によるものだった。その内容は諸国家内にもそのまま反映していて、基本的人権の保障として社会的権利と称される生存問題が大切に扱われるようになった。

そこで日本国憲法にも、労働権や社会権、とくに生存権に関する規定が、憲法第九条の戦争放棄と平和に暮らす権利とに関連づけられて出てくる。生存権が、「平和のうちに生きる権利」というまったく新しい次元と結びつけられたこともまた、憲法規定の日本化だと言えよう。つまり、「われらは、全世界の国民が、ひとしく恐怖と欠乏から免かれ、平和のうちに生存する権利を有することを確認する」という文章〔序文〕からわかるように、生存権は個別の人権でありながら、社会経済的諸権利の基本理念でもあるという規定のみならず、戦争と平和とを関連づけて人間の安全さえ保障する権利でもあるのだ。

生存権の規定は、敗戦直後の社会経済的状態と国民の実際の生活に即刻応じる人権であり、日本国憲法の人権体系の中で根幹となる位置を占めている。生存権の登場は、一般人の生存自体を人間の根源的な権利として把握し、これを日常的に具体化しなければならない時代になったことを意味するものでもあった(*21)。当時の日本社会は、窮乏から抜け出すための経済発展と労働政策が急務だったために、社会主義国家が掲げていた生存権という権利の性格にどこまで関心を寄せていたのかを、正確に把握することは困難である。生存権は、日本国憲法の人権規定全体において、資本主義社会の財産権の秩序が招いた不平等と貧困に対処する象徴として、綱領的・理念的な意味を持つとも言える(*22)。

しかし、それが「公共の福祉」という論理によって簡単に否定される過程は、人権論の日本化を表す例だと言える。生存権条項は明治憲法にはなかったが、戦後初めて導入されたものである(*23)。

第二十五条
すべて国民は、健康で文化的な最低限度の生活を営む権利を有する。
国は、すべての生活部面について、社会福祉、社会保障及び公衆衛生の向上及び増進に努めなければならない。

だが、日本国憲法の自由と平等及び生存権・労働権といった多様な人権規定に含まれている「公共の福祉」規定は、現実社会では、戦前と変わらず人権を抑圧する機構として使われた。戦後の日本社会では、実際に「新憲法制定以前とほとんど変わらない人権蹂躙が現実に起きている」という世論がつくられているが(*24)、その根拠となるのが第十二条、第十三条の「公共の福祉」規定である。

第十二条
この憲法が国民に保障する自由及び権利は、国民の不断の努力によつて、これを保持しなければならない。又、国民は、これを濫用してはならないのであつて、常に公共の福祉のためにこれを利用する責任を負ふ。

第十三条
すべて国民は、個人として尊重される。生命、自由及び幸福追求に対する国民の権利については、公共の福祉に反しない限り、立法その他の国政の上で、最大の尊重を必要とする。(強調は引用者)

日本政府は、「公共の福祉」という名のもと、公共企業体等で働く労働者の争議権を剝奪し、「公共の福祉」を理由にストライキを規制した。そのうえ、米軍占領後期に各都道府県や主要都市で公安条例が制定され、サンフランシスコ平和条約と日米安保条約が発効した後には、破壊活動防止法、ストライキ規制法、警察法改定など、悪法が制定・改定されて、「公共の福祉」は、憲法上の権利や自由の全領域において人権を制限する一般条項とされてしまった。繰り返すと、日本の戦後人権論の中で「公共の福祉」は、人権を制限するための最も包括的で抽象的な法概念、法イデオロギーだった。当時、労働者、市民の生存のための主張や民主化を要求する大衆的なデモや集会等は、戦後の日本社会に典型的な権利行使の方法だったが、公共の安寧、公共秩序の維持という理由で制限された。すなわち公共の福祉は、国民の基本的権利と自由を否定するための、公権力発動の正当な堡塁だったわけである(*25)。

3　人権行政の出現

◉――人権擁護局と人権擁護委員

憲法改定後、日本は本格的に人権と関連する制度の改革に着手し、民主主義と平和、人権尊重の社会を具現するという趣旨で、法務庁の内部部局として人権擁護局を設置した。これは、改定憲法が施行されてから一年後の一九四八年に、「憲法の中核をなす基本的人権の保障をより十全なものとするため」に設置されたものであり、戦後最初につくられた国家による人権行政専門機構だった(*26)。法務府人権擁護局は、一九五〇年には、民事法務長官が管掌する民事局、行政訟務局、民事訟務局、長官総務室の主務局として、法務府で重要な位置を占めていたようだ(＊27)。

当時、人権擁護局の主要業務は、大きく人権擁護委員に関すること、人権侵害事件の調査、人権啓蒙活動の三つに分けられ、それぞれの課では、①第一課：人権擁護委員の委嘱、人権擁護委員協議会及び連合会の運営指導、②第二課：人権侵害事件の調査及び情報収集、③第三課：自由人権思想の啓蒙活動、人権に対する侵害の除去及び被害者救助、人身保護等を担当した(＊28)。

まず人権擁護委員は、一九四八年七月の人権擁護委員令第一六八条に基づいて、一九四九年から全国の市町村に置かれるようになった。人権擁護委員は、人権擁護局の事務を補助するために配置され、主に人権啓発や人権相談業務を担当した。最初は法務庁に設置された人権擁護局に出先機関がなかったので始められた制度だったが、「人権擁護の推進という事務の性質上、官民一体となって行うことが望ましい」と考え、出先機関が設置された後もこの制度は拡充されていった(＊29)。

それでは、今でも日本の人権制度の根幹となっている、人権擁護委員の選出方法と資格はどうなっていたのだろうか。人権擁護委員は、各市町村長が推薦した者の中から関連団体が意見をまとめ、法務大臣が任命した。任期三年の無報酬民間ボランティアであるが、公職である。市町村長は、市町村議会の意見を参考にして、人権擁護団体の構成員の中から候補者を推薦しなければならない。資格は「選挙権を有する住民」「日本国籍を持つ成年者」であり(＊30)、ここでも国籍条項が人権擁護委員の最も基本的な条件だった。

人権擁護委員法が制定されるときに国会で論争となったのは、人権擁護委員の数をどれくらいにするのかということと、公職ではあるが公務員法が適用されない無報酬名誉職だという問題だった

（＊31）。一九四九年に制定された人権擁護委員法（法律第一三九号）では、各市町村の人口、環境、文化を考慮して委員が二万人を超えないようにし、一九四八年度に六七人から始めたのが、一九四九年に四九八人、一九五〇年には一五一五人、一九五一年には三一一五人と急速に増えた。しかし、一九五〇年の法務府令によって一万七一四人の委員を置くようにしたが、この数は予算上の理由等で基準にはまったく届かず、一九五六年までに五七二六人に委嘱されたにすぎない（＊32）。その後、人権擁護委員は一九五七年に六五〇〇人、一九五九年に七六八六人に委嘱され（＊33）、数は増え続けて二〇一一年現在、全国で約一万四〇〇〇人あまりになっている（表5－2）。

人権擁護委員は人権に関する事務を補助する名誉職という性格が強いが、その職業別分布を見ると、農業が最も多く全体の二七パーセントを占め、次に宗教家、商業、公務員、弁護士と続く。一九五〇年代の日本の職業状況を考慮すると、多くの人が農業に従事していたからだと考えられるが、実際の活動は、全体の七パーセントにすぎない弁護士資格保有者が中心を成していた。女性の比率は一九五九年当時七パーセントであり、女性の人権についての認識はほとんどなかったと言える（＊34）。

では、人権擁護局が調査した人権侵害事件とはどのようなものだったのだろうか。人

表5－2
委嘱された人権擁護委員数

年 度	委員人数
1948年度	67
1949年度	498
1950年度	1,515
1951年度	3,115
1952年度	3,735
1953年度	4,304
1954年度	4,934
1955年度	5,156
1956年度	5,726
1957年度	6,500
1958年度	6,500
1959年度	7,686

出所：法務省『法務年鑑』（1948–1959年）より再構成.

権擁護局は一九五〇年から『人権擁護局報』を発刊し、人権侵害事件処理の例を、公務員による侵害と私人による人権侵害に区分した。調査処理結果を見ると、私的個人による人権侵害がずば抜けて多く、内容も人身売買、村八分(＊35)、差別、虐待など多様だった。警察や教育公務員の職権濫用と虐待、暴力等に対しては、該当機関に職員教育や制裁等、適切な処置を取るよう勧告し、私人の間の人権侵害は、裁判に持ち込まないで当事者たちで解決するよう示談という形を取った(＊36)。

人権侵害事件は毎年急増し、人権擁護局がつくられた最初の年である一九四八年には四八件だったのが、一九四九年には五〇七六件、一九五一年には一万五六八九件に増えた。その数は幾何級数的に増加し、一九五三年には二万九一四四件、一九五六年には六万三六八八件、一九五九年には一〇万一一四五件に膨れ上がった(表5―3)(＊37)。しかし、このように人権侵害事件に対する調査依頼が急増しても、人権擁護局が適切に対処できないという社会的批判が起こり、人権擁護局は設置されて六年後の一九五四年に危機を迎えた。すなわち、司法権力から独立した効率的な調査をするためには、法務省の外局として「人権委員会」を設立しなければならないという意見が出されたのである。法務省内の政治的軋轢によって人権侵害調査が実質的な効果を出せないのはもちろんであるが、人権擁護委員も法務省所属なので事実上自由な活動が困難だからだ、というのが批判の中心内容だった。しかし、法務省の反対によって、結局、新しい人権擁護委員会の設立は雲散霧消した(＊38)。刑事、民事、出入国管理および矯正行政を総括する法務省としては、政府から独立した人権擁護委員会の設立が負担だったとはいえ、これによって人権擁護局の実質的な位相は下がらざるをえなかった。

人権擁護局が担当していた主要なもう一つの活動は、人権の啓蒙である。人権啓蒙活動は、「自由人権思想の高揚」を目的として、特定の記念日、すなわち二月一五日の人権擁護局創設記念日、五月三日の憲法記念日、六月一日の人権擁護委員法施行記念日、八月一五日の終戦記念日、一二月一〇日の世界人権宣言記念日に重点的におこなわれた(*39)。この中で終戦記念日の八月一五日が人権問題とどのように関連づけられたのかついては、議論する必要があるだろう。日本は、「戦争は最大の人権侵害」として、一九四五年八月に広島と長崎に投下された原爆を問題にし、犠牲になった日本人を人権問題と結びつけた。もちろん、戦争が人権侵害だというのは疑問の余地がないが、戦争を起こした当事者の責任は覆い隠して、「原爆」という結果だけで日本の被害を終戦記念日の人権啓蒙活動に結びつけたのは、「日本化した人権」の代表的な例と言えよう。日本は一九五一年から終戦記念日を人権啓蒙の日としていたが、一九五八年からはその日を人権啓蒙の日から除外し、その後、終戦記念日は日本の代表的な国家の記念日として単独に行事がおこなわれている。

表5-3
受理された人権侵害事件数

年 度	受付件数
1948年度	48
1949年度	5,076
1950年度	5,692
1951年度	15,689
1952年度	20,757
1953年度	29,144
1954年度	42,287
1955年度	48,906
1956年度	63,688
1957年度	74,060
1958年度	83,593
1959年度	101,145

出所：法務省『法務年鑑』（1948–1959年）より再構成.

人権擁護局は人権啓蒙活動日に人権相談所を開設して、講演会、討論会、映画上映、座談会を催し、ラジオ放送と各種新聞や印刷物を発刊した。不定期刊行の新聞『人権』は、一九五〇年当時、五万部を印刷するほどであり、『自由人権書籍』も一九五一年に一万一〇〇〇部発刊した。人権侵害調査結果をまとめて年に三、四回ほど発刊した『人権擁護局報』も一九五二年に二万部発刊するほど、人権啓蒙および広報に積極的だった。しかし、時間が経つにつれて新聞と冊子の発刊回数と部数が減り、一九五五年には新聞と雑誌すべて各一回につき六〇〇〇部のみ発刊し、一九五九年には『人権通信』というA4判四〜六枚の広報紙一種類だけを発行するようになった(＊40)。このように人権広報が縮小されたのは、人権侵害に対する調査要求に実質的な結果を出せない状況だったこととあわせて、広報内容も毎年同じ方法でおこなわれたので、国民からよい反応がなかったからだと思われる。

◉――人権週間に広められた「人権」

人権を啓蒙し広める多様な記念日の中で、とりわけ人権週間は政府の意図する人権を教育する場として活用された。日本は、一九四八年に一二月一〇日を世界人権宣言記念日と定め、翌一九四九年からは、毎年一二月四日から一〇日までの一週間を「人権週間」と定めて、一般の人たちが容易に人権問題と接することができるようにした。この人権週間の中で政府は、戦略に沿った人権の内容を広く知らせることができたのである。人権週間におこなわれた座談会と講演会、シンポジウム、上映会等の啓蒙活動と新聞報道の内容を追跡してみると、当時の日本化された人権の性格を把握することができる。

まず、人権週間の広報活動や教育内容の中で核心となるのは、新憲法の人権保護規定と世界人権宣言の重要性に関するものだった(＊41)。つまり、憲法前文の普遍主義原理、国民主権主義と人権尊重等を挙げて、世界人権宣言の普遍的価値を重要視したのである。法務省と文部省が人権週間に共同で主催した学生人権論文公募でも、受賞者たちの多くは世界人権宣言の重要性について述べている(*42)。この期間は人権宣言日を記念しようとしたものなので、それを広めることに異論はないが、問題は人権宣言自体の重要性だけを浮き彫りにしている点だ。第二次世界大戦のような悲惨な戦争を繰り返さないために世界人権宣言が制定されたにもかかわらず、帝国主義の膨張がどれだけ多くの犠牲者を生んだかという点や、日本の戦争とその責任が人間の尊厳についての新しい認識を生んだ結果として世界人権宣言があるという、歴史的コンテクストが削除されているのである。一部の論文は、日本の人権尊重の歴史的な脈絡を重要視しているが、それは言葉上の論議にとどまっている。結局、明治維新前後の西欧文明の導入に焦点を置き、福沢諭吉の自由主義思想の紹介や、一九二〇年代に日本の中の差別問題を組織的に提起した被差別部落民たちの水平社運動などの紹介に限られているのである(*43)。

このようなコンテクストゆえに、在日朝鮮人の処遇問題は当然、戦後の日本の人権論から常に抜け落ちていた。人権保護の境目は法的にあらかじめ「自国民」に限定されており、在日朝鮮人は社会的に差別される弱者というより、朝鮮半島に帰らなければならない敵対的な警戒の対象だった。こうした現実に対して、当時の李承晩韓国大統領は、在日朝鮮人の処遇改善を日本の国会に要求した。国会もその要求を公式に受け入れ、日本は「平和文化国家」として外国人に公正かつ親切な態度で対応しなければいけないと論議した(*44)。しかし、その論議はその後、法の改正や在日朝鮮人に対する公正な待遇に結びついていかなかった。人権週間に外国人、在日朝鮮人の問題は一度も扱われていないということがその端的なあらわれである。

人権論文の公募でも、人間に対する平等な待遇が主題であったが、それは日本「国民」に限られ、日本の人権論の国民主義的枠組みを超えることはできなかった。学生たちは、社会福祉制度、教育問題、労働問題等、社会のすべての分野を網羅して平等な価値の重要性を述べたが、「日本国民」以外の差別されている外国人、在日朝鮮人に対する人権侵害問題については、誰も取り上げなかった。すなわち日本は、戦後社会を支配していた民主主義と平和、文明化された文化国家としてのイメージをつくっていこうとしたにもかかわらず、現実はまったくかけ離れていたというわけである。植民地帝国としての戦後処理問題、植民地民に対する抑圧の問題は、人権の論議に取り上げることすらせずに、民主主義と平和という抽象的なディスコースの中でだけ戦後人権論が独り歩きしていたのだ。

したがって、この期間に人権侵害問題と提起されたり、政府によって広められたりした対象は、歴史的コンテクストを隠して政治的な色を出さずに、それでいて人びとから共感されやすい人たちだった。つまり、人権を侵害する人たちは政府に代表される公務員であり、保護されるべき対象は未成年者、女性、児童等の社会的弱者だった。それゆえに、警察官、公務員、教員の暴力や職権濫用、逮捕拘禁過程での抑圧、不当な取り調べ等、どの国でも人権侵害として問題にされる明白な事件が紹介されただけである(*45)。また、私人の間でおこなわれる未成年者への人身売買の強要、村八分によって村落全体から仲間はずれにされる事案が、深刻な人権侵害として扱われた(*46)。メディアでは、サーカスで長時間労働に苦しむ「ピエロの少女たち」への人権侵害問題が大々的に伝えられたりした(＊47)。

4　戦前と連続する戦後の人権論

◉——「人権年報」に現れた戦後における日本の人権の逆説

法務省人権擁護局は、『人権擁護局報』第六号（一九五三年八月）で、日本の人権の歴史について年表を使って整理している（表5－4）。この年表は、戦後に平和文明国家と民主主義を志向していた日本が、人権をどのように規定しているのかを把握できる資料である。年表では、日本の人権の歴史を明治維新後から敗戦直後の一九四五年まで、三つの時期に分けている。①第一期：自由民権運動下の人権、②第二期：民本主義運動下の人権、③第三期：皇国主義運動下の人権の三つである。第一期は、明治維新期の一八七六年から始まり、自由民権運動、帝国憲法公布を経て、教育勅語が発布された一八九〇年まで。第二期は一八九一年から一九二五年までで、韓国の国家保安法（一九四八年公布、施行）のもととなる治安警察法・治安維持法の公布、韓国併合、朝鮮の政治結社解散までの時期を「民本主義運動期」と叙述している。第三期は一九二六年から一九四五年までで、一九二八年の普通選挙実施、治安維持法改定による死刑・無期の追加、国際連盟脱退、一九三八年の国家総動員法の公布、そして第二次世界大戦の敗戦による終戦の詔書の発表で締めくくっている(＊48)。

この年表は、日本の政治的な事件や法的・制度的なことに限定し、「人権に関する」こととして整理されている。実際、漠然と「人権に関する」ことなので、この基準によれば人権侵害項目と人

表5-4 「人権に関する年表」(法務省人権擁護局, 1953年)

第1期 (1876-1890年)	第2期 (1891-1925年)	第3期 (1926-1945年)
自由民権運動下の人権	民本主義運動下の人権	皇国主義運動下の人権
・非人という呼称の禁止 ・自由民権運動の高揚 ・大日本帝国憲法公布 ・集会条例改正（警察の集会解散権） ・安保条例公布 ・教育勅語発布	・労働組合期成会結成 ・治安維持法公布 ・韓国併合 ・婦人参政権獲得同盟結成 ・全国水平社創立	・労働農民党結成式 ・普通選挙実施 ・治安維持法改正（死刑・無期追加） ・国際連盟脱退 ・国家総動員法公布

出所：法務省人権擁護局「人権に関する年表」,『人権擁護局報』6号（1953年9月）より抜粋, 再構成.

権保護項目との区分が困難である。こんにちの視点では、自由民権運動や労働組合創設は人権を保護するための歴史としてある程度合意されており、治安維持法や国家総動員法は、明らかに国家による人権侵害として解釈されるだろう。とくに治安維持法の場合は、処罰の基準がはっきりせず人権侵害の要素が濃いために、一九四五年にGHQによって廃止された法令であり、戦後の日本社会でも、この法令の廃止過程を戦後民主主義と平和文明国家への転換のための代表的な制度改善と報道していて、人権侵害項目と見ることができよう。

しかし、韓国併合と国家総動員法は、人権侵害項目なのか保護項目なのか曖昧である。韓国の立場からすればすべて人権侵害項目であるが、戦後の日本でも同じように解釈されたかについては、探究してみなければならない問題だ。象徴天皇制を通して帝国日本の復活を夢見て、植民地主義の問題を隠蔽していた日本が、果たして韓国併合と国家総動員法を、韓国人と日本臣、民の人権を侵害したものだと解釈しただろうか。

敗戦直後、天皇とともに苦難をかいくぐってきて、今後も「日本国民」がともに乗り越えていかなければならないという共感帯〔共通の意識、コンセンサス〕が「人間天皇」として形成される状況において、過去を否定するようなことはないであろう。ましてや政治家たちが毎年のように八月一五日に靖国神社を参拝し、東アジアの旧植民地国家から非難される日本が、これらの項目を人権侵害項目に分類しているとは考えられない。なぜなら、靖国神社参拝を非難されることについて、「A級戦犯とされた人々の人権侵害であり、人権と国家の名誉に関わる問題」であるという、二〇一一年八月三〇日に総理に指名された人物〔野田佳彦〕の言葉は(＊49)、逆に戦争の正当性を公言するものであり、国家総動員法を認めるものである。人権擁護局が一九五一年から七年間、終戦記念日を人権思想啓蒙の日に含めていたことも、これと同じコンテクストで考えてみなければならないだろう。したがって、韓国併合の項目が人権侵害の歴史として記録されたとはなおさら思えない。むしろ、「未開で野蛮な韓国」を併合するのは韓国人の人権のためだとする韓国併合初期の主張が、そのまま続いていると見ることができよう(＊50)。

結局、第二次世界大戦当時、「大東亜共栄圏」形成の政治的野望を持っていた日本が、植民地民を思いのままに動員できた「国家総動員法」を人権の事項に入れたのは、戦前の帝国主義的発想を戦後もそのまま維持しているからだと解釈することも可能である(＊51)。戦前に植民地民を動員の対象としていた法令は、戦後民主主義を指向する社会の雰囲気の中で、とくに人権関連の制度をつくっていく状況においても、依然として戦前と同一の視点で「人権」概念を規定していたともみなしうる。すなわち、戦後の日本で民主主義と平和を指向するというのは一つのスローガンにすぎず、現実には人権について矛盾する解釈が横行していたと言うこともできる。

そのうえこれは、単に法務省に所属していた人権擁護局が独自に選定したのではなく、国会の視点が反映されているという点で、よりいっそう問題がある。人権年報は二つの資料をもとに作成されている。一つは世界人権宣言二周年行事として、国会図書館が人権資料展示会のために作った「わが国における人権関係の年表」であり、もう一つは国会図書館所属立法調査局が一九五一年に作成した「日本国憲法関係法令及び事件年表」である(*52)。つまり、人権擁護局報が参照したこの二種類の資料は、戦後の日本社会で戦前を評価した国会の視点が反映されているわけである。形式は人権侵害と人権保護との区分のない「人権に関する年報」として機械的に解釈しているように見えるが、実質的には多くの人権侵害事件を「人権保護に関するもの」として記録していると考えることができる。

この時期の人権年報は、一九九九年に出版された『人権歴史年表』と好対照を成している(*53)。もっとも、『人権歴史年表』は人権擁護局報ではなく、「世界人権問題研究センター」という民間機関で作成されたものであるが、現代の日本社会で人権を定義する枠がここに現れていると見ることができる(*54)。五〇年の隔たりがある二つの人権年表に共通する点は、一九二三年に京都地方で始まった水平社運動や、婦人参政権獲得同盟等、こんにちでも権利向上のための運動と評価されているものが、人権の歴史として記録されていることだ。

しかし、少なくとも『人権歴史年表』では、一九一〇年の「日韓併合」と植民地期に制定された悪法、弾圧・動員のための制度を、人権の歴史として言及してはいない。戦争遂行のための国家総動員法を人権と結びつけずに、国民国家が少数者を排除してきた過程を人権の歴史に入れているのが、一九五三年の人権年報との最も大きな違いである。『人権歴史年表』は、京都大学の学者たちが中心となって作成し、在日朝鮮人運動とハンセン病問題等、少数者の差別問題を人権の歴史として扱っている。しかしながら、在日朝鮮人が運動を始めざるをえなかった植民地帝国の問題までは提起されていない。

5　むすび

ここでは、戦後の日本社会を支配する論理の一つである民主主義と平和のイデオロギーが、実際にはどう作動してきたのかを、戦後日本の人権論を中心に検証した。戦後日本の人権論に注目するのは、現在まで継続されている日本の植民地主義の歴史が、日本的民主主義の中に矛盾を含んで秘匿されているからである。人権制度はそのような現実を顕わにする代表的な記号になりうる。ここでは具体的に憲法、法律・制度、現実・日常の範囲で、戦後の日本社会の人権論が究極的に追求していた目的と内容を明らかにしようとした。

日本は、戦後改定された平和憲法によって天皇の神格化を否定し、日本の臣民を「国民」と呼び、見かけ上は日本の人権の歴史に画期的な転換を表明した。新憲法では明治憲法にはなかった生存権の条項を新しく規定して平和に暮らす権利と結びつけ、制度的には法務省の中に人権擁護局をつくり、人権擁護委員を置いて人権侵害調査をするなど、積極的に人権改善の広報活動をおこなった。しかし、人権保護の範囲を「国民」に限定して植民地帝国の責任を回避し、国籍条項をつくって在日朝鮮人に対する差別と抑圧を正当化した。また、外国人登録令によって植民地民を差別し人権を侵害しただけでなく、日本国民に対しても「公共の福祉」の美名のもとで人権保護の範囲を縮小した。

現代の日本の人権論において代表的なものとして扱われる部落解放運動については、実際にそれがつくられて組織された当時は人権の項目に含むことすらせず、公務員の代表としての警察や教員個々人が国民の政治的権利を侵害しないことが民主主義と人権の実現だという限定された内容で、戦後の人権論の枠組みが形成されていくようになった。

結局、戦後日本の人権論の特徴は、戦前戦後を通して国民国家論、国民主義的人権論が一貫して維持されており、このような国民国家の枠に限定された戦後の人権論は、朝鮮半島に対する植民地主義を隠蔽しながら、平和と民主主義の発展、そして人権の保障という統一的言説で完結させようとするイデオロギーとして機能したと言えるだろう。

Ⅲ 表象

——交錯の風景

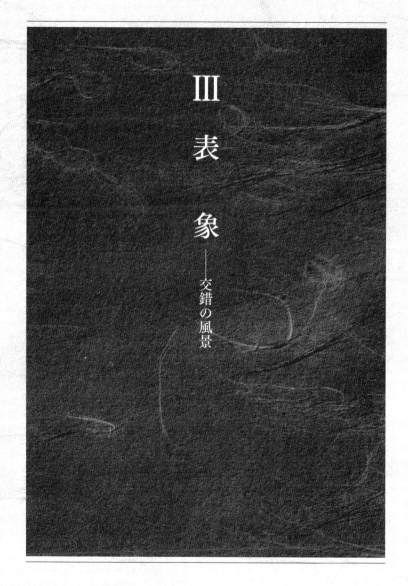

第六章 縦断した者、横断したテクスト
——藤原ていの引揚げ叙事、その生産と受容の精神誌

金《キム》艾《イェ》琳《リム》

1 互いについての想像、互いを経由する想像

一九四五年八月以降、東北アジアは、帝国主義的大地のノモス〔掟、法律〕が無効化され、国民国家的領土のノモスが新たに区画されるという変動を経験する。無効化されたり有効化されたりするこの境界づけを背景に、エスニック接触地帯では大小の動揺が起こった。戦争の結果起きる無秩序や騒擾の状態を動乱と言うなら(＊1)、日本の敗戦に際した時期の東北アジアの状況を、「圏域的動乱状態」と見ることもできるだろう。南韓と日本という国民国家は、既存の大地の境界と権力の境界が全面的に調整される過程で不完全な形態のまま登場した後、主権国家として歩み出した。す

ると、この時期に二つの地域は、どのような関係を結びながら自己構築を図ったのだろうか。私は主に両者の間で進められた象徴的な交換の位相から、この問題を扱ってみようと思う。

この作業のためには、何よりも「互いについての想像」であると同時に、「互いを経由する想像」が残したテクストに注目しなければならないだろう。これに関連して、解釈するときに参考となる対象は、朝鮮を経て自国に戻った日本人たちが後に残した「引揚げ」の叙事である。歴史地政学的観点から見ると、引揚げ者および引揚げ者の記録は、そのような交差的な風景をあらわす重要な資料だ。在朝・在満日本人にとって朝鮮は、敗戦とともに極限体験を甘受しながら留まらなければならない苦痛の空間となった。必死の思いで生き抜かなければならない危険な場所となったのである。日本に戻った引揚げ者が、この時期に朝鮮で体験したことを回顧し記録にまとめたものはいくつかあるが、そのなかでも藤原てい（一九一八―二〇一六）の叙事は、南韓（朝鮮）と日本の相互交差的アイデンティフィケーションの役割を問題化するうえで、必ず注目しなければならない内容を含んでいる。彼女は、引揚げ手記の標本であり典型と言える『流れる星は生きている』をはじめとして、何編かの徴候的なテクストを残した。ここに作動している表象の政治学を究明すれば、一九四五年以降に二つの政治体が駆使した自己構成のメカニズムを探ることができるだろう。

今まで戦後日本の形成というコンテクストで、藤原ていの手記を含む多様な引揚げ叙事が批判的に分析されてきたが、そのなかで引揚げ記録の全般的傾向性や主要事例が持つ文化政治的含意に関しては、とくに成田龍一と丸川哲史の研究が示唆的である。成田龍一は、引揚げと抑留体験およびその記録について、巨視的かつ多面的な分析を試みている。一つの流れとして彼は、引揚げ叙事が女性の物語または家族の物語に置き換えられて特化され消費されてきた、ジェンダー化の様相を究明している。女性の物語の内部の違い、すなわち非性愛/性愛化コードの作動方式と効果についての論議は、戦後の日本と引揚げ者との間の提喩的連関を問題化すると同時に、引揚げと植民地との間の関係を取り巻く重要な問いを提起している(*2)。一方、丸川哲史は、シベリア抑留者の帰還記録を中心に、共産圏での捕虜経験が生んだ複雑な意識を分析している。共産圏引揚期と続共産圏引揚期に焦点を合わせた彼の解釈は、帰還問題を冷戦というコンテクストで再考するよう誘導する。二人の論者の問題意識は、帰還の経験をもとに異常発芽した戦後日本の集合意識の一面を把握するのに助けとなる。

しかし、『流れる星は生きている』をはじめとする、藤原ていが残したいくつかの引揚げ叙事が、「帝国的正常性」の破綻と「国民国家的再正常化」過程で、朝鮮(南韓)と日本を横切りながらどのような表象体系を生産したのか、またそれがどうして可能だったのかについて探ることは、これまで充分になされてこなかった。旧植民地領土と無法/法の網をかいくぐって本国を目指す体験を描いた引揚げ叙事は、構造的に横断的である。とくに『流れる星は生きている』は、その受容という側面までを見るとそうだと言える。このテクストが朝鮮(南韓)と日本の間にまたがって互いを横切る現象として把握できるのも、このコンテクストからである。一九四五―一九五〇年、ひいては一九六〇年代に至る東北アジアの政治秩序が動揺する場面で、地域を経由しながら生まれたり現れたりした特定の意識や感情があるはずなのだ。藤原の叙事が生まれ作品が読まれるという現象は、その重要な一事例と言える。ここから出発するなら、一九四五年から一九六〇年頃までの南韓と日本のアイデンティフィケーションの構造、および相互間の現実的・象徴的交差の様相を考察することができるだろう。

ただし私の目的は、単に『流れる星は生きている』について詳細に読むことにあるのではないので、考察に際してはこのテクストが戦後日本の精神誌(＊3)を把握するのに持っている重要な意味を充分に考慮はするが、これを外部の異なる地点との関係の中に配置して相対化させようと思う。このような接近は大きく二つの方向でなされる。まず、『流れる星は生きている』が単行本として発刊された一年七、八か月あまり後の、一九五〇年一二月に刊行された藤原ていの小説集『灰色の丘』について、対話形式で読み解こうと思う。『灰色の丘』は全二三章で構成されており、そこには長編『灰色の丘――北鮮の町に』と三つの短編「着物」、「三十八度線の夜」、「襁褓《オムツ》」がともに掲載されている。長編『灰色の丘』に関して唯一の論議を試みた成田龍一が注目するように、この小説は、同じ筆者が残した類似した女性引揚げ者の物語であるにもかかわらず、『流れる星は生きている』とは違って、戦後日本の自己想像の場からほとんど忘れ去られている(＊4)。後に見ていくが、朝鮮(南韓)について対応させて同時に問題化するわれわれの立場からは、『灰色の丘』は『流れる星は生きている』を凌ぐ重要性を持つし、一緒に掲載されている短編の一つである「三十八度線の夜」もまた、注目に値する。これらは、半島をさまよって行く旧帝国人の恐怖と安泰を求める気持ちを追跡するのに、大切なテクストなのだ(＊5)。

そこで『流れる星は生きている』を、一九四五年以後の朝鮮半島―朝鮮―南韓というコンテクストに位置づけて検討することで、このテクストの位相と意味を相対化させたいと思う。この作業は受容史的関心とつながるものだ。『流れる星は生きている』は、日本人によって書かれた帰還記録のうち、南韓で大衆的に大きな反響を呼んだ読み物であり、比較的長い期間をかけてずっと提供、消費されてきた文化商品だった。日本でそうだったように、『流れる星は生きている』が戦争に負けた日本と関連して、南韓でも一種の象徴となったのは明らかだと思える。かといって、敗走する植民者が残した特定の叙事が、植民者と被植民者を詳細に描いたとしても、それだけでベストセラーやロングセラーになるはずはない。それゆえ南韓での『流れる星は生きている』の消費は、そのような経緯だけでは充分に説明できない側面があるようにみえる。ある翻訳物が原産地を離れてその市場とは異なる環境に置かれるとき、商品の提供や需要の形態は、翻訳物が到着したまさにその場の文化的・政治的・情緒的条件に依拠して生み出されるものだ。したがって私は、この書の一部あるいは全体が南韓で翻訳され始める一九四九年頃から、日韓関係が変化する流れに乗って再構成される一九六〇年代初めまでの時期に重きを置いて、その様相を探ってみようと思う。

日本人帰還叙事の頂点に立っている『流れる星は生きている』とその周辺の叙事を以上のような方法論に基づいて配置しながら究極的に考察したいのは、この場所で絡み合っている複合的な関係の場、そしてそこに不規則に広がる国民国家の欲望と情動の織りなす文様である。『流れる星は生きている』をはじめとする引揚げ記録は、それが属しているより大きな編制の多くの面が互いに横断し節合する経由地であり、結び目のようなものである。関係の場は、大きく二つの側面に分けて考えることができそうだ。それはまず、地政学的作因（agency）の側面から、一九四五年以後に朝鮮―南韓と日本が結んだ関係について見ることができる。朝鮮―南韓と日本が運用した自己および他者のアイデンティフィケーションの様相が、その核心となるだろう。もう一つの側面は、歴史的局面の力学であり、帝国主義の崩壊と冷戦の展開がつないでいる連動と転換の構造である。ここで扱うテクストが書かれて読まれ始めた主な時期は、国際的冷戦秩序とその東南アジア的動きが強化（安定化）される時期と重なる(＊6)。このように旧帝国の消滅気流と冷戦の生成気流がともに作用していた東アジア大気圏を念頭に置くとき、引揚げ叙事をめぐる「旧帝国と旧植民地」という解釈的連関は(＊7)、「旧帝国—旧植民地—冷戦の展開」という連関性をもってもう少し立体化させ、それを国民国家がどのようにつくられていくのかという問題とつなげる必要がある。

2　帝国の崩壊、冷戦の隘路、そして引揚げ者の情動

敗戦と同時に日本人の大規模帰還が始まった。帰還は時期的に少なくとも四段階に分けられ(＊8)、空間的にも中国、台湾、朝鮮をはじめとしてインドシナ半島、マレー半島、太平洋諸島、ソ連地域、外モンゴル等に至るまで、非常に広範囲にわたっている。このうちで、満州地域からの帰還経路だけでも五つの路線に分けられていた(＊9)。朝鮮を経て最終目的である日本に向かう経路は、この五つの路線のうちの一つだった。この路線を選んだ集団は、満州の国境を越えて朝鮮半島北部の地域に到達した後、さらに三八度線を越えて南下した(＊10)。ソ連とアメリカによって分割占領された朝鮮の政治的条件ゆえに、満州—朝鮮—日本への移動は、その力学が非常に複雑にならざるをえなかった。占領権力によって帰還に対する政策と様相に南北の差があり、このような理由から朝鮮半島

内の日本人の滞在経験、帰還経験も、単に一つの形で説明できるわけではない。

これまで論議されてきたように、日本人の引揚げ叙事は、自分自身の悲惨な境遇にのみ目がいっているので、事態全般についての構造的な認識はほとんどないと言っていい。生《なま》の生存が脅かされるなかで、個人的・集団的苦痛の切迫性だけが前面化していて、それがいかなるコンテクストにおいてなぜ発生することになったのか、また、自分の存在論的転落という事態が生まれるようになったそもそもの状況は何だったのかについて、距離を置くことができていない。帝国の崩壊の話は、このように日本人の徹底した「自分の物語」に微分され、複製されながらたくさん書かれたが、その先頭にあるのがまさにこれらの「危機の反芻」叙事を代表する『流れる星は生きている』なのである。一九四九年五月に日比谷出版社から単行本として刊行されて以来(*11)、このテクストは、日本人が敗戦を受難史として再構成する過程で、大規模かつ長期的に共有された。引揚げの経験を記述した数多の記録の中でも、ただ一つこの手記が集合記憶と共通感覚形成の根源として機能してきたのである。いわば戦後日本の大衆的な「感情教育」テクストブックとして、重要な役割を果たしてきたわけだ。

引揚げ叙事特有のコードを先導した『流れる星は生きている』が、大きな－自己（日本人）あるいは小さな－自己（日本人叙述者）に没入する求心的構想を扱っているのは、それゆえにむしろ自然に見える。敗戦の悲惨と連関する当事者性は、一般的な帰還叙事およびその典型としての『流れる星は生きている』が持つ最も大きな特徴である。この自分物語には、戻ってくる日本人の生きたいという意志、自己憐憫、被害者としての自己正当化のみならず、集団の分裂、生存争い、亀裂と葛藤という否定的側面まですべて記録されている。しかしながら、このテクストは決して、自己をめぐる他者たちについての意識が皆無というわけではない。たとえ断片的とはいえ、『流れる星は生きている』には本土に移動する日本人の生と死、苦境に立つ生活、極大化した恐怖の状態を規定するすべての外部に対する露骨な心情が隠さずに表現されている。非体系的で不規則であり断続的ではあるものの、それにもかかわらず一九四五年以降、朝鮮半島を中心に形成されていた国際政治的関係の日本的感受性が、如実に映し出されているのだ。朝鮮半島の北側と南側、そしてその区域を分割占領したソ連とアメリカという存在は、満州から日本に向かう長い苦難の行路を経なければならない日本人には、決して簡単に抜け出すことのできない物理的条件だった。帝国民から悲しみの涙を流す避難民、収容者、脱出者に転落した集団のメンタリティは、その条件上、すでに他者に非常に敏感で、また徹底して他者に囚われるようになるものだ。

　そうだとすると、藤原ていの記録の中で他者に対する意識はどのように描かれているのか。まず『流れる星は生きている』について見るなら、朝鮮（人）の存在感は全体的にそれほど顕著ではない。この省略を植民地消去の徴候だと考えることもできるであろうけれども、別の見方をするなら、このような様相は、旧植民地朝鮮との関係網だけではテクストが完全に解読できないことを暗示してもいる。ソ連（軍）とアメリカ（軍）という、むしろ直接的に現れる力を考慮しなければならないのもこのためである。当時の朝鮮半島の日本人帰還者を取り囲む状況を構造的に把握するなら、個人の認知や心理の偏向のあらましも描かれうるだろうが、『流れる星は生きている』の場合、外部の三つの勢力についての体験者（記録者）の意識や感情は事実上、二分法的に鮮明なわけではない。とくに朝鮮（人）やソ連（軍）が問題となるはずなのに、意外と朝鮮（人）に対してもソ連（軍）に対しても、このテクストは激しい恐怖や拒否感を表していない。これに関して彼女は、どちらか一方に傾きすぎることのない、多少ぼんやりとした感情を持っているように見える。これにはいくつかの理由があるだろうが、体験主体がすでに故郷への帰還を終えた状態で記録を書き始めているので、経験時に持っていたと思われる外部に向かった即物的な感情はある程度昇華されていた可能性があると考えられる。

当時、朝鮮半島北部から南部に下ってくる者たちの長い脱出路を掌握し広い範囲に勢力を及ぼしていたのは、ソ連（軍）とアメリカ（軍）だった。満州と朝鮮半島北部で敗戦を迎えた日本人男性たちは、身を拘束される危機と抑留の危機に置かれ、やがて過酷な強制労役の場に連れられていった。日本人女性たちは、自国男性の不在状況（＝国家不在の状況）に置かれることになったが、女性と子ども中心の集団生活における混乱は、やはりこのような構造から始まることが大きい。藤原ていの場合もそうであるように、女性たちは孤立と遺棄状態自体から、ソ連の占領による日本人男性の不在現象に適応していくようにもなる。だからなのか、自分たちを支配する最高の力に対する意識は、ここでは多くの部分が緩和されて現れる。ソ連（軍）は逆らったり見下したりできない恐怖の震源なのだが、それゆえ、決して単純な反感や敵意にとどまってしまうような対象ではなかったようだ。テクストの中で彼女がソ連軍と直接遭遇するのは、大きく分けて三回ほどある（＊12）。そこでは、「私たちは一年前と今ではソ連兵に対する見方が全然違っている。恐ろしいと思っていたのは遠い昔のような気がする。／現に多くの日本人の女がソ連軍の宿舎に女中として雇われている」

（一六九頁）（＊13）というくらい、全体的にソ連（軍）は親切で親しみやすい相手として記憶される。三八度線地域でソ連軍歩哨兵と出会って通過を許可されたときも、「二度と再びないであろう」と「感激」（二三八頁）する存在としてソ連軍兵士たちは描かれる。「子供たちの頭を一人ずつ撫でて」（二三八頁）くれる「ソ連軍」の親切さにも言及している。

敗戦初期と違い、一九四六年頃にはソ連（軍）に対する考えがかなり変わったと陳述している一九四八―一九四九年頃の藤原ていにとって、アメリカ（軍）はどのような意味を持つ存在だったのだろうか。アメリカ（軍）は、形象化という側面ではソ連や朝鮮より頻度は少ないが、構造的に見ようとするなら、脱出自体がアメリカ軍のいる南側に向かっていったはずだから、北から下りてくる日本人にとって三八度線は生命の線であり、アメリカは救援者だと認識されていたと推測できる。日本の立場からすると、アメリカは厳然とした戦勝国だったし、アメリカ軍はこれを象徴する占領者だった。敵対的に引き渡された朝鮮半島の南側の日本人にとってもこれは明らかな事実だったので、初めから三八度線以南にいた日本人残留者や帰還者たちにとって、アメリカは好意的な救援者とだけ思えるはずはなかった。三八度線の北側から下ってきた日本人の対米感覚は、それゆえ、非常に劣悪だった北の地域での生存や脱出条件を反映して誇張された面がある。藤原の感覚にも大きな違いはない。一九四九年度版でアメリカが登場するのは、脱出者たちが三八度線付近のアメリカ統治区域に入るときであり、それは「アメリカ軍に救助される」の節に次のように描写されている。

子供の間に太い男のズボンが見えている。それを下から見上げていくと、そこには確かにソ連兵ではない外国人がにゅっと突っ立っていた。／「あ！　アメリカ人だ！」／私の身体がぐらりっと前にかしがった。初めて自分がトラックの上に乗っていることを知った。／私たちはアメリカ軍のトラックに救助されたのだ。私はとめどなく流れる涙で、前に立っているアメリカ兵を見上げると、……私はトラックの上に両手をついて、何度も何度も頭を下げて泣いた。……「もういいんだ、助かったんだ、生きて来たんだ」／そんなことをうわごとのように口走りながら、……深い眠りにはいっていった（二四六―二四七頁）。（＊14）

このように、一九四五年八月から約一年間、苦闘しながら朝鮮半島を縦断した後、一九四八―一九四九年を前後して過去を記述している主体にとって、ソ連に対する恐怖はすでに薄まり、アメリカに対する感謝は増幅されていたと思われる。脱植民地化とともに訪れた朝鮮半島の分断状態は、脱出者たちには政治的理念ではない生存の恐怖の問題として実感されていたために、アメリカとソ連という目に見える巨大な権力に対する認識も、脱出者たちとしてはより緊迫した基準、すなわち「生きて帰らせてくれる者」という基準に従って形成された面があるようだ。「生きて帰ってもよい」という命の許容、この点についてソ連（軍）は寛大さに欠け、アメリカ（軍）は相対的に非常に柔軟性があった。あるいはそう想像された。それゆえ、ソ連軍が予想外にあるいは例外的に、脱出者たちに生き長らえるよう命令して南下を許可したのなら、彼らをあえて暴悪な力と感じる理由は顕著に弱まるはずである。このようなコンテクストで、冷戦的葛藤体系から抜け出た二つの統治勢力の価値論的平準化や同質化も、場合によっては可能だったのだ。

そうだとすると、命の綱を握っている最高占領権力という像をつくり出す以外に、当代の米ソの役割を把握するのに無関心だったり無能だったりした脱出者たちにとって、ある点ではより直接的に危険な他者と言える朝鮮（人）は、どのような存在だったのだろうか。いよいよこの問題を探ることにしてみようと思う。『流れる星は生きている』の中で、朝鮮人の出現はソ連（軍）やアメリカ（軍）に比べると多いほうだ。なぜなら、収容所生活の場で日常的に顔を合わせている近い外部（者）だったからである。しかし、集団生活をする過程で遭遇する北鮮の民間朝鮮人たちは、相対的に見て敵対者としてよりも、しばしばその時々に協力し合う者として描かれているが、例外的に「無抵抗主義」という小タイトルが付けられた節では、朝鮮人が自分たちを攻撃する恐ろしい存在として記録されている。この箇所は、全般的に朝鮮人や朝鮮人との関係について特段敵対的な態度を見せないこの手記の中で、非常に突出した感がある。「無抵抗主義」では、「足もとに炸裂する弾のような恐怖をさそう」（六一頁）攻撃的な朝鮮人に向かう敵意と自己防衛の姿勢が露骨に表現されている。

眼付きのよくない男が家のまわりをうろうろする日があったり、つまらないいいがかりをつけてくる男があったり、平壌にいる夫たちから依頼されたなどといって、じょうずに近寄ってくる男などがいた。近くに寄ってくる朝鮮人すべてに対して、私たちは警戒の眼で眺めていた。本当に私たちに好意を示してくる朝鮮人は、決して私たちに近よろうとはせず、……私たらはすべてに対して無抵抗主義に馴らされていった。そうしないと一部の日本人ぎらいの朝鮮人にどんな眼に合わされないとも限らないからであった。子供たちもそれを知って、土地の人に会うと明らかに恐怖の色を顔に浮かべて母親のそばにすり寄るのであった（六二―六三頁）。(＊15)

しかしこの「無抵抗主義」の節は、成田龍一も明らかにしているとおり、初めて手記が記録され出版された一九四九年以後のある時点で新たに加えられた部分である(＊16)。実際に、初版である日比谷出版社版にはこの節自体がそもそもなく、したがってこれを訳した南韓の初版にももちろん存在しない。「無抵抗主義」の節の事後的挿入現象に注目する成田龍一は、「一九五〇年前後」と「一九七〇年前後」の間に著者がある特別な認識の転換のようなものを経たために、朝鮮人についての記述上の差が現れたのではないかと見ている。そして、藤原ていは「五〇年前後においては朝鮮人に関する記述を抑えて書いた」(＊17)という簡略な説明を加えて、この問題をやりすごしている。

しかしながらこれは、充分かつ妥当な解説と言えるだろうか。「抑えて書いた」というのは、解説というよりは現象の記述に近いとしか思えない。では、翌一九五〇年一二月に刊行された『灰色の丘』ではどう書かれているか。前に少し見たが、『流れる星は生きている』の刊行後、一年七、八か月あまりを経て出版された『灰色の丘』は、いろいろな面で以前に書かれた手記とは異なる姿を見せている。とくに朝鮮（人）という他者に関してそうである。不思議なことに彼女は、『流れる星は生きている』で曖昧に扱ったりまったく扱わなかったりしたものを、『灰色の丘』でははっきり焦点化して取り扱っている。その反対に、『流れる星は生きている』ではある程度現れていたものが、『灰色の丘』では最初から消去されている。すなわち、前書ではどんな形にせよ感知されていた上位権力としてのソ連（軍）やアメリカ（軍）は、『灰色の丘』ではほとんど消え去って現れないのである。そして『流れる星は生きている』では微々たる存在だった朝鮮（人）は、決して避けることのできない複雑に絡み合った相手として前面化されている。このように朝鮮（人）の姿が拡大する長編『灰色の丘』と短編「三十八度線の夜」は、構造的同一性を共有していると言える。

『流れる星は生きている』周辺の関連テクストを隣に置いて全般的な状況を概括してみると、藤原ていが一九五〇年前後の時期に、朝鮮人についての記述を抑制したことは決してなかったことが確認できる。したがって、特定の時点に言及を抑制したとか避けたとかといった形で把握するよりは、経験と記録の主体が、自分が話そうとすることを複数のテクストの中に自分なりに分けておいたと理解するのが妥当なようだ。そのように見るならば、まず、『流れる星は生きている』は自分が属する一次的集団である日本人社会内部の風景が中心となっていて、これと連動して朝鮮―ソ連―アメリカの存在は、はっきりとした善悪の基準がなく、全般的に平面化され灰色化されて現れたテクストだと定位できる。これに比べて長編『灰色の丘』は、三八度線より北側に置かれた日本人女性がどのような状況にいたのかという描写と同じくらい、朝鮮人とのとげとげしい葛藤関係を描くのに多くの部分を費やしている。そしてこの葛藤は、男性化した朝鮮人と女性化した日本人という性愛化された（sexualized）方式で表される（＊18）。この過程で、敗戦直後の北鮮を背景にしているにもかかわらず、ソ連という巨大な権力は完全にテクストから消え去り、危険で抑圧的な力に対する敵対的想像は、ほとんど朝鮮人男性、とくに保安隊員を通して広がっているのである。

そして最後に、この小説集に掲載されている三つの短編のうち、引揚げ者のメンタリティを露呈させているたいへん興味深い記録に「三十八度線の夜」がある。この小説は、『灰色の丘』とは異なるアングルから朝鮮人を描いている。保安隊員は依然として重要で決定的な存在として登場し、彼と日本人が結んでいる関係もまたたいへん濃い。それに何よりもタイトルが示すように、三八度線という朝鮮半島冷戦の分断境界線が叙述者によってはっきりと感知されている。分断線についての認知は、ほかの二つの叙事とは違い、今ではその動きが激化した東北アジア冷戦の時空間と関連した日本人引揚げ者の複雑な意識を明らかにしている。『灰色の丘』と「三十八度線の夜」を通して、その具体的な様相と意味を見てみよう。

『流れる星は生きている』『灰色の丘』「三十八度線の夜」は、この順序で朝鮮（人）を再現する密度が少しずつ高くなる。私は以前、『灰色の丘』は朝鮮人男性との愛に堕ちた淫乱な日本人女性の凄絶な引揚げ失敗記だと読んだことがある。主人公の女性は、朝鮮人男性との性的な危険性に苦しめられ、とくに保安隊員とあれこれ接触するなかで大小の事件に遭遇する。夫がソ連軍に連れられて行った後、一人残って集団生活をしている若い日本人女性は、一人の保安隊員と恋愛関係になる。彼女は、彼と一緒にいるときは、「だんだん敗戦国民と云う感じが消えていくような気がする」（五四頁）（＊19）。しかし、旧植民地の「他民族」男性と恋愛をするものの、結局は捨てられて、悲惨な状況が続く環境から抜け出せないまま精神に異常を来して自殺する。帰還の可能性が少しずつ薄れていくなかで、北側地域に住んでいた日本人たちは、あちこちにばらばらとなって南への脱出を敢行するようになるのだが、『灰色の丘』はこの状況をたいへん具体的に描いている（＊20）。

彼女が集団生活をする間に、どんな形にせよ接触せざるをえなかった保安隊員は、合計四人（李《イ》、金《キム》、呉《オ》、独孤《トクコ》）が登場する。愛していた李のほかに、彼女が人間的信頼を感じたもう一人の保安隊員は独孤だった。不思議なのは、彼女が独孤のことを、ほかの保安隊員とは違って「ヒューマニスト」と思っていたことだ。彼女は、「こんな男が、その日その日のはげしい百泉の町に超然としていることすら不思議であった」と感じながら、「日本人のうらぶれた姿の中に身をかがませて、日本人の悲しみとともに、彼の血の中に漂って宿命的な悲哀に抵抗しようとしているのかも知れない」（一一三頁）とも考える。この「ヒューマニスト」は、惨めな生活の中を飢餓と怒りで疲れていく日本（女性）を、「日本政府の戦争挑発者に見せたいです」（一一二頁）とも言い、「日本人を助けたいと思いくらしているのに、結局、僕には金もなければ、力もないのです」（一一二頁）と吐露してもいる。結果的に見るなら、北鮮のむごい状況とは似つかわしくないように見える「ヒューマニスト」たる独孤を除いた残り三名の朝鮮人保安隊員は、彼女を破滅に導く危険な者たちだ。愛していた李も決して例外ではなく、むしろいたって致命的である。

全体的に『灰色の丘』の中で日本人女性に与えられた外の世界とは、とりもなおさず保安隊という朝鮮人男性の世界なのだ。叙述者は、保安隊が「日本人に対して一番近い関係にある」（一一二頁）存在だと明らかにしている。書き手主体の私的な体験とも無関係ではないだろうが、このテクストでは、朝鮮人男性という環境的枠を抜け出すどんな他者の遠近法も現れない。極限状態の危険と性的侮辱を甘受しなければならない日本人女性の悲惨さ、恐怖、幻滅は、自分たちは幽閉されており、同族の男性は一人もいず、凶暴な「他民族」の男性は性的陵辱をうかがう北鮮、そしてそこの治安勢力である保安隊にそっくりそのまま収斂されるのである。北側の地域を経て戻ってきた日本人の手記を見ると、ソ連（軍）と朝鮮（人）保安隊は、記憶の主体によって互いに置き換え可能だったり、同質的だったり連携したものとして認知された場合もあり、反対に分離されて別個ののだと考えられる場合もある（＊21）。保安隊は、解放直後に噴出していた自主的につくられた治安団体および組織が、ソ連軍の統制下で解体・整理された後、唯一公的に認められた武装勢力だった（＊22）。結局、保安隊とは、占領統治権力の権限を委任された下位統治勢力の正規の遂行主体だったために、彼らの近距離管理体制内にいた日本人たち（主に女性と老人）は、二つの勢力を同一視することもありうるし、差異化することもありえたのである。すなわち、統制される側の残留旧帝国民たちは、ソ連軍と朝鮮人保安隊を互いに重ね合ったり分離したりする存在として把握していたと思われる。藤原ていの体験――想像の地平は分離に近いように見えるが、どちらに属しようと、死の危機に直面している敗戦国の難民にとって、ソ連占領下の北鮮の保安隊とは、悪意に満ちた環境と自分たちを媒介する可視的で実際的なエージェントに違いなかった。彼らは力を確保した恐るべき旧植民地民であり、新しい占領勢力と直接・間接的につながった類似－権力者であり、冷戦の時空間で閉塞した旧帝国主義の残余集団という二重の負の存在に確実に対応する正の存在だった。『灰色の丘』の世界を満たしている保安隊男性に向かう不吉な恐怖は、このようなコンテクストのなかで理解できる。

一方、「三十八度線の夜」では、北鮮の朝鮮人保安隊をめぐる意識が『灰色の丘』とは少し異なる様相で描かれている。それゆえこの短編は、テクスト関係書の中で重要な意味を持つ。差異の核心は保安隊の表象の分化にある。「三十八度線の夜」が表す分化の文法を解明するなら、他者の分断―冷戦環境に流されてきた旧帝国主義の残滓という時空間交錯構造から生まれた、生存感覚化された政治的立場の実体を把握することができよう。そもそもこれらの人たちは、没落した帝国の枠から流れ出てきた旧秩序の分泌物だが、空間の移動とともに新秩序（＝冷戦）の拘束物へと存在が転換されていったのである。植民地主義の痕跡集団が移動するとき（おおよそ一九四五年八月―一九四六年後半頃）に提供されたものは、朝鮮半島全土を貫いて動き始めた初期のいまだ伏流的な冷戦のガイドマップであり、自分の近過去を記録し公刊するとき（一九四八―一九五〇年）に提供されたものは、より激化して内面化された冷戦のガイドマップだった。この人たちが経た「満州―朝鮮半島北部―朝鮮半島南部―日本」という路線、そして記憶し記録する場所としての日本という空間‐力学は、東北アジアの冷戦が激化する時間‐力学と互いに癒着していった。「三十八度線の夜」を通して私たちは、冷戦構造とその引揚げ者的翻訳様態を見ることができるだろう。

このテクストは、「敵となっていく旧植民地領土」というダブルバインド状態から逃走する旧帝国民が、南に向かう旧植民地出身の男性という同志に出会い、脱出に成功する過程を描いている。この朝鮮人同志は、脱出する日本人が苦しめられている複合的な不安をきれいに解消してくれる美徳と能力を持つ存在だ。すなわち彼は、よい朝鮮人であるのみならず、反共主義者でもある。南側に行くために必死の思いで三八度線を突破する北鮮保安隊員の朴は、まさにそんな人物だ。興味深いことに、朴の形象は『灰色の丘』に登場した「ヒューマニスト」独狐とたいへんよく似ているように見える。三八度線を越えて南に向かう日本人女性は、自分たちを助けてくれる朴の正体を正確に把握できていないが、彼の徹底した保護と援助に力づけられて、やっとの思いで南下に成功する。

緊迫した脱出の過程で彼女が推し量ることができるのは、朴が北側の保安隊員に追われてせっぱ詰まった状況に陥っているという点、そして北から抜け出すために身分を隠して日本人に偽装して南下を敢行中であり、よく似た境遇にいる日本人たちを助けながら何としてでも一緒に行こうとしているという点だ。彼女は、どうして彼がこうしてまで日本人集団とともに境界線を越えようとするのかを考えてみる。

彼女には朴という男が不思議に思えてきた。なぜ変名までして、日本人を送らなければならないのか、またそれをなぜ保安隊が物々しく追い駆け回すのか、圭子にはなんにもわからなかった。或いはこの人自身が、何かの目的で、南鮮へ脱出しようとしているのかも知れない。或いは南北朝鮮を股にかけて、何か思想的な目的のために、こうした行動をしているのかも知れないと思ってみた（二〇九頁）。

朴は、ある局面では彼女よりずっと大きな危険にさらされて追われながら、必死に三八度線以南に向かう、正義感に溢れて信じるに足る存在として描かれる。やっとの思いで三八度線を越えた地点で、二人は互いに「魂と魂の熱いいぶき」（二一五頁）を感じながら別れる。ひたすら南に向かわなければならないこの二人の人物の感情的連帯は、『灰色の丘』での日本人女性と保安隊の男性との関係とは大きく異なる様相で展開している。朝鮮人に向かう藤原ていの視線はおおよそ、不特定の漠然とした朝鮮人（『流れる星は生きている』）から北鮮の敵対的保安隊員（『灰色の丘』）を経て、南側を選択するヒューマニスト保安隊員に向かって動いていると、再構成することができるのではないか。もちろん、このような視線の移動は、特定の政治的立場や価値の無意識／意識的確定とかみ合っている。無心、敵対、親密さを分けて選択する意識の問題は、旧帝国主義の残余者たちが、旧植民地の領土にできた新しい道（＝冷戦通路）を経由しながらどんな心の揺れを経験するのか、そしてそれが旧植民地の他者の形象と想像にどのような方法で投影されるのかを把握するのにたいへん重要である。「民族が違う」ということ（これは旧植民地に向かう恐怖と通じる）は、日本人女性に性的な暴行を加えて死に至らすほど危険だと伝えるのが『灰色の丘』なら、「三十八度線の夜」は、「他民族」にもかかわらず政治的に南鮮を選ぶ者は、日本人女性を死なせないように助けるだろうという方向に伝言を変える。「三十八度線の夜」では、死線を越えてきた二人の人物が分け合う激しい感情と口づけは、「民族の違いという事実が、すっとかすめるように浮びあがると同時に」（二一六頁）現実感を求めて終わるが、この場面は、むしろ民族の違いにもかかわらず互いを密着させる何か強力な同質感と一体感といったものを感じさせる。

この火のような共感の情念はなぜ可能だったのだろうか。『灰色の丘』に満ちている不吉で危険な朝鮮人―他者に対する敵意を、「魂と魂」の深い共感へと転換させる深層の契機は、南に向かう北鮮保安隊の離脱者という政治的性格に対する感知以外のなにものでもないように思える。これは、当時の日本人が想定していた、旧植民地―他者の「ヒューマニズム」の重要な徴表でもあったようだ。このように旧植民地‐恐怖が、赤色‐恐怖と互いに重なりながらも、後者によって前者が多少緩和されるというコンテクストは、東北アジア冷戦体制が激化していく状況と無関係ではない。これらの体験は、記憶—記録の時点の状況によって覆い隠され再構成されたものであるからだ。引揚げ記録は、引揚げがすべて完了してみずからの国家である日本に定着した後に、すなわち、個人の領土的所属と理念的安定性がすべて確保された状態で書かれたものだ。女性引揚げ叙事の初期であり勃興期に該当する時期を開いた藤原ていの場合も、体験の時期（一九四五—一九四六年）と最初の記録（一九四八—一九四九年）、および刊行時期（一九五〇年）との間は、長くて五年あまりにわたる距離がある。

この期間は、東北アジア冷戦—熱戦の時期への再編を準備し、生活（live）を整える時期だった。帝国主義を滅ぼす勢力としての米ソ、世界的次元の冷戦主体としての米ソ、世界的次元の米ソ冷戦と連動しながら内在化していた朝鮮半島内部の冷戦、そしてこれらすべての局面が交錯して高度に凝集しながら爆発した朝鮮戦争という多層的状況が働いていたときだ。このような東アジアの政治的領土の最も安全な場所に復帰する過程は、つまり引揚げ者が「生きてもいい」と言われて故国に戻ってくる過程だった。それゆえこれらの叙事は、異国の冷戦の峠を越えて自国の冷戦の環境で安定した居所を探し出した旧帝国主義の主体が残した、切々とした実感と即物的判断に満ちた記録だと言える。引揚げ者たちにとって、帝国主義の崩壊や冷戦の内在化は、理念や政治的立場の位相よりは、生命の危険という生存感覚の位相から肉薄して迫ってくるものだった。実際に目の当たりにする政治的圧迫構造は、大部分が飢餓と死のリアリティ（＊23）へと良質転換されて具現化される。まさにそれゆえ、自己中心性が強くなるしかなかった。もちろん、この繰り返される生存感覚の鍛錬が、理念や政治的立場の確保へと続くはずではあるが。このように、藤原ていの引揚げ叙事を圏域秩序転換の敷居をまたぐ帝国主義残余者の変身話と読むなら、帝国主義秩序から冷戦秩序へと転換する激動期に形成された日本人引揚げ者の想像体系、およびその変容を振り返ってみることができるだろう。

3　南韓、そして引揚げ叙事の動き——記述と再-記述

帰還した日本人たちは、冷戦の隘路をさまよう難民の身から抜け出し、領土的・法的帰属を経て国民に、国民国家的正常性の統治体に対応する人口に定着した。これらの人たちは、日本社会内部で一定の疎外と排除を経験せざるをえなかったが、その後形成された再建と成長の大きな流れのなかで、領土的帰着なくしては確保できなかったと思われる長い安泰の時期に入っていく。藤原ていの引揚げ叙事を通して私たちは、朝鮮（人）を経由して内面化され具現化された引揚げ者の冷戦感覚と、国民・国家への物理的・精神的回帰希望の内部を探ることができた。この節では、彼女が残した手記が南韓で選択的に受け入れられ消費された現象の持つ、文化・政治的意味を考察しようと思う。自分たちを植民化していた、しかしやがて敗走者となってしまった旧帝国民の凄絶な逃亡記は、一九四五年以後、南韓でどのような意味を持って受け入れられ、どのような意味を持たせるために、再び-書かれたのかというのが私の主な関心事である。

　このような現象には、自国民の受難記を学習し懐かしんでいた日本のコンテクストとは異なる、南韓なりの文法が内在しているはずだ。これは、かつて植民地であった分断国家が自己を文化的・

政治的・感情的に維持する過程で、外部的要素をどのような方式で取り込んで運用したのかという問題と関連している。解放、分断、戦争を経ながら形成された南韓の自己維持に決定的な役割を果たしたのは、二種類の恐怖、すなわち（再）植民地化の恐怖と赤色恐怖だった。いずれの場合でも、ここに引っかかって転べば自己消滅の目に遭う。もちろん政治体の存続技術という観点で考えると、重要あるいは可能なことは、恐怖から抜け出すのではなく、恐怖状態に留まり続けながらどんな方法であろうとこれを消化し処理することであるはずだ。このメカニズムのどこかに、『流れる星は生きている』がつながる余地があったのだろうか。（近）過去にあった「醜悪な他者」の事件は、どのように翻訳され、なぜ享受されながらここ韓国で専有されたのか。

藤原ていが残した引揚げ叙事の中で、もっぱら『流れる星は生きている』だけが、日本と南韓の大衆の記憶の場に際立って焼き付けられた。『流れる星は生きている』の内容の一部が南韓のメディアに初めて登場したのは、一九四九年八月、雑誌『民聲』を通してだった（＊24）。「三十八度線」というタイトルで掲載された三つの小節は、主人公一行が三八度線を突破する場面を描いた部分である。掲載の末尾には、「終戦後、北朝鮮に避難して一年あまり、ふたたび戦災民とともに日本に帰還した実情を綴った藤原貞の長編『流れる星は生きている』の一部である。彼女は、三人の子どもを連れて三八度線を越えるときの様子を記録している。日本人の文章だからと考えるには惜しい作品である」（＊25）という付記が加えられている。『民聲』でこのように短く紹介されたのがきっかけで、『流れる星は生きている』の南韓での受容と消費文化の幕が上がる。一九四九年一一月、このテクストは『私が越えた三八度線』というタイトルで単行本として刊行され、何か月も経たない一九五〇年二月にはすでに六刷になったという記録が残っている(＊26)。これまで翻訳本についてのくわしい論議はなかったが、検討してみると『私が越えた三八度線』は、一九四九年の日本語版からあちこちを抜粋して翻訳したものである。すなわち完訳本ではない。著者あとがき、大佛次郎の序文をはじめとする何節かを翻訳から除き、とくに朝鮮の土地から逃れて日本に戻った主人公が、ふたたび家族に会うところまでを記録した最後の四つの節も全部落ちている。全体を通して見ると、節の選択や省略に特別な意図があるわけではなさそうだ。韓国の国内市場を念頭におき、原本のこまごまとしたエピソードを縮めて、日本を背景とする話を省略したというくらいに把握してよさそうである。

当時の読書市場でこの本が大衆的な人気を得ると、「三八度線を越えた一介の日本の女の体験記録が六刷まで出るなんて、韓国出版文化界への一大冒瀆と言わざるをえない」という批判すら登場した。「三八度線を越えてきた同胞は数百万人もいたし、三八度線を越える際に人としてとても我慢できない、日本の女に劣らないつらい体験をした同胞がいるというのに、我が国土で我が同胞が経た体験より、日本の女の体験のほうに興味を持たせるようにするなんて、出版業者もさることながら、この地の文人たちにその責任がある」(＊27)という主旨だった。また別の記事によると、急激に増加した日本の書籍の翻訳を統制するために、広報処が「日本の本のうち科学技術系統の書籍以外は、翻訳発行を一切禁止すると同時に、以前に発行された本も再版を禁止」(＊28)するという方針を立てたようだ。日本の翻訳出版物が氾濫する現象についての問題提起は、民族精神の高揚や文化水準の向上等を課題に挙げてなされたのであるが、このような公式的な心配や禁止とは関係なく、出版界では日本の書籍の翻訳と輸入に相当熱を入れていた。当時、「雨後の筍のように出てきた日本の書籍の翻訳物」リストには、『流れる星は生きている』以外に、『長崎の鐘』『敗戦学校』『転落の歴史』等、日本の敗戦を扱った本がたくさん挙げられている(*29)。このうち『流れる星は生きている』は、敗戦の日常風景を如実に表す資料として、帝国の敗亡の瞬間に向かう南韓社会の関心に適切に応じる性質の商品だったのだろう。

しかし、『流れる星は生きている』が南韓で絶大な人気を得て受け入れられた状況と関連することとして、三八度線を越える体験が数多く存在した一九四五年以後の朝鮮半島の動静を、思い浮かべざるをえない。書名を原題から『私が越えた三八度線』と変えたのも、このようなコンテクストと決して無関係ではないだろう。一九四五年以来、三八度線は米ソ占領の分界線から民族の分界線へ、そして結局は国境分界線へと固定化されていった。一九四六年五月以降は、南北間の自由な通行は完全に断絶されてしまった。境界線周辺では米ソ間の軍事交渉や葛藤が続いたが、一九四八年以降に境界線で起こった衝突は、米ソ間の紛争というよりは南北間の紛争だと言わなければならないような性質のものだった(*30)。このように、世界の冷戦の上位権力である米ソ間の葛藤は、本格的に朝鮮半島内での争いになっていき、これによって生じた問題は、民間人の理念や生のレベルに広がるようになった。当時、三八度線侵犯や違反を指す「境界線違反(border violation)」と三八度線上で発生するいくつかの事件を指す「境界線事件(border incident)」は、少しずつ複合的な形態で起こってはいたが、境界線違反の主たる犯人は南北の民間人だった(*31)。巨大な人の流れが形成されていた時期に、分界線は、多くの普通の生存型―生活型の越境者たちが直面する不可避な環境となっていた。

ゆえに、三八度線と向かい合う生活というものは、どんな意味であれ南韓の人たちにとっては熱くて身近な問題だったに違いない。『私が越えた三八度線』が翻訳されて広く読まれた一九四九年から一九五〇年に至る時期は、よりそうであったろうと思われる。実際に日本人引揚げ者だけについて見るとするなら、解放初期に残留したり去ったりする日本人の姿が捉えられてはいたものの、その事例が南韓の文化的圏域で特別な表象の対象になることはそれほど多くはなかったであろう。表象界の全般的傾向がこのようであるので、一九四九―一九五〇年頃に『私が越えた三八度線』が新たに南韓の集合的体験の場に深く入り込んだ現象は、それが南側の空間に形成されていた共通感覚を刺激したという可能性を念頭において分析されなければならないだろう。日本人とつながった三八度線はまず、帝国主義勢力の敗北を意味するが、三八度線突破と南下という事件については、日本人たちと越南者の経験が類似しているゆえに互いに充分結びつくのである。藤原ていの手記は、日本人の事情だったとはいえ、一方では朝鮮人の三八度線越えと大きくは変わらない苦痛と緊張、そして受難を記した話だった。それゆえ朝鮮人の三八度線越えの体験と日本人の三八度線越えの体験は、その行為主体が異なるにもかかわらず、状況的類似性を基盤に南韓の人びとの関心の地平へと入っていけたのである。

首都文化社版の翻訳者、チョン・クァンヒョンは、このあたりの事情を、類似の経験が生む共通感覚というものに依拠して、「恥ずかしげもなく日本の本を翻訳出版するという蛮勇と無知」(＊32)と釈明している。彼は、「悪徳軍閥の残酷な害毒、苦難の中での限りない母性愛、袋小路に追い詰められた人間たちの醜悪さと愛憎を赤裸々に描いた人間群像の正体を如実に見るとき、ふと、日本人の作品だということを忘れた」(＊33)と言って、翻訳紹介する理由を挙げている。このような立場は、「主人公も日本人、書いた人も日本人――けれども一介の人が苦境の中で身動きする姿は、あまりにもはっきりとしていた。それだけでなく、戦争が終わった後の日本人が群れを作って退去する大きな流れの中で、流れそのものを静かに見つめ、そしてどのように流れていったのかという記録は、たいへん生々しく感じる。ここでそっと見るだけで放っておくよりは、分かち合ってみたらどうかと考えないわけにはいかない。……一つの記録文学を通して、人のあれこれを見ようと思ったことが翻訳する動機であると言えよう」というチョン・ホンジンの「推薦の言葉」にも同様にあらわれている(＊34)。すなわちこの書は、敗走する日本人を見つめる差異化の快感と、三八度線の経験が重複する同一化の快感を、同時に提供してくれるものだと言うことができそうである。

現在までに確認できる情報やアーカイブ状況をもとに整理してみると、朝鮮戦争期の一九五二年頃にも首都文化社版は出され、一九六四年には一五刷が刊行されたようだ(＊35)。この手記が、原題の「流れる星は生きている」を付け、出版社と版本を異にしてふたたび登場したのは、一九六五年の『世界ベストセラー選集　実話部』(徽文《フィムン》〔휘문〕出版社)を通してである。これは、一九七〇年に『二〇世紀告発文学選集』(徽文出版社)に改訂される。そしてこのテクストは、一九六〇年代末から一九七〇年代初めまでに日本で出版された『大東亜戦史』(富士書苑)朝鮮篇が一九七一年に南韓で『大東亜戦争秘史　韓国篇』(ノーベル文化社)として翻訳された際に、ここでは「国境線は三つもあった」というタイトルでふたたび紹介されている(＊36)。日本で出た『大東亜戦史』朝鮮篇は、

一九五三年に同じ富士書苑から出された『秘録大東亜戦史　朝鮮篇』の変形版である。すなわち、一九五三年版に掲載されていた引揚げ記や敗戦記回顧物の何編かを再収録したものに、その他の記録物を新たに載せたのだが、その中の一つが、『流れる星は生きている』の別バージョン「国境線は三つもあった」なのである。タイトルそのものが変えられ、ところどころで少しずつ加筆されて節のタイトルも多少変わりはしたが、『流れる星は生きている』の姿はそのまま残されている。一九四九年の日本語版を基準にすると、「国境線は三つもあった」は一種の縮約版に当たる。

このように『流れる星は生きている』は、一九四九年から始まって六〇年代と七〇年代に至るまで、何回かにかけて南韓の読書市場に登場した。著者自身が原本に加筆、修正を重ねたために、出版時に南韓でどの版を底本に選ぶのかによって、少しずつ異なる形態の「流れる星」が流通していたと見ることができる。南韓でテクストを意味化する方向は訳者によって多少違っていた。前に見たように、一九四九―一九五〇年版が人間群像の話、苦難と逆境の話という式に、共通の体験およびその越境的共有の根拠を強調していた反面、一九六五年の『世界ベストセラー選集』版は、「満州の平野の荒れた群像、飢えたオオカミの群れ、ソ連軍の赤い歯、憎悪に満ちた韓国民衆たちの呪いのこもった目つき」について言及しながら、テクストを民族物語と冷戦物語として読むよう誘導している(*37)。すでに言及した在朝日本人の敗戦当時の記録を編んだ『秘録大東亜戦史　朝鮮篇』や、『大東亜戦史』を通しても確認できるように、引揚げ者の手記は、大部分がソ連に対する嫌悪と北韓脱出時の恐怖で色づけられた明らかな冷戦物語だと言える。ほかの収録物に比べると、『流れる星は生きている』はむしろこの面はたいへん弱いほうであるが、日本のテクスト収録編制に現れるこの手記に対する冷戦的カテゴリー化（反共、反ソ）を考えると、南韓での現象も充分納得がいく。

　南韓での『流れる星は生きている』の受容でとくに注目すべき現象は、一九六〇年代に現れる。映画化が試みられたのである。『流れる星は生きている』は日本では早くから映画になっているが、南韓での映画化は、輸入品の専有を通した一種の文化翻訳現象と理解することができる。この作業が計画されたのは一九六二年頃のことだ。実際、すでに絶頂期を過ぎたような敗戦期の日本人の物語を映画にしようとしたのは多少不思議ではあるが、一九六〇年代に現れた文化的雰囲気の一面を把握すれば、なるほどと思わせるコンテクストを探せなくもない。まず、四《サ》・一九《イルグ》（一九六〇年三月におこなわれた大統領選挙における不正に反発した学生や市民のデモによって、第四代韓国大統領だった李承晩が下野した事件。最も大規模なデモが発生した日が四月一九日であったことから、四・一九とよばれる）以後に渡ってきた日本の文化商品の流行期に、両国を行き来してベストセラーの位置を守っていた商品を再活用しようとする試みと見ることができる。一種のノスタルジーを刺激する再生品として期待されたのではないだろうか。また一方では、国交正常化に前後した時期につくられていた日韓親善ムードの一面を表す現象とも考えられる。私は、日本および日本との関係改善をめぐる南韓の想像体系が、一九六〇年代に入って敵対化一辺倒から抜け出し、多少方向転換の気配を見せたという点についてすでに論じている。とくに映画界は、日韓関係を扱ったり日本を前面に出す作品を作ったりしながら、「日本（敵であるそれの）遮断」の状況から抜け出した当時の政治的・文化的流れを映像に反映する作業をしていた。このような形の関心を表現した一群の映画は、制作的・再現的な側面から両国を往来する傾向性を共有していた(*38)。『流れる星は生きている』の場合、日本人の家族物語の前面化、日本人女優の出演(交渉)、異なるジャンル間でのテクストの保有、そして在日朝鮮人系列のメディア(東洋経済日報社東京・大阪本社、韓国総局)の協賛という、越境的動因があった。

現在、このテクストはシナリオの状態で残っているが、それを見ると、南韓の視点から原作を再構成している。日本人の家族の受難と克服という叙事の中心枠はもちろんそのままに維持されているが、当時の南韓の想像構造の深層的基盤と言える民族主義と反共主義ははるかに強化されて、テクストの至る所に浸透している。民族主義的視点が挿入されているのは言うまでもなく、とくに反共主義は、さまざまなエピソードを通して目に見えて強く描かれている。また、原作には見られない北側の保安隊の暴力性を証明する事件がいくつか加えられている。日本人男性たちを労役場に連れて行く場面、日本人女性に性的暴行を加える場面、日本人を助けたやさしい朝鮮人医師が逮捕されていく場面等が、これに該当する。後者の場合、険悪な印象の保安隊は、藤原夫人を助けて夫人の心を癒す朝鮮人医師の弟と設定されているが、その医師の言葉を借りて、兄の自分とは「気持ちがあまり通じ」ない「どこか血の通わない思考をたびたびする」人物としてくわしく説明されている。ソ連軍に対する描写も同じである。三八度線付近に到着した日本人の状況を表す部分では、ソ連軍が、境界を越えて南に行こうとする人たちに対して殺害と強姦を犯す場面が挿入されている。このようなエピソードは、原本の内容とはほぼ正反対の方向につくられて取り入れられている。ソ連軍や保安隊の暴力的出現とは違い、「国防警備隊」の存在は、当時の南韓における自己想像の典型的で常套的な方式に従って、次のように描かれている。

隊員　仕事はなんだ?　と言って、舐めるように視線を上から下へ移す……

隊員2　(理解したように)北から来た。

婦人　(ためらいながら)あのう……宣川《ソンチョン》から国に帰ろうと……。
　恐怖に震えて最後まで言えない。隊員たちの顔から警戒の色が消える。

隊員　あぁ、日本の方ですね。

婦人　(恐る恐る)はい、でも私たちは……

隊員　ようこそ。大変だったでしょう。

婦人　……?　戸惑って立ちつくす。

隊員2　ご心配なく。われわれは、北に住めなくて南に来る人なら誰であろうと歓迎します。

婦人　(感激を顔に表し)ありがとうございます。

隊員　さあ、お降りください。この下に日本人がたくさん来ています。それから、少し前に大きな銃の音がしましたが、お怪我はないですか。(場面一五一)

元のテクストでは、三八度線より南側の救助は米軍がおこなっていたが、シナリオでは善意に溢れた南韓国防警備隊の歓迎を経て、米軍に引き渡されるものに形が変わっている。移動する日本人の身辺管理、ならびに引き渡しは米軍が直接担当した業務だったので、このような状況は虚構に近い。南韓版バージョンのシナリオを全体的に検討してみると、元のテクストではそれほど存在感のなかった朝鮮人が過大に表象されているのに比べて、米（軍）は過小に表象されており、ソ連（軍）と北の保安隊は至る所で過剰に敵対化されている。北での生活を拒否して南にやってくる者は誰であろうと歓迎するという台詞に表れているように、民族境界線は、北に対する敵対－共感帯、または反共－共感帯という冷戦分断線の前では、そのときそのときの状況によって揺れ動くのである。反共主義を前面に出しながら書き直す行為の背面に途切れることなく置かれているものは、民族主義的感受性であるのは言うまでもないようだ。シナリオの序盤に「気象台の唯一の朝鮮人職員」であり「限りなく神経に障る韓国独立団」の一員であるパク・タルスという人物を登場させ、藤原に日本の敗亡を知らせて一席ぶつ場面が配置されている。このように啓蒙的なエピソードが挿入されていなかったなら、この映画は、きわめて微視的な水準に至るまで「倭色」（日本語、日本の風物、日本の風景等）を削除することに執着していた、当時の粗雑で強迫的な検閲体制とぶつかっていたに違いない（＊39）。

このシナリオが果たして映画化されたのか、また上映されたのかは明らかではない（＊40）。フィルムが残っていないので実態を明確に把握することはできないが、元本『流れる星は生きている』にある日本人家族の引揚げを中心におきつつも、南韓の民族主義的自己確信と冷戦的自己正当化を図る粗悪なシナリオに再生されたのは明らかであるようだ。この粗悪さは、文化的に常にタブーの対象であり誘惑の根源として存在してきた日本という素材の両価性がとりわけ敏感に突出するしかなかった一九六〇年代の大衆文化の領域で、民族と反共を第一義的原理として日本（的なもの）との友好的な関係を結ぶことを空想した、大衆文化コンテンツが時に表した特徴でもあった。完全には実現されないままに浮遊する、この一九六〇年代の南韓版『流れる星は生きている』が興味深いのは、旧帝国民の脱出記がその隣の国家の民族、反共論理の中でどのように用いられるのかを示す徴候テクストだからである。ここには、いっとき自分たちを支配していた日本（人）の悲惨さに対する人間的同情という、多少曖昧な親しさと寛容のジェスチャーも付加されている。このような書き直しを通した専有現象から、私たちは、旧植民地出自の分断国家が、旧植民者という他者を経由してそれ自体を自己構築の資源として活用するという構造を確認することができる。『流れる星は生きている』は、南韓の文化政治、感情政治に使い出のある外来の道具だった。これはいろいろな方向の象徴的転置と操作を経て、南韓社会が要求する／南韓社会を反映するテクストとして再生産されたのである。

4　冷戦―反共―国家という温室の中での交歓と接続

終戦とあわせて台頭した法と主権者は、新しい場所の確定＝秩序構築（＊41）を主導し、旧帝国と旧植民地を対象に統治を開始した。以後、南韓と日本は、それにより確定された場所を前提にして自己維持を進めていく。正常性と関連するフーコーの論議からもわかるように（＊42）、国民国家という統治体は、さまざまな位相の強力な規律と安全メカニズムを開発しながら自己保存の正常態を構築していく。したがって、国家が没落したり、まだ出来上がっていなかった一九四〇年代中・後半の状況は、境界が崩れて起こった広域的な無法状態として、常軌を逸した非常時として認知され記憶される。不安定な状態から抜け出し、ずいぶん異なる安定状態に属するようになった「国民」たちには、よりいっそうそのように感じられるに違いない。

混沌の苦しみと流浪の民の恐怖を慰めてくれたのが、国民国家だったのだろうか。だからなのかはわからないが、自分の命と安泰を保障してくれる確率が格段に高いと思える国家の安泰、あるいはそのような国家への帰属は、被統治者の切実な欲望でもあった。それゆえ、たくさんのことが、必ずしも国家的ではないことが、国民国家に還元されたりした。「どんな瞬間に、どんな条件で、どんな形で、国家が人びとの意識的実践の中に投影され、そこで計画されて発展し始めたのか、……国家はいつから人びとに望まれ、欲され、渇望され、怖れられ、拒否され、愛され、憎まれ始めたのか」(＊43)という問いを、この時期の南韓と日本の局面に向かって投げかけてみることができるならば、一九四五年以降、国民国家という正常性が人びとの欲望の対象として内在化される状況において、自国の外では死ぬ可能性が広がっているが、自国の中では生の安泰が確保されるだろうという信念が形成されるコンテクストを把握できるはずである。

二つの地域の自己記述ならびに自己想像が双方を行き来し作用する引揚げ叙事の越境的生産・消費現象は、あたかも異なる種子が互いに異種交配する状況と似ている。その内幕を解剖してみると、実像の相手に対する緊張と拮抗が複雑に入り混じっている。この緊張と拮抗状態でも、冷戦―反共―国家という堅固な温室で根本的に自己還元化される交雑と交歓をおこなうことは、ある程度は可能だったのである。もちろん私たちは、二者間の「連帯」や「共感」が表出する面も注意深く見てきた。これまでほかの論議ではさほど強調されたことはなかったが、家父長（＝国家）を失った藤原夫人が、つらいときに歌っていた歌「流れる星は生きている」は、南方で戦争を体験して戻ってきた朝鮮人の金さんが教えてくれたものだ。惨めに捨てられた敗戦国の民間人女性と旧植民地の徴兵者という多少複雑な関係において／関係であるにもかかわらず、受難の共有をめぐるある種の単純な慰安と情感の連帯が形成されることはありえただろう。しかし、この循環を主導しつくり出した場所は、やはり政治的立場をともにする者たちが入場する密閉された冷戦―反共―国家の温室だったことを記憶するなら、「引揚げ叙事」の交換と専有の持つ意味を批判的に再検討できるのではないか。

第七章　「朝鮮人死刑囚」をめぐる専有の構図
——小松川事件と日本/「朝鮮」

趙慶喜《チョウキョンヒ》

1　戦後日本社会の陰画

一九五八年八月二一日、東京都立小松川高校に通うある女学生の遺体が高校の屋上で発見された。その頃、読売新聞社に「犯人」を名乗る一人の若い男から八回にわたって電話がかかり、別の殺人事件の犯行までが明らかになる。「犯人」の声を録音したテープがラジオで公表されると、小松川高校定時制一年の男子生徒が逮捕された。逮捕された少年は金子鎮宇と名乗る一八歳の在日朝鮮人少年・李珍宇《イチヌ》であった。本当に李珍宇による犯行なのかをめぐって、事件当初から少数の研究者やジャーナリストは疑問を提起してきたが、一九五九年二月に東京地方裁判所は、李珍宇に殺人と強姦致死罪の罪で死刑を宣告した。彼には少年法第五一条が適用されないまま、異例のスピードで死刑が確定、執行された(＊1)。一九六二年一一月一六日、彼は国家の手によって二二歳の短い人生を終えた。

以上が一九五〇年代後半から一九六〇年代初頭に日本社会を騒がせた、いわゆる「小松川事件」の顚末である。多くの人びとにとって、小松川事件とは一少年が犯した殺人「事件」であり、李珍宇はその「犯人」であったにすぎない。しかし一部の日本人知識人にとって「小松川」そして「李珍宇」という名は、日本社会の暗部をあらわすものであり、また当時の在日朝鮮人にとっては隠しておきたい「わたし」の一部でもあった。李珍宇は日雇い労働者である父親と聾唖者の母親との間に次男として生まれ、極貧の中で育った。中学時代に貧しさゆえに長い間学校を休むこともあったが、高校ではクラス委員を担当するほど優秀で成熟した学生として知られた。彼が朝鮮人であるという事実は、誰も気づかなかった。他方で彼は、本を読むために何度も窃盗を繰り返すなか、世界全集を網羅するほどのたくさんの読書を通じて自分だけの閉ざされた想像の世界を繰り広げた。のちに李珍宇という少年を世間に知らしめるようになる、在日朝鮮人ジャーナリストの朴寿南《パクスナム》(朴壽南、一九三六―)との獄中書簡記録からは、哲学と宗教、文学と社会科学に幅広く通じた彼の卓越した見識と感受性を見て取ることができる。彼の非凡さと特出した成熟さに、日本人知識人たちは、大いに文学的・思想的関心を引かれた。彼は日本社会において、過剰な性欲をもつ「怪物」であると同時に、「戦後日本の生んだ最高の知性と感性を兼ね備えた青年」(大島渚)(＊2)として、または「日本のジャン・ジュネ」「朝鮮のネイティブ・サン」などの文学的存在として表象された。

当時、李珍宇の救命運動にかかわったフランス文学者の鈴木道彦は、李珍宇の「目のくらむような」強烈な個性に圧倒され、「これほどの頭と理解力を具えた少年が、どうしてあのような不思議な犯罪をおかしたのか」が、自分にとって何より大きな問題であったと回想している（＊3）。また、誰よりも強い共感をもって李珍宇を理解しようと試みた朴寿南は、「小松川事件は、わたしにとって目も眩むような衝撃であった。逮捕された『極悪非道な殺人魔』が、得体の知れない怪物ではなく、もうひとりのわたしだったかも知れない、いわば、わたしの片割れだったからである」と述べた（＊4）。ここで二人は、李珍宇と接した衝撃を似たような言葉で表しているが、それぞれの衝撃の文脈が区別されるべきなのはもちろんである。いずれにしても、彼女ら・彼らにとって小松川事件は単なる犯罪事件ではない一つの文学的事件であり、李珍宇は思想の対象であった。

このような経緯を背景に、日本では小松川事件についてさまざまな分析と再解釈、形象化が進められた。事件当時に出た多くの評論と創作物（＊5）以外にも、後世の一部のジャーナリストたちによって、李珍宇無罪論と国家によるフレームアップが積極的に提起され（＊6）、また在日朝鮮人二世たちによって、李珍宇とこの事件に対する思想史的検討もおこなわれてきた（＊7）。先に述べた鈴木道彦は、当時の衝撃と思想的共感を表明し、自叙伝のかたちで出版した（＊8）。これに対し、李珍宇をめぐる文学的形象化の様相と評論家たちの存在理由を批判的に分析する二次作業も、同時におこなわれてきた（＊9）。

朴寿南によって編まれた書簡集は、李珍宇と小松川事件を理解するうえで、裁判記録をはじめとする最も重要な一次資料であり、何よりも豊富なテクストを含んでいる（＊10）。しかし、朴寿南を除いた当時の在日朝鮮人が、李珍宇とこの事件について積極的に発言したり行動したりした痕跡は見当たらない。そのなかでも救援運動に参加した代表的な文学者である金達寿《キムタルス》は、李珍宇の犯罪を「在日朝鮮人の運命の縮図」であると見て、彼の生と死を通じて人間と民族の問題を考えようとした。しかし、この事件が在日朝鮮人のとくに若い世代に与えた衝撃は、日本人に対して与えた衝撃とは比べようもないほど大きかったにもかかわらず、だからこそ余計に彼らは沈黙を守るほかなかった(＊11)。徐京植《ソキョンシク》が洞察したように、北朝鮮帰国事業の真っ只中であった当時の在日朝鮮人たちは、「怪物」として表象された李珍宇と自らを同一視されることを極度に恐れたのだろう。彼らの回避現象は、単なる無関心というよりは、事件を自らの問題として受け入れることの心理的負担からくるものである。他方で、あまり知られていないが、当時韓国でも李珍宇の状況が報道され、小規模な救援活動が展開された。

小松川事件とその後の過程を通じて断片的に明らかになった李珍宇の内面世界は、それ自体が日本と朝鮮半島の近現代史、そして在日朝鮮人の思想史を探求するうえで豊富な思索の源泉を提供する。ただし本章では、李珍宇自身の思想的検討ではなく、李珍宇をとりまく日本社会と在日朝鮮人社会、そして韓国社会のあいだの解釈と表象の様相とその社会的文脈に焦点を当てようと思う。研究の方向と限界についてあらかじめ明らかにするならば、先に述べた何冊かの本は、小松川事件の経緯に対する再調査と李珍宇の再分析作業を通じて、この事件が冤罪事件としてでっち上げられた可能性を積極的に提起している。筆者はこの事件が部分的にでっち上げられた可能性を否定しないし、彼らの成果に多くを負っているが、本章の目的は事件の真相や経緯を明らかにすることにあるわけではない。

明らかなことは、李珍宇がすでに処刑されたという事実であり、その死刑が、事件が起きたわずか四年後に執行されたという厳然たる事実である。本章ではこの歴史的事実をめぐる同時代の言説を検討することで、彼らと李珍宇のあいだの緊張に注目する。また、李珍宇と時代的状況のあいだの断絶にも目を向けたい。小松川事件は脱植民地化を回避した戦後日本が胚胎した社会的現実であったと同時に、高度成長へと進んだ一九六〇年前後の日本社会のいわば陰画（negative image）であった。事件をめぐる日本社会と在日朝鮮人、韓国社会の専有（appropriation）過程を追跡し、それらの志向点を当時の時代状況の中で検証することで、それらのあいだの接続の痕跡とずれを浮き彫りにする。戦後日本を朝鮮半島との関係の中で、あるいは「朝鮮」という他者化された記号を通じて明らかにする作業は、その後の歴史の忘却を理解するうえでも重要な端緒となるだろう。

2　共感の動員と民族の消去

◉――「理由なき犯罪」への接近

現在の観点から小松川事件についてのメディア報道と裁判経緯を見ると、私たちはまず、警察とメディア、裁判所が発信する差別的言説に驚かざるをえない。何よりも、少年法は未成年者の名前と年齢、職業、住所などを明示した報道を禁じているが、小松川事件の場合、実名と個人情報が終始露わにされ、警察の発表を鵜呑みにした過剰報道が連日続いた。読売新聞は、「人を殺したということを悔い、涙を流してザンゲするという一般の犯罪者とはかけ離れたふんい気。李の自供態度は『余りにも平然としてかえって不気味』だが気負うでもない淡々たる表情の中にかえって一種の『英雄気どり』がみうけられる」という捜査官の言葉を引用し、「貧しい十八歳の朝鮮人の夜間高校生という宿命はオシ〔ママ〕の女親を思うことが唯一の良心で、それ以外にはすべての権威を無視するという性格」を形成したという。こうした「精神異常とみられるふし」は、「先天的なものではなく、彼自身がつくり出した宿命」であると報道した(＊12)。

李珍宇は、二つの事件ともに「姦淫」目的で被害者を襲撃し、姦淫・絞殺した「強姦致死」と「殺人」の罪名で裁判を受け、第一審から死刑を宣告された。この過程で争点となった事項が「精神異常」と「姦淫事実」の可否に関するものであった。精神鑑定の結果、李珍宇は非行少年にしては珍しく成人以上の健康な身体と、ＩＱ一三五という優秀な頭脳の持ち主であるということが明らかになった。心理的には自己顕示と自閉、情緒不安、攻撃性などの「異常性格」が指摘されたが、判決では「自己顕示性や気分易変性外罰的加虐性冷情性等に精神病質は認められるが精神病的異常は何等認められ」ないとして、むしろ早熟した身体的発育を理由に「法律上少年である点を特に考量する余地はない」といった判断が下された(＊13)。

「姦淫事実」の認定についてはより露骨な偏見が見られた。姦淫事実に関する科学的証拠が最後までなかったにもかかわらず、李珍宇の自白を通じてのみ「姦淫事実」という罪名が確定した。自白もまた検察の捜査過程で操作されたものであることを李珍宇自らが述べていたのに(＊14)、裁判の過程でこれが認められず、彼には「姦淫」という動機が付与された。そうして犯罪の本質を、「本能的欲望のため刹那的衝動にかられて罪なき他人の生命身体を犠牲にした残虐性極まる行為」であると結論づけた。ここで「強姦致死」という罪名には特殊な政治的・社会的文脈が伴っていた。朝鮮人男性による日本人女性に対する犯行という政治的なフレームの中で、一八歳の「屈強な朝鮮人少年」としての彼の身体は性的・民族的に過剰な表象の対象として晒されたのであった。

もっとも、こうしたずさんな裁判過程は、同時に一部の知識人が事件と李珍宇に注目するようになる直接的契機になったと思われる。関心は主に二つの論点で提示された。第一に、もし姦淫を否認し、殺人罪のみ適用されていたのであれば、成人の場合でも極刑は免れたであろうに、李珍宇はなぜ最後まで強く否定しなかったのだろうか、という点であり、第二に、もし姦淫事実がなかったとしたら、李はいかなる理由で殺人を犯したのか、という点である。逮捕された後に、李珍宇はいくつかの短い手記を通じて、「私に行動を起させたものが何であるかは、私自身のことであるのに、私には全然判らない」という心情を吐露し、公判においても「夢の中でやったように思いました」と述べている(＊15)。李珍宇のこうした呑気ともとれる態度は、裁判官に「反省心の欠如」「理由なき犯罪」といった観点を植えつけるに充分であった。

他方で評論家たちは、彼にある種の非凡な人間性を発見するようになる。秋山駿は彼の態度を「内部の人間の犯罪の特徴」であると見た。秋山は、少年たちが犯した「理由なき殺人」という犯罪形態を追跡するなかで、思考の焦点を「内部の人間」という独特な人間類型の問題に合わせていった。彼にとって李珍宇は、「内部の人間」を思考する契機となった決定的モデルのうちの一人であった(＊16)。秋山はいう。

兇行として行なわれたものは外部である。しかし、彼は、自分の内部から一歩をふみ出しただけなのだ。……それが一つの恐るべき行為であり、一つの異常な経験であることを、強く実感させてほしい。わからせてほしい。これが内部の人間の弁証法である。彼の心を致命的に刺すものは、それがいまもって夢のように感じられてならない、ということである。そして、この夢のような感じこそ、兇行という行為のその発端になり、真の動機となり主役となったものである。(*17)

秋山を世に広く知らしめた「内部の人間」論の初出は一九六三年であるが、すでに一九五九年一〇月に秋山は、「小松川と女子高生イッポリート」という評論を発表している。比較的早い時期に李珍宇に対する評論を試みた秋山は、日本の知識人層に小松川事件を知らしめ、李珍宇の犯罪を文学的想像力とともに解釈することにおいて一定の役割を果たした(*18)。ただ秋山は、李珍宇が処刑される前に一度も刑務所に面会に行ったり、李珍宇と直接対話を試みたりすることはなかった。その理由の一つは、「在日朝鮮人である少年の生の現場へは、自分が決して本当には到り得ないだろう」と、自ら判断したからである(*19)。より確実な二つ目の理由に対して秋山は明確に提示してはいない。それは秋山がしばしば「石ころ」の思想と表現する、批評における彼の基本的姿勢と関係している。秋山は、自らの生存と社会とのあいだに「薄い透明の皮膜のようなもの」があり、これを積極的に突き破り探索することを拒否する。それは「どんな思考の材料も、すべては道端の石ころのごとく」、平凡な人びとが手に取ることができるべきだという考えに基づいている(*20)。このとき彼にとって石ころとは「言葉」を意味する。彼は李珍宇の言葉を拾い、自らの思考を発展させた。しかし、「李珍宇は本当に内部の人間なのか?」と問う秋山にとって、犯罪の真相や李珍宇の外見、口ぶり、性格などの具体的特徴は「外部」に該当することであった。実際に秋山は「李珍宇」という固有名を用いず、常に「少年」と書いた。こうして展開された秋山の批評には、いつしか「李珍宇」が消え、秋山自身の自己完結した想像の世界が開かれ、結局「内部の人間」がほかでもない秋山自身であるということがわかってくる。

このような秋山の批評によって、小松川事件に付着した「理由なき犯罪」という奇異な性格は、「想像力の犯罪」という抽象的水準で解釈、昇華させることを可能にした。小松川事件についての批評においては、そのほとんどに秋山の批評を参照した痕跡を見いだせるほど、犯罪を認識する枠組みを拡大させた。しかし、いかなる固有の存在よりも「内部の人間」という類型が先立つ彼の批評は、あくまでも演繹的で自己完結的である。こうした特徴は結果的に李珍宇の固有性を矮小化させ、小松川事件の持つ社会的性格を秋山自身の「内部」に閉じ込めてしまった。

◉――「責任」と「共感」

もちろん、秋山とは異なるやり方で、小松川事件の「外部」に積極的に介入していった知識人もいた。東京都立大学で朝鮮史を教えていた旗田巍《たかし》が中心となって一九六〇年八月、「李少年をたすける会」が発足した。会の発足に先立ち、李珍宇と日本の知識人をつなぐ役割を果たしたのは、旗田の弟子たちをはじめとする各大学で勉強する日本人、朝鮮人学生たちであった。これら学生たちと李珍宇の学友たちは、李珍宇だけでなく彼の家族や被害者遺族を頻繁に訪問し、謝罪・支援するといった努力を続けた(＊21)。二審判決後の一九六〇年一月、李珍宇の上告申告がなされたのも偶然の結果であった。旗田の学生である朴菖《パクチャン》熙《ヒ》が李珍宇に面会しに行ったのは、ちょうど上告期間が満了する日の午前であった。上告申請の意思のない李珍宇の状況をすぐに旗田に知らせ、旗田の説得によって、期限が過ぎるぎりぎりの時間にようやく上告を申請したのであった。驚くべきことに、李珍宇の両親は上告期間満了の事実を知らなかった。息子の生死に関する情報すら得るすべがない在日朝鮮人の状況に接した旗田は、その後、知識人に李珍宇の「助命嘆願運動」を呼びかけることになった(＊22)。

　嘆願書の内容は、次のような点を念頭において李珍宇の減刑を呼びかけるものだった。第一に、李珍宇がカトリック教徒としての信仰生活を通して、心より悔悟し、死をもって罪を償おうとしている点、第二に、事件は凶悪な犯罪として受けとめられたものの、当時本人が未成年者であった点や彼の心の変化をみれば「健全な育成を期」することを目的とする少年法が適用されるべきであること、第三に、李珍宇が孤立した環境の中で民族的自覚がないまま育ってきた在日朝鮮人であるという事実が考慮されるべきであること、第四に、この事件について多方面から関心や救援が寄せられている点、などである。この内容からわかるように、減刑運動は一般的な良心の訴えであり、裁判過程で争点となった「姦淫の有無」と「精神鑑定」問題に対する言及は嘆願書には一切なかった。またこの運動は、当時すでに著名な文学者であった大岡昇平が参与したことで知られるが、大岡の立場はあくまで旗田の運動に協力するというものであった。いみじくも大岡が述べた「事件は松川事件のように、証拠をもって争うという性質のものでなく、専ら裁判官の刑の量定にたよるほかはない」(＊23)という言辞は、この運動の目指すところをよくあらわしていた。当時、『読売新聞』は減刑運動について次のように報道した。

「李少年を殺してはならない」とする人たちのつつましい減刑運動はまだ片すみのつぶやきに似て運動らしい体をなしてはいない。街頭での派手な署名運動もやらないし、呼びかけもない。……しかしそれだけに強く胸を打つものがある。本人は死んで罪を償う気持ちになっているだけになおさらである。この運動は少年の無罪を証拠で争うトゲトゲしいものではなく、生まれ変わった少年を見捨てるに忍びないという善意だけなのである。(＊24)

新聞の論調は、運動の消極的態度を非難するのではなく、むしろ日本人のささやかな良心を評価しようとするものである。減刑運動はその性格上、大衆的支持を得るのが困難だったというよりは、大衆的基盤を整えるほどの時間的余裕と人数を確保できなかったものと思われる。さらにいえば、最初から発起人自らが李珍宇の罪を疑うこともなければ、裁判の不当性を問うようなラディカルな問題意識を持つこともなかった。もちろん嘆願書には「日本人としての責任」という言葉が登場するように、李珍宇を放っておけない日本人の責任意識が会の原動力となったことは明らかであろう。しかし野崎六助が指摘したように、減刑運動に限られた彼らの活動は、良心的日本人の「ヒューマニズムのアリバイ」という面があっただけでなく、減刑を望まなかった李珍宇の精神的水準からするとすでに出遅れた、いわば「あまりにすれちがった人道主義の発露」となってしまったことは否定できない(＊25)。一九六一年八月、遅くに芽生えた人びとの小さな良心を踏みにじるかのように最高裁判所は上告を棄却し、李珍宇の死刑を確定した(＊26)。

李珍宇の死後にこの事件への関心を深めた鈴木道彦も、最初〔生前〕は「すべての死刑に反対するのが正しいと信じる立場」から嘆願書に署名をしていた(＊27)。しかしその後、一九六三年に出版された李珍宇と朴寿南の往復書簡集『罪と死と愛と』〔三一書房〕は、小松川事件についての彼の認識を大きく変えた。アルジェリア戦争を契機に民族的責任を課題としていた彼は、日本で民族問題を語るうえで朝鮮から目をそらすことはできないと考えた。彼は書簡集にあらわれた少年の強烈な個性、朴寿南との愛情あふれる対話と民族をめぐる息をのむようなやりとりに接して、李珍宇に大きな思想史的意義を発見する。鈴木は、李珍宇が民族に依拠することを断固として拒否しつつも、こうしたかたちで民族を提示する否定性を「否定の民族主義」と呼んだ。

李珍宇のこの独自の軌跡を特徴づけるのは、彼の徹底した否定性である。……二重の他者化を逃れるために、彼は一気に即自的な民族や祖国（この善と肯定性の集団）に身を委ねたのではなく、まずひたすら想像のなかに主体回復の端緒を求めた。(＊28)

ここで述べる「二重の他者化」とは、日本社会で朝鮮人が経験する疎外と同時に、李珍宇の家族が朝鮮人部落や民族組織との関係から疎外され、孤立していたという特徴をあらわすものであった。鈴木は、先にみた秋山の「内部の人間の犯罪」、すなわち想像力の犯罪という観点を踏襲しながらも、秋山が一八歳という「知的クーデター」の時期を犯罪の根本的条件と見ることに反論する。鈴木は、李珍宇の一八歳が何よりも「分裂し他者化された在日朝鮮人の生存の条件」とともに形成され、その条件の下でただ想像のなかでのみ自由を得ることができた彼の実存形態を見た。他方で李珍宇は、この「二重の他者化」過程を理解しつつも、自らの犯罪の原因をこの環境に帰属させることはなかった。「私の問題には二つの見方がある。一つは、境遇はいかにして私に罪を犯させたか。もう一つは、私は境遇においていかにつとめたか」であり、この点を問いながら彼は後者に焦点を置いた。鈴木は、李珍宇のこうした自己省察の過程に文学的感受性を見たのである。

フランス文学者としてサルトルに特別な愛着をもった鈴木は、李珍宇を通してジャン・ジュネ（Jean Genet）を思い浮かべる。孤児ジュネが「娼婦の息子」であるという社会的視線に晒されながら、自ら「悪人」となることを決心したように、彼は、李珍宇が彼をめぐる社会的環境の中で「悪を選択」したと見た。サルトルがマルクス主義の普遍性と実存主義の個別性を同時に含んだ「独自的普遍（universel singulier）」という概念を獲得したように、鈴木は、李珍宇の犯罪を独自的でありながらも普遍的形態として理解することが可能であると考えた。もちろん鈴木は、この両者のあいだの相違もまた示唆している。ジュネは資本主義ヨーロッパが産んだ怪物であったが、李珍宇の「想像」と「悪への傾斜」は、日本という歴史的社会に直接向けられているという点である。李珍宇という「殺人犯」の「醜悪な本性」を通じて逆に暴露されるのは、まさに彼をつくった日本人の本性であり、この点で殺された二人の女性は日本人全体の身代わりであるという(*29)。

李の犯した殺人は、第一に全日本人に向けられた復讐行為であり、パンチョッパリ〔半日本人〕を生んだこの社会の告発である。……ところが李の告発はもっと周到なものであって、つまり彼は敢て告発しないのである。それどころか、くり返し自分の責任を要求するのである。……李の最大の敵であるわれわれは、かくて当の李から否認され、そのうえ無視され、こうしてさんざん踏みにじられてしまったことになる。……この侮辱に堪えるためにはどうしたらよいか、それがわれわれの課題となる筈である。

小松川事件に向けた鈴木の思索は、彼が当時、日本の知識人の中でとくに「民族的責任」を自覚し、対決した人物であるということを示している。このことは、鈴木が、小松川事件に対する悔悟ののち、日本人警官を殺した後で人質とともに旅館に立て籠った金嬉老《キムヒロ》裁判に深く介入する過程を見てもわかる。鈴木は、この六〇年代に経験した自らの経験と思索を自伝のかたちでまとめている。一般的にマルセル・プルーストの翻訳者として知られる鈴木の、四〇年ぶりに明かされた真摯な思考の記録は、色褪せないものとして今日の日本社会に一定の反響を呼び起こした。鈴木は当時の自らの試みを次のように回想した。

在日朝鮮人のなかには、自分たちの問題に踏みこんでくる日本人に不快感を与えられる人もあるだろうし、こんな手軽な言葉で扱われてはたまらないという気持を抱く人もいるだろう。……しかしその境界を越えられないものと認めてしまえば、理解の手がかりは得られない。私には、事柄に関心を持つためにまず共感が必要だった。また共感がある限り、相手の実存にまで踏みこむことも可能に思われた。たとえ抑圧関係によって隔てられていても、その境界を越えることができるのではないか。いわば「越境」も可能ではないのか。それは一つの想像力の問題ではないか。(*30)

「民族的責任」から「共感」へ。鈴木の思考の痕跡からこうした流れを読み取ることができる。日本人としての民族的責任を通じて小松川事件に介入した鈴木が、その対象との疎通と共感を試みようとするのは至極真っ当なことであった。しかし誰しも自分の観点にあわせて理解と共感を示すとすれば、鈴木の共感も、李珍宇が特出した知性と文学的想像力を持った自己省察的な人物であったために可能であったと思われる。また鈴木が李珍宇と出会う時点で、すでに珍宇がこの世を去っていた以上、その疎通は一方的な性格を持つほかなかった。こうした傾向は、鈴木がその後、李珍宇とは異なり、告発的で攻撃的な性格を持った金嬉老との直接的疎通に失敗していることからもわかる。誤解をおそれずにいえば、李珍宇の普遍主義的な思考の記録は、鈴木だけでなく日本の文学者や思想家たちが自らの共感と感傷を引き出すのに適していたということである。

ただ、こうした疎通の一方向性は、李珍宇の固有性を矮小化する限界を伴った。たとえば精神科の医師であった加賀乙彦は、「今のところ私に分かることは、殺人者としての李の悩みは、パン・

チョッパリとしての悩みよりも、強かったということだ。朝鮮人である前に、彼は人間であったのだ」(＊31)と分析した。李珍宇自身は「私は朝鮮人の、死刑囚」という言葉で自らを規定したが、この医師にとって「朝鮮人」と「人間」とは、区分可能なものであった。そうしなければ、彼の共感の機制が作動することはなかった。あれほど鈴木が対決しようとした李珍宇の固有性は、彼の意図を超えて普遍的な人間の問題、あるいは一般的なマイノリティ問題として解消される傾向を持った(＊32)。これは鈴木個人の問題ではない。在日朝鮮人の存在様態を深く規定した植民地主義の遺産を自らのものとして引き受けることなく、それを本来の属性の一つとして相対化することで、「人間」的な共感をはかろうとする日本の思想的基盤の脆弱さの問題である。

◉──李珍宇の再創造

野崎六助は、当時の作家たちが李珍宇の「文学的ヴェールの複雑さ」を利用し、好き勝手につくり上げた「別の文学的ヴェールの支離滅裂さ」を挙げ、「これらのものは、珍宇をより深く理解するためには、ほとんど有害なものばかりである」(＊33)と批判した。野崎のこうした批判を前提としつつも、ここから一歩踏み出した作品として大島渚の映画「絞死刑」(一九六八年)を挙げることができるだろう。李珍宇に接近するために動員される支配的な共感のコードが普遍主義と文学的想像力であったとすれば、この作品の位置はやや異なっている。

「絞死刑」は小松川事件が起きた一九五八年当時から構想され、大島自身が「十年の重みをかけた決心」でつくり上げた作品であった。映画は拘置所の死刑場施設についての詳細な説明から始まり、少年「R」が処刑される過程を具体的に描いている。しかし処刑は失敗に終わる。「Rの肉体が死刑を拒否」したのであった。奇跡的に意識を取り戻したが記憶喪失状態にあるRをとりかこむ死刑執行担当者たちの荒唐無稽な姿を、映画は風刺的に描いている。心神喪失状態にある者に対する死刑執行が禁止されていることを確認した執行人たちは、Rが記憶を取り戻せるようにRの生活と犯罪場面を裁判記録と同じように再現しようとする。Rが自ら罪を認め、死を受け入れられるよう力を尽くすが失敗に終わる。本末転倒した状況と執行人たちの誇張された愚かさに失笑を禁じえない。

劇中では、Rがもとの「R」に近づくヒントとなる人物として、白いチマチョゴリを着た「姉さん」を登場させている。この人物は朝鮮民族へと覚醒するRを導く象徴的な役割を担当する。劇中で「姉さん」の手を触りながら、「姉さんのことがよく分かれば、僕は自分のことが分かるかもしれない」と告白するRに対し、「姉さん」は「あなたが触っているのは、朝鮮人の肌よ。この肌には長い苦しい民族の歴史が刻まれているの」と述べる。劇中で「姉さん」の存在は、Rの民族的覚醒を導く存在であると同時に、彼に具体的な肌の感触を感じさせる性的存在として再現されている。「姉さん」は死刑執行人たちに向かっていう。「Rは好んで日本で生まれたんじゃありません……Rの犯罪は日本国が、日本軍国主義が犯させたのです。日本国にRを罰する権利などありません……ねえR、いよいよ祖国統一のために一緒に働くのよ。さあ、行きましょう」。しかし次の瞬間、すでにRと「姉さん」の乖離は決定的なものとなる。

R　姉さんの言ってることは、なんだかRにぴったりしない気がします。僕はいま、一生懸命Rになって考えているんですけど……

姉さん　それじゃああなたは、もう祖国統一のために闘うという気持ちをなくしてしまったの？……いつ心が変わったの？……そんなのRじゃないわ！　あなたはもう朝鮮人Rじゃないわ！……日本人は国家の名において無数の朝鮮人の血を流した。だけど、国家を持たない私たちは個人でこの手で日本人の血を流すよりほかはない、それが犯罪よ！　歪んだやり方よ、だけど、こうした犯罪のなかにさえ朝鮮人の誇りと悲しみが集中的に表現されているのよ。R！あなたはそういう犯罪を犯した人でしょう？……

R　姉さんの言うことは、だんだんRから遠くなってますね。もし、姉さんの言うことがRだったら、僕はやっぱりRじゃない気がする。

ここで最後までアルファベットのRとして登場する少年は李珍宇、そして「姉さん」は朴寿南をモデルとしているのはいうまでもない。大島渚自らが、李珍宇と朴寿南の往復書簡集がなかったら作品は成立しなかったと述べたように(＊34)、映画の後半の展開は書簡集の内容に忠実に沿っている。李珍宇が自ら犯した犯罪を夢の中の出来事のように「ヴェールを通して」のみ感じると苦悩したように、劇中のRもまた、想像が現実をつくり上げる過程を述べながら、「姉さん」に対する愛という具体的な現実を通して、被害者の痛みを生々しく感じるようになったと吐露する(＊35)。映画の中で「姉さん」は、Rにとって性的な親密感を伴った存在である一方で、死刑執行人たちにとっては想像力が豊かな人間のみが目にすることのできる神がかった存在としてあらわれる。

最後まで彼女の存在を認識することができなかった人物は、日本国を代表する検事であった。彼の命令によって「姉さん」はその場で抹殺される。劇中で台詞もなく不気味な表情で座っていた検事こそが、この映画に君臨する存在、つまり「国家」であることがわかる。映画は次第に日本の侵略の歴史、朝鮮人の貧困と犯罪という具体的な歴史的地点を離れ、国家との対決という普遍的な構図を描くようになる。国家という見えない存在に殺されることを拒み、死刑場から出て行こうとするRを、突如白い光が遮る。歩みを止めるRに対し、神の存在を知らせる神父。その傍らで検事は、「なぜ君が立ち止まったか分かるか。いま君が出て行こうとしたところが国家だ。……君は国家が見えないといった。しかし、いま君は国家を見ている、国家を知っている」と宣言する。結局、Rは「すべてのRのためにRであることをひきうけ」処刑される。

ブラック・ユーモアが散りばめられたこの映画は、最後に明快なメッセージを発信する。Rは、国家権力によって不当な死を遂げた。彼は国家に打ち克つことができず死を受け入れた異邦人である。劇中の検事は、「姉さん」も「R」も瞬時に抹殺することができる絶対的権力を象徴している。大島は、李珍宇を「国家を超える思想の高みに達した人間」であると表現し、彼を素材にRを創造した(*36)。Rに「国家がある限り私は無罪」であると言わしめているように、大島にとって「国家」と「李珍宇」は決して交わることのない対立関係にある。梁石日《ヤンソギル》が「巨大な犯罪を構成している権力そのものが、まず犯罪ありきという予断に立って犯罪を類型化と典型化に類推しようとするとき、権力と犯罪の関係は転倒してしまう」(*37)と述べたのは、こうした大島の観点と結びつく。

李珍宇の犯罪は、その真偽を超えて国家権力との対決構図を描く。もちろん、この大島の白黒論理とRの断固とした姿は、決して李珍宇自身の言葉に倣ったものではない。ここには、李珍宇に対する共感や感傷は見当たらない。大島の意図は、李珍宇に新しい政治的意味を付与し、彼をあらためて創造したという点で興味深い。映画に登場する硬直した検事も、刑務所のお人好しの職員も、朝鮮人を抹殺できる「国家」であるのは同じである。映画「絞死刑」は「朝鮮人死刑囚」である李珍宇の固有性を政治的地平に引き上げ、日本国との絶対的に非対称の権力関係を明確に描いた。

他方で「姉さん」が担当する露骨に典型的な「朝鮮人女性」の姿は、この映画が到達した政治的地点から見ると陳腐きわまりない。この陳腐さは、実はこの映画が目指した政治的地平を支えている。白いチマチョゴリを着てRに民族の悲哀と祖国の統一を説く過度に性的に表象された「姉さん」の姿は、現実に想像しうる李珍宇と朴寿南の間にあった親密さやすれ違い、突き刺すような言葉のやりとりを男女のそれに矮小化している。教条的な話しぶりや性的な身振りなどを通して「姉さん」が戯画化される一方、混沌とした意識の「R」は、次第に日本国の欺瞞を暴く反逆者となっていく。問題の核心は単に性的表象の問題にあるのではなく、「国家と民族」の関係が「男と女」の関係へと滑り込む点にある。すなわち国家（日本）／民族（朝鮮）を担当する者が性的に配置され、その結果、国家／日本／男性の問題が前景化し、民族／朝鮮／女性の問題が後景化する点にある。映画において「R」の固有性は、日本の国家権力に向かう聖なる対抗者として昇華された反面、「姉さん」が引き受ける女性化された民族性は結果的に抹殺される。いいかえれば、大島は李珍宇を日本国に対抗する自らの政治的プロジェクトに引き入れるために、朴寿南を犠牲にしたのである。

3 「朝鮮人」と「死刑囚」のあいだで

◉――もう一つの自画像

日本の人文・芸術の各分野において小松川事件と李珍宇が比較的積極的に論じられたのに対し、在日朝鮮人社会はこの事件にどのように接し対応したのか。この問いに答えるのは容易ではない。先に述べたように、一年半にわたって李珍宇と緊密な交流を続けてきた朴寿南が編んだ書簡集は、李珍宇についての豊富な一次資料である。しかしこれを除いて、在日朝鮮人がこの事件に積極的に関与した痕跡はほとんど見当たらない。「たすける会」発足当時、大岡昇平は「現在、李少年助命嘆願運動には、在日朝鮮人の間から、盛り上がりがないのが特徴である。なぜか――その事情を私は知らないのである」と述べたが(*38)、これに対し、金達寿は「いきなり頬を一つ張られたような感じがした」としながら次のように書いている。

一人の在日朝鮮人少年、しかも「凶悪なる殺人犯」である彼にたいする幅広い日本の文化人や善意の人の暖かい目。――だが、われわれ在日朝鮮人はどちらかというと、それにたいしては「冷淡」であるという、こんなことがかつてあったであろうか。……いずれにしても、このことについては、われわれの方は「冷淡」であったのである。「冷淡」ということばが適当でないとすれば、私を含めたわれわれは、これについては、まったく沈黙におちいっていたことはたしかな事実であった。……少なくともそれは、無関心であったからではなかった。手のほどこしようがなく、くらい焦燥のうちにそれを見送っているよりほかなかった、というのが本当のところであったろうと思う……(＊39)

金達寿の手記は、この問題から目をそらしていた自らを叱責するように、事件の経緯と性格、問題点について詳細に論じている。彼の文章には、日本人に対する感謝の気持ちと李珍宇に対する悲しみが織り混ざった感傷があらわれている。李珍宇の犯罪を生んだ日本社会に対する批判的観点はほとんど見当たらないほど、彼の文体は抑制的である。金達寿は裁判で、「李君の犯罪は在日朝鮮人の運命の一つの縮図」という旗田巍の言葉を聞いて涙を流すほど(＊40)、日本人に対し一貫して低い姿勢で接した。金達寿の一連の文章を通じて私たちは、当時の在日朝鮮人が置かれた二重拘束状況を見ることができる。貧しさと暴力で彩られた「朝鮮人」の典型的イメージを極大化させたこの事件の主人公を、在日朝鮮人自身は直視することができなかった。在日朝鮮人は、彼が犯した犯罪がいかなる歴史と環境の中で生じたのかを充分に理解していた。あまりにもよくわかっていた。同時に、事件の責任の一端を日本社会に負わせることにも慎重にならざるをえなかった。そうした行為の否定的効果が、そのまま自分自身にふりかかるということが、直感的にわかっていたからであろう。金達寿は結果的にこの事件と向き合い、急遽「たすける会」に参加するようになる。彼は、東京の新小岩駅からやや離れた李珍宇の実家を訪ねていったときのことを次のように記している。

その家も、そして母も子供たちも、思ったより清潔で明るくしていたことが、私の心をなごませたが、しかし一方、帰りに少年李珍宇が兄や弟たちと起居をともにしていたであろう向かいの小部屋をちょっとのぞいたときは、私の心は重たくふさがった。少年はそこで、貧乏と民族的疎外とに押しひしがれ、自身ではそれを買うこともできなかったドストエフスキーやスタンダールを読みふけりながら、いったい何を考えていたのであろうか。――それはまたそのまま、かつての私自身の姿でもあったのである。(*41)

金達寿が感じる李珍宇に対する悲しみの背景は、次のようなものであった。民族的疎外を経験した者が絶望を感じたときに残された道は、自ら民族を発見する道しかない。多くの朝鮮人たちが異国の地で祖国統一に向けた民族運動に身を投じるのは、こうした点で唯一の自己解放の道であった。しかし李珍宇は、解放後の「民族的怒濤」の中でも民族に目覚めることはなかった。その道は全面的にふさがれていたのである。李珍宇の実家が民族組織と断絶した状態にあった大きな理由は、彼の父親が反共主義者のクリスチャンであったという点であった。

こうした背景から見るとき、李珍宇が獄中で敬虔なクリスチャンになり、祖国と民族をめぐって朴寿南と鋭くすれ違っていくのも自然なことであった。朴寿南は、李珍宇が朝鮮学校に通っていたならばこのような悲劇は起きなかったとして、この事件が民族意識を奪われながら生きざるをえなかった在日朝鮮人の悲劇的環境の産物であることを訴えた。これに対し李珍宇は、たとえ環境に問題があったとしても、事件は自分でなければ犯すことのなかった行為であるとしながら、全面的に

犯罪の責任を受け入れようとした。当初の民族と責任をめぐる朴寿南と李珍宇の決定的なズレは、次第に変化を遂げる。死刑確定後まもなく、李珍宇は手紙の末尾に書く名前を「珍宇」でなくハングルで「진우」と記し始めた。仮面を剝がされるように「少年・金子鎮宇」から「犯罪者・李珍宇」となった彼が、獄中で自ら「이진우」というハングルを書き始めたのは、「私は朝鮮人の、死刑囚」という自己規定の真正さのあらわれであった。

獄中で李珍宇は、朴寿南以外にも金達寿の夫人、崔春慈《チェチュンジャ》と手紙のやりとりをしていた。その手紙を通して李珍宇に接した金達寿は、彼が次第に朝鮮人として覚醒する過程を間接的に見守っていた。しかし、李珍宇が「完全に民族的に再生」されたことを強調する金達寿の観察は、性急で過剰な解釈を伴うものであった。こうした傾向は、李珍宇に対する金達寿の希望と悲しみの両面をあらわしていたのだが、李珍宇の覚醒は金達寿がいうような抽象的な民族概念ではなく、「死刑囚」としての自らの固有の経験によるものであった。崔春慈に宛てた手紙の中で李珍宇は、自らの民族的覚醒について次のように述べている。

私は祖国について考えます。今私の朝鮮人としての自覚は、北朝鮮の成長を理解したからだとか、そういうことから出たのではない、犯罪者としての自分を通じて強くあらわれたものだと思います。法の前で私は犯罪者としての自らの責任を強く意識し、罪を償う意志を強く持たなければなりません。さらに私の場合、そのなかに「朝鮮人としての自分」の立場もまた含まなくてはなりません。(*42)

民族と祖国に対する即自的な同一化ではなく、死刑囚としての自らの責任意識を通して「民族」を獲得した李珍宇は、その後、「もし出所できるのならば、祖国の統一のために働きたい」という希望すら抱くようになる。彼はまた、「『鎮宇』ではない『진우』として死ぬことを誇らしく思う」とも書いている。しかし、この時点で在日朝鮮人社会は、「死刑囚」という事実を通じて民族に目覚めた彼を受け入れる準備も意志も持たなかったといわざるをえない。朴寿南の手記は、一朝鮮人が起こした殺人事件が、在日朝鮮人当事者たちに否認、回避されていく過程を示している。

わたしははじめて李珍宇の死刑執行に反対する自分の立場をあきらかにして、まず同胞を対象にしたメッセージをつくり、署名運動をはじめたのであった（一九六二年四月～）。訪ねていった当時の朝鮮大学の総長をはじめ学生代表はわたしのメッセージを率直に受容したのだが、のちに撤回されていくのだ。中央の権威による否認とわたしの追放の通達がメッセージに呼応しようとしたかれらを沈黙させたのである。／一方で、わたしは、わたしが属していた集団と対立する南の側の集団に属している世代にもよびかけたのである。祖国の分断で隔てられてきたわたしたちは、たがいの中の半日本人《パンチョッパリ》性を確認しあうことから出会うのであったが——。しかし、……かれらが属している南の国では、四月の声が抑圧され〔一九六〇年の「四《サ》・一九《イルグ》」でデモ隊に多数の死傷者が発生、翌年には朴正熙らによる「五・一六軍事クーデター」が起こった〕、存在の死である無言をしいられていたときである。（＊43）

朴寿南の記録によれば、在日本朝鮮人総連合会（朝鮮総連）組織傘下の出版社に勤めていた朴寿南は、その後、李珍宇救命運動をめぐって組織と対立し追放を余儀なくされた。小松川事件が起きた一九五八年当時、在日朝鮮人社会はまさに朝鮮民主主義人民共和国への帰国運動を始めようとしていた(＊44)。李珍宇に対する連帯は、「祖国」をもつ在日朝鮮人運動の中では承認されえないものであった。それに対し朴寿南は、「国家に抱かれた正統な存在たちは、かれら自身が孕んで生み落としたこのおそるべき私生児の認知の請求を『生きるに値しない存在』として間引こうとする」(＊45)と強く非難した。民族と祖国の普遍的課題を自らの独自性の中で獲得しようとした朴寿南と李珍宇の投企は、大文字の「民族」と「祖国」によって否認されたわけである。

しかし、小松川事件と李珍宇がもたらした衝撃は、在日朝鮮人を放ってはおかなかった。たとえば、在日朝鮮人が運営した『統一朝鮮新聞』では、処刑から五年後に若い世代を中心に李珍宇に対する解釈をめぐって小さな論争が起きていた。金徳哲《キムトクチョル》は李珍宇に対する共感が在日朝鮮人二世のイメージを歪曲するといい、日本人の謙遜した態度に比べていつまでも被害者意識を捨てることのできない在日朝鮮人社会に向けて次のように訴えた。

……在日朝鮮人は、日帝時代と異なり、日本の社会に居留する外国人になったのです。ただ過去の支配、被支配の関係のみにくい傷痕がいえるのを待つだけです。李鎮宇はその傷痕のうみに汚された新陳代謝物―敗北者にすぎません。……我々には過去の汚物の原因を取り払う作業

があるのです。それには統一運動に参加し、統一運動を通じての民族解放闘争の過程で、自己を確立してゆくことです。(＊46)

論争を通してわかる時代的特徴は次のとおりである。第一に、日韓会談反対闘争や韓国のベトナム派兵反対運動、日本の革新勢力との連帯問題がしばしば論じられているように、筆者たちが韓国の独裁政権に反対する勢力、なかでも総連と民団から距離を置いた少数勢力だったために、李珍宇のことが話題となる余地があったことである(＊47)。第二に、李珍宇に対する解釈が在日朝鮮人一世とは異なる二世論として言説化されたことである。帰国事業の真っ最中の時期に、祖国を志向した一世たちが目を背けた李珍宇のあり方について、若い世代は共感と否認の入り混じった複雑な解釈を試みていた。一九六八年二月に起きた金嬉老事件をきっかけに、在日朝鮮人に対する日本社会の差別と偏見、そして二世たちの内に秘めた狂気がふたたび問題視されていた頃であった。

日本学校に通ったのちに『統一朝鮮新聞』の記者として従事した金一男《キムイルナム》は、在日朝鮮人二世の皆が李珍宇のように「ヴェールを通してしか感じられない」、「しかもこの上もなく具体的で激烈な行為を経験したことがなかっただろうか」と問い、多くの場合それがさほど劇的でなかっただけのことだとして、今日でもなおわれわれ内部で李珍宇を絶えず復権させるべきだと論じた(＊48)。在日朝鮮人二世たちの内面世界と疎外に対する問題意識が、その後いかに集団的経験として継承されたのかについては、ここで知るすべがない。ただ、李順愛《イスネ》が「蓄積の不在」と特徴づけたように(＊49)、小松川事件の衝撃は、二世から三世、四世へと世代が交代する過程で希釈化され、在日朝鮮人自らの思想的・文学的な深化がきちんとなされないまま、個人的なかたちで解消されたのだと思われる。李珍宇を呼び出すことで可能となる存在論的・実存的な問いは、依然として在日朝鮮人の生の条件の一部を拘束しているにもかかわらず、である。

◉――人間愛の拡張

他方、当時韓国にも李珍宇の境遇が伝えられ、支援運動が密かに進められていた。新聞記事の内容を時系列的に追ってみると、まず一九六〇年一一月七日に大韓婦人会ソウル支部事務室で「死刑囚李珍宇君の救命善導の会」がもたれた。発起人も決めないまま急に開かれたこの集まりで李珍宇の状況を知らせて媒介的な役割を果たしたのは、先に言及した東京都立大学生の朴菖熙だった(＊50)。朴菖熙は、学期休みを利用して韓国を行き来しながら、李珍宇の近況と日本社会の動きを伝え、積極的に減刑運動を進めようとした。「救命善導の会」は第二次会議を民団本国事務局で持ち、メディアや教育関係者たちを中心に「汎国民的嘆願運動」を展開することを決定した。同じ頃、韓国カトリック労働青年会本部もまた、効果的な国民運動を展開することを、日本側カトリック労働青年会本部に要請した。一連の支援運動がどの程度の水準で展開されたのかを今となっては知ることはできないが、各新聞社の東京特派員たちが刑務所を直接訪ねて李珍宇との面会を試みたり、李珍宇が韓国にいる親戚や彼に同情した韓国の女子学生と手紙のやりとりをしたりもした。ある記事は、「彼の泰然とした態度、恐れがなく限りなくまっすぐで純真な印象」(＊51)を驚きとともに伝えている。

一九六二年の中盤に入ると、運動は少しずつ大衆的な形態を持ち始めた。「心の花の種を蒔こう」

というスローガンを掲げて国際親善花種協会が結成され、会員三〇〇名あまりが市庁前で結成大会を開くとともに、李珍宇の減刑を求める署名運動を展開した。花種協会は、その後「国際親善花種協会中央総本部」に発展し、会員数三万名へと拡大していった。花種協会が第二段階の運動としておこなったのは、救命基金と事件の被害者である太田房江の墓に「石花台」を造り、「愛の献花」を捧げることであった。七月末にはＮＨＫが韓国での救命運動を取材し、この日だけで署名は数千名に達したと報じられた(*52)。また花種協会は、学生たちを中心に三万六三三名の署名を集め、日本の首相、衆議院議長、参議院議長、法務長官などへ嘆願書を送り、「極刑にするより懺悔した者のみが持てる新しい生を与えてほしい」と訴えた(*53)。「国際人権擁護韓国連盟」も救命陳情の書簡を首相に送った(*54)。運動がこのように展開されるなかで、一九六二年一一月一六日に突然、李珍宇の死刑が執行された。

宗教的博愛をもとに韓国で展開された小さな救命運動は、こうしてあっけなく終わりを迎えたのである。各新聞は死刑執行後も李珍宇に関する記事を載せ、李珍宇の獄中での懺悔が国境を越えた人間愛を呼び起こしたと評価した。しかし、彼が犯した「おぞましい犯罪の裏に隠された複雑かつ宿命的な原因」(*55)について言及しながらも、異国における「同胞死刑囚」のニュースから在日朝鮮人の現実に対する想像力を働かせるのは困難であった。その後、韓国では李珍宇をモデルとした映画三篇が企画され、似たような素材をめぐって競合するなど一定の反響を起こしたが、制作許可は結局下りなかったようである(*56)。現在シナリオが入手可能な「玄界灘の架橋」は、作家・白坂依志夫のシナリオ「他人の血」を翻案した作品である。在日同胞高校生「スイル」は、自分が朝鮮人であることを知らないまま、自分に好意を持った日本人売春婦である「きぬえ」を殺し、死刑判決を受ける。スイルは、裁判過程で自分を支援する「ジュンコ」を慕うようになるが、彼女には、植民地時代に朝鮮で巡査をしていた自分の父親が、解放後に朝鮮人から暴行を受けて殺されたという過去があった。この事実を知ったジュンコは、葛藤しつつも父親の過去を克服しようとスイルに近づく。しかし、ジュンコが志をともにしたいと願ったスイルの弁護を引き受けた在日朝鮮人弁護士は、ジュンコを最後まで受け入れることができない。彼もまた、植民地時代に日本軍の手によって家族を失っていたのである。

「玄界灘の架橋」は、原作をそのまま訳しているが、最後に弁護士とジュンコの次の台詞を新たに挿入している。「ジュンコさん！　私のこの傷を癒せますか!?」「大人たちの傷は癒えるのが難しいでしょう。……でも若い人たちの生きている肌ならば簡単に癒えるはずです。そうしてこそ生きられるのではないですか?」(＊57)。この一文の意図を正確に読み取ることはできないが、若い世代の「愛と理解で既成世代が負った心の傷を癒すことができる」(＊58)という原作者の意図に沿ったものと判断できる。日韓両国で企画されたこの作品は、日本人と韓国人の痛みが互いに絡み合ったものであることを確認する国民的な語りを構成する。結果的に李珍宇の存在は、日韓のあいだの人間愛と歴史的な傷跡のうちに収斂していった。韓国人の作家である崔秋香《チェチュヒャン》は、死刑執行前の李珍宇について、「彼はすでに『死刑囚・李珍宇』ではなく、『殺人犯・李珍宇』でもなく、『反抗児・李珍宇』でもない、『人間・李珍宇』」であると述べた(＊59)。李珍宇が朴寿南との対話を通じて到達した「私は朝鮮人の、死刑囚」という自己規定は、ここでも無力化されたというべきである。

4　むすびにかえて

　これまで小松川事件と李珍宇についての日本社会、在日朝鮮人社会、韓国社会の対応過程、そして李珍宇をめぐる専有の構図について検討してきた。救命運動という方法で現実的に介入する一方で、日本の知識人たちは、李珍宇を分析の対象とするとともに共感と動員の契機とした。その支配的コードは「普遍主義」と「文学的想像力」であり、これは、「私は朝鮮人の、死刑囚」であると自らを規定した李珍宇の覚醒とは異なるものであった。もちろん、映画「絞死刑」のような創作物を通じて李珍宇を再現するという作業は、創作者の観点に沿うほかなく、当時の日本社会では小松川事件を思想と芸術の対象とすること自体が政治的選択であったと思われる。鈴木道彦は想像力を通して李珍宇という実存に対する越境を試み、大島渚は李珍宇を「国家を超えた人間」として昇華させた。しかし、日本の知識人たちが李珍宇の固有性とあれほど真摯に向き合ったにもかかわらず、そうすればそうするほど、李珍宇の「民族」「朝鮮」は消去された。これは果たして何を意味するのだろうか。彼らは李珍宇を「朝鮮人」である前に「死刑囚」とみなし、「死刑囚」である前に「人間」として見ようとした。彼らの共感の通路は、普遍主義とヒューマニズムの中でつくられたものであった。

　他方で、李珍宇と小松川事件をめぐる専有の方式は、文学的次元だけでなく、より具体的な政治的文脈とともに理解する必要があるだろう。とくにこの点は、在日朝鮮人と韓国社会の李珍宇に対する接近と回避の過程を考えるうえで重要である。一九六〇年当時、日本社会は日米安保体制に対抗する最大規模の闘争を展開し、韓国社会も四月革命〔四・一九〕の熱気につつまれていた。在日朝鮮人もまた、一九五九年に始まった朝鮮民主主義人民共和国への帰国事業を通じて、祖国建設の可能性に向かっていた。ある若い在日朝鮮人二世の次の言葉は、この時代的なリアリティと李珍宇との距離をよくあらわしている。「李珍宇の生涯を、彼が死刑になる一年前に韓国で起きた四月革命、その後の自主統一運動とともに考えるたびに胸が熱くなる。李珍宇はわれわれ若い在日同胞たちに常に四月革命と正反対の極に立つことを強いられた人間として認識されてきた」(＊60)。

しかし、同時代の日韓民衆たちの怒りは挫折を迎えた。安保闘争後の日本は政治的課題を経済的現実に合わせ始め、韓国の民衆たちも、四月革命を頂点に開発独裁政権の動員の対象として呼び起こされた。戦後東アジアの冷戦体制下で利害関係をともにした日本と韓国は、一九六五年の日韓条約を通して、政治的・経済的な癒着関係の基盤を確固たるものとした。この政治的文脈を前提としたとき、李珍宇をめぐる専有と回避の契機はより明確となる。北朝鮮への帰国運動を展開した総連が李珍宇の存在から目を逸らした一方で、李珍宇の救命運動が韓国の宗教界でおこなわれた事実は、李珍宇の家が総連とは距離をおいた反共主義的なクリスチャンであったという偶然性と無関係ではない。李珍宇は朝鮮半島の南北の体制の外で生まれた「非正統的」な存在であり、当時多くの在日朝鮮人が掲げた大文字の「民族」によって否認された存在であった。

李珍宇の生のあり方は、植民地主義の遺産が産み落としたある極限的なかたちとして考えることができる。見田宗介は少年死刑囚であったN・N〔永山則夫〕の生を考察するなかで、彼を、社会構造の実存的意味を「平均値」ではなく「極限値」で体現した存在であると分析した(*61)。同じように R として表象された李珍宇は、在日朝鮮人の平均的な姿ではなく、極限的な姿を体現していた。地方の極貧家庭で育ち集団就職によって都市の抑圧に晒された永山から資本主義的疎外の痕跡を見いだせるとすれば、同じく極貧家庭で育った下層朝鮮人として日本社会の抑圧に晒された李珍宇からは、資本主義と植民地主義という二重の疎外の痕跡を見いだすことができる。李珍宇が述べた「私は朝鮮人の、死刑囚」という規定性は、この二重性と極限性を自らのものとして受け入れた痕跡として読むことができる。小松川事件と李珍宇は、歴史と社会の隙間で発生した特殊なスキャンダルではない。「死刑囚」であることを通じて「朝鮮人」であることを獲得した李珍宇の生は、今日までも日本と在日朝鮮人、朝鮮半島の歴史的現実を、私たちの目の前に極限的に再現している。

註

第一章

（1）一見そのようには感じられないが、「押しつけ憲法」に反発する右翼保守勢力の主張も、この「戦後」にかつての「良き日本」の喪失を嘆いているという点で、裏返しの意味で時代基調の価値変化を語っている。
（2）石田雄『社会科学再考――敗戦から半世紀の同時代史』東京大学出版会、一九九五年、二頁。
（3）丸山眞男「超国家主義の論理と心理」、『丸山眞男集　第三巻』岩波書店、一九九五年、三六頁。
（4）米谷匡史「丸山眞男と戦後日本――戦後民主主義の〈始まり〉をめぐって」、『情況』一九九七年一・二月合併号、三六頁以下。また、丸山眞男「戦後民主主義の『原点』」、『丸山眞男集　第一五巻』岩波書店、一九九六年。
（5）丸山眞男「昭和天皇をめぐるきれぎれの回想」、『丸山眞男集　第一五巻』。
（6）ジョン・ダワー『敗北を抱きしめて――第二次大戦後の日本人』上・下、三浦陽一・高杉忠明訳、岩波書店、二〇〇一年。
（7）一九四五年九月一六日にアメリカ合州国上院では「日本国天皇ヒロヒトを戦争犯罪人として裁判に付すこと」が決議されていた。
（8）マッカーサー自身は当初より天皇制を利用する志向を持っていたようだが、とはいえその最終的な態度表明は、一九四六年一月二五日にアイゼンハワー陸軍参謀総長宛に発信された極秘電報によって本国に伝えられたとされている。これはその直前の一月二二日に統合参謀本部からマッカーサー宛に送られた電報を意識したものであり、その電報では、ロンドンの戦争犯罪委員会でオーストラリア代表が天皇裕仁を含む戦犯リストの作成を始めたことが伝えられている。吉田裕『昭和天皇の終戦史』岩波新書、一九九二年、八〇頁。中村政則『象徴天皇制への道――米国大使グルーとその周辺』岩波新書、一九八九年、一六八頁。
（9）衆議院ウェブサイト「日本国憲法制定時の会議録」（http://www.shugiin.go.jp/internet/itdb_kenpou.nsf/

html/kenpou/seikengikai.htm)。
(10) 日高六郎『戦後思想を考える』岩波新書、一九八〇年、二一四頁。
(11) 吉田裕、前掲『昭和天皇の終戦史』二二九頁。
(12) 中村政則、前掲『象徴天皇制への道』九八頁。
(13) 吉田裕、前掲、二一六頁。
(14) 佐藤卓己『言論統制——情報官・鈴木庫三と教育の国防国家』中公新書、二〇〇四年。
(15) そもそも総力戦体制の支配そのものが、ある種の合理性と社会福祉的視点を特徴としているのであって、それを単純に非合理であからさまな暴力と同一視すると事態を誤認する。逆に言えば、言論統制がいかに合理主義的であったからといって、それを賛美などできないのは当然である。
(16) 吉田裕、前掲、二四〇頁。
(17) 丸山眞男、前掲「超国家主義の論理と心理」三二頁。
(18) 丸山眞男・梅本克己・佐藤昇「現代日本の革新思想」、『丸山眞男座談 6』岩波書店、一九九八年、七頁。
(19) 石母田正「歴史と人間についての往復書簡」、『続 歴史と民族の発見——人間・抵抗・学風』東京大学出版会、一九五三年、二一七頁。
(20) 竹内好「近代主義と民族の問題」、『竹内好全集 第七巻』筑摩書房、一九八〇年、三六頁。
(21) 同前、二八頁。
(22) 石母田正「歴史学における民族の問題」、『歴史と民族の発見』東京大学出版会、一九五二年、一〇一頁。
(23) 神山茂夫編著『日本共産党戦後重要資料集 第一巻』三一書房、一九七一年、五九頁。
(24) 同前。
(25) この点に関しては、鄭栄桓「プロレタリア国際主義の屈折——朝鮮人共産主義者金斗鎔の半生」一橋大学社会学部学士論文、二〇〇二年度。
(26) 朴慶植編『朝鮮問題資料叢書 第一五巻 日本共産党と朝鮮問題』アジア問題研究所、一九九一年、七一一二頁。
(27) 金斗鎔「日本における朝鮮人問題」(『前衛』一号、一九四六年二月)、朴慶植編『朝鮮問題資料叢書　第一五巻』一一頁。
(28) 金斗鎔「朝鮮人運動は転換しつつある」(『前衛』一四号、一九四七年三月)、朴慶植編、同前、一四頁。
(29) 朴慶植『解放後在日朝鮮人運動史』三一書房、一九八九年、九〇頁。
(30) 鄭栄桓、前掲「プロレタリア国際主義の屈折」。
(31) 金斗鎔、前掲「日本における朝鮮人問題」七―八頁。
(32) 同前、九頁。
(33) 同前、一〇頁。
(34) 金斗鎔「朝鮮人と天皇制打倒の問題」、『社会評論』三巻一号、一九四六年、三七頁。
(35) 同前、三八頁。
(36) 朝鮮建国準備委員会は一九四五年九月六日に朝鮮人民共和国の樹立を宣言しているが、日本において金斗鎔が尽力した政治犯釈放運動が成就する一〇月一〇日、徳田球一、金天海らが釈放されたこの同じ日に、ソウルの米軍政長官はその朝鮮人民共和国の否認を声明している。
(37) 朴慶植、前掲『解放後在日朝鮮人運動史』五六頁。
(38) わたしのポジションから見ると、このことは、朝鮮人党員である金天海によってではなく、むしろ日本人党員によって表明されるべきだったと思う。
(39) この第五回党大会での「朝鮮の完全なる独立」の扱いについて、雑誌(『前夜』四号、二〇〇五年)掲載時の拙稿に不正確な記述があり、井上學氏よりご指摘があったので、加筆修正した。井上學「日本共産党第四回・第五回党大会決定『行動綱領』『党規約』における朝鮮問題」、『海峡』二六号、朝鮮問題研究会、二〇一五年。
(40) 『日本共産党綱領集』日本共産党中央委員会出版局、一九六二年、一〇五頁。

(41) 実際に共産党のこの表明は、天皇の戦争責任を強く問題視している人びとの落胆を呼びおこした。たとえば、少年兵として海軍に従軍した渡辺清は、その日記でこの共産党の天皇に対する態度修正に触れ、「これは明らかに大きな後退である」、「これまで共産党に期待していただけになんだかがっかりした」と書き残している。渡辺清『砕かれた神——ある復員兵の手記』岩波現代文庫、二〇〇四年、一八五―一八六頁。

(42) この点については、荒木義修『占領期における共産主義運動』芦書房、一九九四年、一二〇―一五三頁。基礎史料を駆使した荒木の書でも、この路線転換と在日朝鮮人運動との関連への言及は皆無である。

(43) 朴慶植編、前掲『朝鮮問題資料叢書　第一五巻』一〇九頁。

(44) 執筆そのものは一九四六年一二月二五日と記されている。金斗鎔、前掲「朝鮮人運動は転換しつつある」一五頁。

(45) 同前、一三頁。

(46) おそらく金斗鎔が北朝鮮に帰った後に、さすがにこの点は日本共産党内部でも問題となったらしく、「民族主義か階級主義か祖国革命が第一か日本革命が第一かとカミソリをあてたように物を見るのは誤り」という批判が、日本共産党中央委員会書記局の名前で出されている（指令一四〇号）。朴慶植編、前掲『朝鮮問題資料叢書　第一五巻』一一四頁。金斗鎔の帰国と「指令一四〇号」の関連については、井上學「戦後日本共産党の在日朝鮮人運動に関する『指令』をめぐって」、『海峡』二四号、朝鮮問題研究会、二〇一一年。

(47) 金斗鎔「朝鮮人運動の正しい発展のために」(『前衛』一六号、一九四七年五月)、朴慶植編『朝鮮問題資料叢書　第一五巻』。執筆は二月二七日と記されている。

(48) 朴正鎮「帰国運動の歴史的背景——戦後日朝関係の開始」、高崎宗司・朴正鎮編著『帰国運動とは何だったのか——封印された日朝関係史』平凡社、二〇〇五年。

(49) 韓徳銖（한덕수）「在日朝鮮人運動の転換について（재일 조선인 운동의 전환에 대하여）」（一九五五年三月韓徳銖演説全文）、朴慶植編『朝鮮問題資料叢書　第九巻　解放後の在日朝鮮人運動Ⅰ』アジア問題研究所、一九八三年、六一〇頁。

(50) 朴慶植、前掲『解放後在日朝鮮人運動史』三五三頁。
(51) 高史明は自らのそのような体験を語っている。高史明『闇を喰む　II　焦土』角川文庫、二〇〇四年、三九四頁。
(52) 高史明の証言によれば、五五年のわかれのこのときに、日本共産党の内部で「近い将来、朝鮮人はみんな、祖国朝鮮に帰ることになるだろう」と語られていた。同前、三九六頁。
(53) 朴慶植編、前掲『朝鮮問題資料叢書　第一五巻』三八八頁。
(54) 同前、一三三―一三四頁。
(55) 神山茂夫編著、前掲『日本共産党戦後重要資料集　第一巻』六一九頁。
(56) 岩崎稔ほか編著『継続する植民地主義――ジェンダー／民族／人種／階級』青弓社、二〇〇五年。
(57) 神山茂夫編著、前掲、六二一頁。
(58) 日本共産党中央委員会『日本共産党の八十年』日本共産党中央委員会出版局、二〇〇三年、一一一頁。
(59) 同前、三一四頁。
(60) 朴慶植編、前掲『朝鮮問題資料叢書　第一五巻』一三〇頁。
(61) 同前、一三一頁。
(62) 竹内好「日本共産党論」、『竹内好全集　第六巻』筑摩書房、一九八〇年、一三三頁。
(63) 鶴見俊輔「戦争責任の問題」、『鶴見俊輔著作集　第五巻　時論・エッセイ』筑摩書房、一九七六年、三七頁。
(64) 同前。
(65) 久野収・鶴見俊輔・藤田省三『戦後日本の思想』勁草書房、一九六六年、二三八頁。
(66) 竹内好「アジアのナショナリズム」、『竹内好全集　第五巻』筑摩書房、一九八一年、七頁。
(67) この点に関しては、中野敏男「『民族解放革命』と『民族の魂の解放』」、『前夜』六号、二〇〇六年、参照。
(68) 竹内好「戦争責任について」、『竹内好全集　第八巻』筑摩書房、一九八〇年、二一二頁。

(69) 同前、二一七頁。
(70) 竹内好「方法としてのアジア」、『竹内好全集　第五巻』一一五頁。
(71) 梶村秀樹「竹内好氏の『アジア主義の展望』の一解釈」、『梶村秀樹著作集　第一巻』明石書店、一九九二年、九七頁。
(72) 竹内好「日本のアジア主義」、『竹内好全集　第八巻』一〇七頁。
(73) 同前、一一一頁。
(74) 梶村秀樹、前掲「竹内好氏の『アジア主義の展望』の一解釈」九九頁。
(75) 竹内好「近代の超克」、『竹内好全集　第八巻』一二頁。
(76) 竹内好、前掲「日本のアジア主義」一五三頁。
(77) 同前。
(78) 梶村秀樹、前掲「竹内好氏の『アジア主義の展望』の一解釈」九八頁。
(79) 竹内好、前掲「日本のアジア主義」一五三―一五四頁。
(80) 孫歌「なぜ『ポスト〈東アジア〉』なのか?」、孫歌ほか編『ポスト〈東アジア〉』作品社、二〇〇六年、一一八頁。
(81) 梶村秀樹、前掲「竹内好氏の『アジア主義の展望』の一解釈」一〇一頁。
(82) 同前。
(83) 加藤典洋『敗戦後論』講談社、一九九五年。
(84) 中野敏男『大塚久雄と丸山眞男――動員、主体、戦争責任』青土社、二〇〇一年、二九七―二九八頁。
(85) 梶村秀樹「朝鮮から見た明治維新」、『梶村秀樹著作集　第一巻』一四二頁。
(86) 同前、一四三頁。
(87) 同前、一四六―一四七頁。
(88) 梶村秀樹「植民地と日本人」、『梶村秀樹著作集　第一巻』一九四頁。

(89) 同前、一九三頁。
(90) 同前、一九四頁。
(91) 「引揚げ」項目、『CD－ROM版　世界大百科事典』日立デジタル平凡社、一九九八年。
(92) 梶村秀樹、前掲「植民地と日本人」一九四頁。
(93) わたし自身は日本民衆の植民地主義を内側から解体するそんな試みのために、拙著『詩歌と戦争――白秋と民衆、総力戦への「道」』(日本放送出版協会、二〇一二年)を書いている。

第二章

(1) 丸山眞男「現代における人間と政治」(一九六一年)、『丸山眞男集　第九巻』岩波書店、一九九六年、二九頁。
(2) 論文とエッセイをまとめた『丸山眞男集』(全一六巻、別巻一冊)、岩波書店、一九九五―一九九七年、軍隊時代のメモをまとめた『丸山眞男戦中備忘録』日本図書センター、一九九七年、日記とメモをまとめた『自己内対話――三冊のノートから』みすず書房、一九九八年、講義録をまとめた『丸山眞男講義録』(全七巻)、東京大学出版会、一九九八―二〇〇〇年、座談会の記録をまとめた『丸山眞男座談』(全九巻)、岩波書店、一九九八年、私的な書簡をまとめた『丸山眞男書簡集』(全五巻)、みすず書房、二〇〇三―二〇〇四年、本人へのインタビューを通して丸山の生涯を対談形式でまとめた松沢弘陽・植手通有編『丸山眞男回顧談』上・下、岩波書店、二〇〇六年、エッセイなどをまとめた丸山眞男手帖の会編『丸山眞男話文集』(全四巻)、みすず書房、二〇〇八―二〇〇九年、同『丸山眞男話文集』(続一―四巻)みすず書房、二〇一四―二〇一五年、などが出版された。
(3) 丸山が死去した一九九六年から二〇〇五年までに、「丸山眞男」という表題をつけて出版された研究書は計三五冊に達する(竹内洋『丸山眞男の時代』中公新書、二〇〇五年、一九頁)。
(4) 三谷太一郎「わが青春の丸山体験」、「みすず」編集部編『丸山眞男の世界』みすず書房、一九九七年。い

わゆる一九六〇年代全共闘世代に丸山が与えた影響力の大きさは、全共闘と丸山の関係が「友好的」だったことを意味しない。戦争責任と戦後民主主義に対する評価をめぐって両者には顕著な認識の差異があった。この点については、권혁태〔權赫泰〕「진후 평화주의에 대한 반란〔戦後平和主義への反乱〕」、『일본의 불안을 읽는다〔日本の不安を読む〕』교양인〔教養人〕、二〇一〇年、参照。

（5）丸山の著作は、『日本政治思想史研究』（一九九五年）、『日本の思想』（一九九八年）、『現代政治の思想と行動』（一九九七年）、『「文明論之概略」を読む』（二〇〇七年）、『戦中と戦後のあいだ』（二〇一一年）などが、いずれも김석근〔キム・ソックン〕の翻訳により韓国で刊行された。

（6）남기정〔南基正《ナムキジョン》〕「일본 '전후지식인'의 조선 경험과 아시아 인식：평화문제담화회를 중심으로〔日本の『戦後知識人』の朝鮮経験とアジア認識——平和問題談話会を中心に〕」、『국제정치 논총〔国際政治論叢〕』五〇集四号、二〇一〇年九月。

（7）中野敏男『大塚久雄と丸山眞男——動員、主体、戦争責任』青土社、二〇〇一年。丸山の「国民主義」に対する批判はこの他にも多数存在する。たとえば、姜尚中「いま丸山眞男を語る意味」、国民文化会議編『丸山眞男と市民社会』世織書房、一九九七年。姜尚中「丸山眞男と『体系化の神話』の終焉」、『現代思想』二二巻一号、一九九四年。酒井直樹「丸山眞男と忠誠」、『現代思想』二二巻一号、一九九四年。この他に一九六〇年代の丸山に対する批判としては、吉本隆明『柳田国男論・丸山眞男論』筑摩書房、二〇〇一年、参照。

（8）「政治学」（一九五六年）、『丸山眞男集　第六巻』岩波書店、一九九五年、一九六頁。

（9）同前。

（10）「日本思想史における『古層』の問題」（一九七九年）、『丸山眞男集　第一一巻』岩波書店、一九九六年、一五四—一五五頁。

（11）丸山幹治が勤めた新聞社は、『日本』『青森日報』『京城日報』『大阪朝日新聞』『大正日日新聞』『読売新聞』『中外産業新報』『大阪毎日新聞』『東京日日新聞』である。

（12）『丸山眞男集　別巻』岩波書店、一九九七年、二七—三二頁。

(13)『丸山眞男回顧談』上、一九七頁。
(14) 丸山は父を「自由主義者」と規定し、父・幹治が京城日報時代に朝鮮自治論を主張して朝鮮総督府の恨みを買ったと証言する。この証言をみるに、朝鮮自治論と朝鮮総督府の立場が常に対立的であるわけではなかったという事実を一九九〇年代中盤の丸山は知らなかったと推測できる。丸山は当時『東洋経済新報』を中心に展開された植民地放棄論に立脚した「小日本主義」についても知らなかったと語っている(『丸山眞男回顧談』下、一七二―一七三頁)。
(15)「普遍的原理の立場」(一九六七年)、『丸山眞男座談 7 一九六六―一九七六』一〇六頁。
(16) 丸山眞男「恐るべき大震災大火災の思出」、「みすず」編集部編、前掲『丸山眞男の世界』一七頁および二七頁。
(17)「インテリゲンツィアと歴史的立場」(一九四九年)、『丸山眞男座談 1 一九四六―一九四七』二八四―二八五頁。
(18)「一哲学徒の苦難の道」(一九六六年)、『丸山眞男座談 5 一九六四―一九六六』一八九―一九〇頁。
(19) ノ・ビョンホは、丸山の小学校時代の作文と丸山が吉野作造を引用したことをとらえて、丸山が吉野作造の朝鮮人観に共感していたと主張する(노병호〔ノ・ビョンホ〕「마루야마 마사오의 모델상으로서의 요시노 사쿠조〔丸山眞男のモデル像としての吉野作造〕」、『일본연구〔日本研究〕』四二号、한국외대일본연구소〔韓国外国語大学日本研究所〕、二〇〇九年、五六頁)。
(20)『丸山眞男集 別巻』四四―四六頁。
(21)「日本の軍隊を衝く」(一九四九年)、『丸山眞男座談 1 一九四六―一九四七』一七〇頁。
(22)「戦争と同時代」(一九五八年)、『丸山眞男座談 2 一九五〇―一九五八』二〇四頁。
(23)『丸山眞男回顧談』下、一七六頁。
(24)「『眼には眼を』の問題点」(一九五八年)、『丸山眞男座談 2 一九五〇―一九五八』一九七頁。
(25)「Nationalism はまた民族主義と訳されるが、民族主義というと例えば他の一国家の本土に少数民族として存在し、或は植民地となってゐた民族が独立するとか、数個の国家に分属してゐた民族が一国家を形成するとかいう場合は適当であるが、我国の様に昔から民族的純粋性を保ちいわゆる民族問題を持たなかった国に於ては如何であろうか」(「国民主義の『前期的』形成」(一九四四年)、『丸山眞男集　第二巻』岩波書店、一九九六年、二三〇頁)。

(26) 中野敏男、前掲、一八三頁。

(27) 「一哲学徒の苦難の道」(一九六六年)、『丸山眞男座談　5　一九六四—一九六六』二五九頁。

(28) 「被占領意識」(一九五〇年)、『丸山眞男座談　2　一九五〇—一九五八』二二頁。

(29) 「日本ファシズムの思想と運動」(一九五八年)、『丸山眞男集　第三巻』岩波書店、一九九五年、二六〇—二六二頁。

(30) 同前、二七一頁。

(31) 同前、二六一頁。

(32) 同前、二七一頁。

(33) 同前、二八九頁。

(34) 同前、二八九—二九〇頁。

(35) ここで丸山のいう「防衛と膨張」の論理について、姜尚中は「日本の独立が、同時に、後発的な帝国主義国家の誕生であったというこの両義性をどう解くのか。……日本の近代史の最大のアポリアです」として、この点についての丸山の見解に最大の疑問を持っていたと語っている(姜尚中、前掲「いま丸山眞男を語る意味」七二頁)。

(36) 「日本における危機の特性」(一九五九年)、『丸山眞男座談　3　一九五八—一九五九』一五八頁。

(37) 「日本の運命(二)」(一九五〇年)、『丸山眞男座談　2　一九五〇—一九五八』二三九頁。

(38) 『丸山眞男回顧談』下、一七七—一七八頁。

(39) 「超国家主義の論理と心理」(一九四六年)、『丸山眞男集　第三巻』。

(40)「日本におけるナショナリズム」(一九五一年)、『丸山眞男集　第五巻』岩波書店、一九九五年、七四頁および六六頁。
(41)「ファシズムの現代的状況」(一九五三年)、『丸山眞男集　第五巻』三〇四頁。
(42)丸山は、強制的同質化・画一化(Gleichschaltung)は「正統の集中であると同時に異端の強制的集中を意味する」と記している(「現代における人間と政治」(一九六一年)、『丸山眞男集　第九巻』二九頁)。
(43)「点の軌跡」(一九六三年)、『丸山眞男集　第九巻』一三九—一四〇頁。
(44)中野敏男、前掲、二一九頁。
(45)丸山が用いるアジア、東洋という停滞性の範疇に常に「朝鮮」が入っているわけではない。丸山のいうアジア、東洋はほとんど中国を意味することが多く、よって停滞という規定を与えられた中国に比べて朝鮮はそうした呼び名すら必要ないほどに価値のない場なのである。
(46)「普遍的原理の立場」(一九六七年)、『丸山眞男座談　7　一九六六—一九七六』一〇六頁。
(47)平野敬和「丸山眞男と原爆体験」、『丸山眞男』(道の手帖)、河出書房新社、二〇〇六年、三五頁。
(48)『丸山眞男回顧談』上、一〇頁。「若き世代に寄す」(一九四七年)、『丸山眞男集　第三巻』八三頁。
(49)「超国家主義の論理と心理」、『丸山眞男集　第三巻』三六頁。
(50)「福沢諭吉から陸羯南へと連なる国民主義の最初からのひ弱い動向は、やがて上からの国家主義の強力な支配の裡に吸いこまれてしまった。……長きにわたるウルトラ・ナショナリズムの支配を脱した現在こそ、正しい意味でのナショナリズム、正しい国民主義運動が民主主義革命と結合しなければならない」(「陸羯南」(一九四七年)、『丸山眞男集　第三巻』一〇五頁)。
(51)竹内好「屈辱の事件」(一九五三年)、『다케우치 요시미 선집1：고뇌하는 일본〔竹内好選集　1　苦悩する日本〕』윤여일〔ユン・ヨイル〕訳、휴머니스트〔ヒューマニスト〕、二〇一一年、三〇頁〔丸川哲史・鈴木将久編『竹内好セレクション　Ⅰ　日本への／からのまなざし』日本経済評論社、二〇〇六年、一九頁〕。
(52)竹内好「方法としてのアジア」(一九六一年)、최원식〔崔元植《チェウォンシク》〕・백영서〔白永瑞《ペクヨンソ》〕編『동아시아인의

‘동양’ 인식〔東アジア人の「東洋」認識〕』문학과 지성사〔文学と知性社〕、二〇一〇年。梶村秀樹の竹内好批判については、梶村秀樹「竹内好氏の『アジア主義の展望』の一解釈」（『日本人の朝鮮観』の成立根拠について──『アジア主義』再評価論批判」、梶村秀樹著作集刊行委員会編『梶村秀樹著作集　第一巻』明石書店、一九九二年、参照。

(53)「現代文明と政治の動向」（一九五三年）、『丸山眞男集　第六巻』岩波書店、一九九五年、四七頁。

(54) 丸山の間接的な弟子を自認する水谷三公は、伊藤博文が森有礼を「日本産西洋人」と命名したことを引用して、丸山にも同じような感覚を抱いたと記している（水谷三公『丸山眞男──ある時代の肖像』ちくま新書、二〇〇四年）。

第三章

(1) 安倍能成「半島の学生に与ふる書」（一九三九年）、『青年と教養』岩波書店、一九四〇年、一九七頁。

(2) 安倍の態度は、「『内鮮一体』は相互に手を握るとか形が融合するとか云ふ様な、そんな生温かいものぢゃない。……形も、心も、血も、肉も悉《ことごと》くが一体にならなければ」ならないと力説する南次郎総督（第七代朝鮮総督、任期一九三六─一九四二年）の主張と対比させて見なければならないだろう。南次郎「連盟本来の使命議論より実行へ──窮極の目標は内鮮一体　総和親・総努力にあり」、『総動員』一九三九年七月、参照。

(3) 安倍能成「道徳教育及び『しつけ』について」（一九五一年）、『一リベラリストの言葉』勁草書房、一九五三年、六二頁。

(4) 安倍能成「京城帝国大学に寄する希望」（一九二七年）、『青年と教養』一八二─一八三頁。

(5) 同前、一八〇頁。

(6) 京城帝大に関する研究としては、박광현〔パク・クァンヒョン〕の「‘경성 제국대학’의 문예사적 연구를 위한 시론〔『京城帝国大学』の文芸史的研究のための試論〕」（『한국문학연구〔韓国文学研究〕』二一集、一九九九年）以降続けられた一連の作業を参照。または、김재현〔キム・ジェヒョン〕「한국에서 근대적 학문으로

서의 철학의 형성과 그 특징：경성제국대학 철학과를 중심으로〔韓国における近代的学問としての哲学の形成とその特徴——京城帝国大学哲学科を中心として〕」、『시대와 철학〔時代と哲学〕』一八巻三号、二〇〇七年、参照。

（7）ここではもちろん、在朝日本人が「内地」に対して持っている微妙な競争関係も反映されているだろう。とくに京城帝大設立過程で現れた在朝日本人と内地日本人との間の葛藤や競争関係については、박광현〔パク・クァンヒョン〕「식민지〝제국대학〟의 설립을 둘러싼 경합의 양상과 교수진의 유형〔植民地『帝国大学』の設立を巡る競合の様相と教授陣の類型〕」、『일본학〔日本学〕』二八集、二〇〇九年、参照。

（8）柄谷行人『ネーションと美学』〔岩波書店、二〇〇四年〕、조영일〔チョ・ヨンイル〕訳、도서출판b〔図書出版b〕、二〇〇九年。박유하〔朴裕河《パクユハ》〕「상상된 미의식과 민족적 정체성：야나기 무네요시와 근대 한국의 자기 구성〔想像された美意識と民族的アイデンティティ——柳宗悦と近代韓国の自己構成〕」、『기억과 역사의 투쟁〔記憶と歴史の闘争〕』삼인〔サミン〕、二〇〇二年、参照。

（9）これまでの彼の朝鮮滞在経験に関する研究の多くは、彼の朝鮮認識に集中しているが、安倍の朝鮮認識をめぐっては矛盾する評価が混在している。安倍の朝鮮認識および植民地支配に対する意識に関連して、相反する評価を整理したものとしては、남기정〔南基正《ナムキジョン》〕「일본〝전후지식인〟의 조선 경험과 아시아 인식：평화문제담화회를 중심으로〔日本の『戦後知識人』の朝鮮経験とアジア認識——平和問題談話会を中心に〕」、『국제정치논총〔国際政治論叢〕』五〇集四号、二〇一〇年、五九—六〇頁、参照。それによると、安倍に対する今までの評価は、①朝鮮の伝統ならびに自然に対する高い評価と日本の植民地政策に対する批判等に注目し、安倍をヒューマニストとして好意的に評価する立場、②政治問題に対する傍観的態度を消極的に批判する立場、③最後に朝鮮民衆に対する冷淡な視線、そして日本の朝鮮支配を正当化する態度に対して厳格に批判する立場、に分けられる。一方、남기정〔南基正〕のこの論文は、平和問題談話会に主導的に参加した安倍と鵜飼信成、丸山眞男の朝鮮認識とアジア認識を、彼らの朝鮮経験と結びつけて検討した数少ない研究であり、日本の知識人の朝鮮経験を彼らの戦後の発言と結びつけて扱っている。彼は、これら日本の知識人が日本の中国侵略には

一定の責任意識を表明しているのに、植民地朝鮮についてはほとんど沈黙していることを挙げて、批判を展開している。

(10) 박광현〔パク・クァンヒョン〕「'조선'이라는 여행지에 머문 서양철학 교수〔『朝鮮』という旅行先に滞在した西洋哲学教授〕」、『비교문학〔比較文学〕』四六集、二〇〇八年、参照。

(11) 助川徳是「安倍能成年譜」、『香椎潟』一四号、福岡女子大学、一九六八年、参照。

(12) 大正時代の自由主義、世界市民主義、教養主義の雰囲気を象徴的に表す哲学叢書シリーズが、岩波書店から発刊されているが、安倍はこの叢書シリーズで、『西洋古代中世哲学史』(一九一六年)と『西洋近世哲学史』(一九一七年)を執筆している。この叢書の企画と安倍の参加には、岩波書店創立者の岩波茂雄との個人的な関係(一高〔第一高等学校〕の同期)が決定的に働いた。この叢書は大きな成功を収め、大正時代の文化主義的教養概念が作られるのに大きな役割を果たしたと評価されている。

(13) 신인섭〔シン・インソプ〕「교양 개념의 변용을 통해 본 일본 근대문학의 전개양상 연구〔教養概念の変容を通して見た日本近代文学の展開様相の研究〕」、『일본어문학〔日本語文学〕』二三集、二〇〇四年、参照。この時代の人格主義的教養主義は、同時代に日本に留学していた植民地朝鮮の近代的知識人たちにも少なからず影響を及ぼしており、その代表者として李光洙《イグァンス》が挙げられる。これについては、이철호〔イ・チョロ〕「이광수 소설에 나타난 '인격'과 그 주체 표상〔李光洙の小説にあらわれた『人格』とその主体表象〕」、『한국어문학연구〔韓国語文学研究〕』五六集、二〇一一年、参照。

(14) 安倍能成「鍵の文明」(一九二八年)、『青丘雑記』岩波書店、一九三二年、一〇二—一〇四頁。

(15) 安倍能成「京城雑記」(一九二八年)、同前、八二頁。

(16) ここで慣れることができず落ち着かないというのは、単に、在朝日本人として安倍が朝鮮に対して感じる体験的異質感を意味するのではなく、近代的教養主義の世界に植民地という場が存在しないことを意味する。

(17) 安倍能成「京城街頭所見——朝鮮で見る日本的生活」(一九三二年)、『青丘雑記』三三四—三三五頁。

(18) 中根隆行は、安倍のこのような反省的視線を「比較文化論的観点」と命名し、その形成の根拠として、彼

の「豊富な旅行経験」を挙げている。中根隆行「在朝鮮という視座と旅行哲学」、박광현〔パク・クァンヒョン〕・이철호〔イ・チョロ〕編『이동의 텍스트, 횡단하는 제국〔移動のテクスト、横断する帝国〕』동국대출판부〔東国大学出版部〕、二〇一一年、七三―七四頁。しかし、多様な旅行経験を通して形成された比較文化論的観点が、自国の文化を批判的に眺めるようにさせたという点は肯定できるが、戦時体制期と敗戦後の安倍を考えるなら、彼の植民地経験と居住者／旅行者の二律背反のほうに、より目を向けなければならないだろう。

(19) 安倍能成「電車の中の考察――現代生活に於ける徳川時代的要素」(一九三二年)、『青丘雑記』三四一―三四二頁。

(20) 安倍能成「朝鮮所見二三」(一九二七年)、同前、四一頁。

(21) 安倍能成「京城の市街に就いて」(一九二八年)、同前、四五頁。

(22) 安倍能成「京城街頭所見」(一九三二年)、同前、三三七頁。

(23) 安倍能成「京城とアテーネ」(一九二八年)、同前、七五頁。

(24) 安倍能成「京城風物記」(一九二九年)、同前、一四一頁。

(25) しかし、このように朝鮮の固有性、または独自性を対象化する感覚の背景には、「日本」がやはり一つの独自の実体として構成されているという点を見過ごしてはいけない。たとえ、ここで島国的あるいは地方的という否定的な指標と一体化された方式で構成されているとはいえ、それは特定の歴史的契機によって肯定的同一化に転換しうるのである。この側面については第三節以降を参照。

(26) 安倍能成「京城街頭所見」(一九三二年)、『青丘雑記』三三八頁。

(27) 安倍能成「個人と全体」(一九三八年)、『時代と文化』岩波書店、一九四一年、四六頁。

(28) 同前、四八―四九頁。「今や列国の険しい対立の中に、大陸の民族にぶつかることになつて、従来の安穏が許されないことは、元よりいふをまたない。我々は民族としての強い遠心力と求心力とを、同時に要求せられるといふ至難の課題に直面してこれを解決せねばならぬのである」(四九頁)。

(29) 安倍能成「新文化の基礎」(一九四〇年)、『巷塵抄』小山書店、一九四三年、四―五頁。

(30) 同前、四頁。
(31) 同前、一八―一九頁。
(32) 同前、一九頁。
(33) 安倍能成「剛毅と真実と知慧とを」（一九四六年）、『戦中戦後』白日書院、一九四六年、一〇四頁。
(34) 「日本が朝鮮併合以来取れる方針は、少なくともその標榜する所より見て後者〔同化による新しい民族的統一――引用者〕の難きを取つて居る。この方針は最も正しい方針であり、単なる標榜に止まらず、これを或る程度まで実現し来つたといふ事も亦否定出来ない」。安倍能成「新文化の基礎」（一九四〇年）、『巷塵抄』一三頁。
(35) 「日露戦争による消耗や戦後の経済的不況にもかかわらず、戦争を通して蓄積をすすめた日本の資本主義は、戦後急速な発展を遂げた。ことにポーツマス条約によってロシアから獲得した鉄道の利権を基として、一九〇六（明治三九）年には南満州鉄道株式会社が設立され、大陸植民地政策の根拠となったし、一九一〇（明治四三）年には韓国併合が行われて、日本の帝国主義的体制は急速に進んだのである。そしてさらに一九一四（大正三）年に勃発した第一次世界大戦は、国力の発展にもかかわらず、一九億円にあまる外債の利払いと絶え間ない経済恐慌に苦悩していた日本の経済界に、起死回生の機会を与えた」。家永三郎編『近代日本思想史』연구공간 '수유+너머' 일본근대사상팀〔研究空間「スユ＋ノモ」日本近代思想チーム〕訳、소명출판〔ソミョン出版〕、二〇〇六年、二六三頁（この部分の執筆者は久山康）。
(36) 鹿野正直は、大正知識人を特徴づける要素として、日露戦争後に登場した世代、日本の公教育制度の整備の二つを挙げている。鹿野政直『近代日本思想案内』〔岩波文庫、一九九九年〕、김석근〔キム・ソックン〕訳、소화〔ソファ〕、二〇〇四年、参照。これと関連して、安倍が朝鮮の学生たちに与えた文で、「諸君の父祖達が修めた学問は治国平天下の道であつて、その趣旨からいつて真に実用の学たるべき筈であるが、実は仕官の方便に堕した」のだったと評価し、「学問を修めたものが直に位置を求め職を求め、そのこれを得ざるや直に不平不満に陥る」態度を批判したことも、学生たちが社会運動へ参加するのを阻止しようとする政治的な意図と

あわせて、大正教養主義者としての純粋な学に向かおうとする思いを反映している。安倍能成「半島の学生に与ふる書」(一九三九年)、『青年と教養』一九六頁。

(37) 安倍能成「青年と責任感」(一九四一年)、『巷塵抄』一七五頁。

(38) 「国家の自由」と関連して、敗戦後に〔安倍が〕発表した次の文は参考に値する。「……文化をつくるものは、人間の意志、自由なる意志である。元来、自由を持つてゐるといふことが、人間の人間たる所以であつて、ヘーゲルが『歴史は自由の進行の跡である』といつたのも、その意味である。……国家の場合でも、その国家がほんとうの意味での文化国家となり、世界史上に貢献するためには、先づ国民が自由な人間でなければならぬ」。安倍能成「言論の自由」(一九四七年一月一八日)、『一日本人として』白日書院、一九四八年、六一頁。

(39) 大正教養主義者たちの倫理的立場は、人格本位の実践主義と言えるが、それは「個人道徳と国民道徳の両極を含」むものだった。大正教養主義者たちは、一方では封建的・惰性的家族主義を拒否し、また一方で近代的・産業的功利主義と対立しながら、個人の自由意志に基づいた国家モデルを目指したが、その過程で、際限なく個人の自我の自立と国民道徳、あるいは国家との調整を課題としていた。荒川幾男「一九一〇年代の世界と日本の哲学」、宮川透・荒川幾男編『日本近代哲学史』(有斐閣、一九七六年)、이수정〔イ・スジョン〕訳、생각의나무〔思考の木《センガゲナム》〕、二〇〇一年、一四〇―一四一頁、参照。

(40) 安倍は、戦後の日本社会が道徳的に立ち直って道義国家、文化国家を建設し、世界文化に寄与できるなら、この敗北と降伏こそ、戦争中一度も吹かなかった神風に違いないと述べる。安倍能成「学習院百一年祭に」(一九四七年)、『一日本人として』八五―八六頁、参照。

(41) 安倍能成「序」、『戦中戦後』二頁。

(42) 安倍能成「青年学徒に告ぐ」(一九四六年)、同前、一二五頁。

(43) かといって、彼が侵略戦争としての性格を否定したり、日本の戦争責任についてまったく自覚していなかったわけではない。一九四八年にユネスコから発表された八科学者の平和に関する声明をめぐる論議を経たあと安倍によって整理された、しかしながら主に丸山眞男が執筆したと考えられる「日本の科学者の声明」でも、日本の知識人たちは「わが国が侵略戦争を開始した際にあたって、僅かに微弱な抵抗を試みたに留まり、積極的にこれを防止する勇気と努力とを欠いていた点」を反省している（「戦争と平和に関する日本の科学者の声明」、『世界』一九四九年三月号）。しかしその原因を、「言論の自由を奪われていったために、われわれの見解を広く国民の間に滲透させて平和を確保する力たらしめ得なかったこと」（同前）に求めているだけで、自分（たち）が総力戦体制下で国家主義を深めてきたことについては、まったく目を向けていない。

(44) 安倍能成「強く踏み切れ」（一九四五年）、『戦中戦後』四六頁。
(45) 安倍能成「序」、同前、三頁。
(46) 安倍能成「強く踏み切れ」（一九四五年）、同前、四八頁。
(47) 安倍能成「剛毅と真実と知慧とを」（一九四六年）、同前、一〇四頁。
(48) このような自由の概念は、単に安倍能成だけに限られるものではなかった。明治時代、思想的・文化的権威を手にしていた自然科学と自然主義に反発しながら、早くから自然科学に限界を設定して、理想主義哲学を樹立しようとしていたカントの倫理的観点を、文化主義的に受け入れた大正教養主義者たちは、このような自由の概念を共有していた。家永三郎編、前掲、二六二―二七四頁、参照。
(49) 安倍能成「日本の出発」（一九四五年）、『戦中戦後』五五頁。
(50) 安倍能成「剛毅と真実と知慧とを」（一九四六年）、同前、一〇八頁。
(51) 安倍能成「日本文化の性格」（一九四七年）、『一日本人として』三八頁。
(52) 安倍能成「剛毅と真実と知慧とを」（一九四六年）、『戦中戦後』一一一頁。
(53) 安倍能成「新文化の基礎」（一九四〇年）、『巷塵抄』一三頁。
(54) 同前、一二頁。
(55) 安倍能成「新憲法について」（一九四六年）、『一日本人として』一五三頁。
(56) 安倍能成「年少学徒に告ぐ」（一九四五年）、『戦中戦後』八〇頁、参照。
(57) 安倍能成「陛下の御こと」（一九四九年）、『天皇の印象』創元社、一九四九年、三頁および七頁、参照。

(58) 安倍能成「新憲法について」(一九四六年)、『一日本人として』一五二―一五三頁。ここで彼は、京都学派であり自分とともに大正教養主義の洗礼を受けた田辺元が、天皇の位置を絶対無の矛盾的自己同一性と説明した方式を参照している。このように、戦後平和憲法下の象徴天皇制こそ、本当の天皇の存在、「古来の伝統」の中の天皇を復活させたものだと受け入れる態度は、いわゆる「オールド・リベラリスト」たちには一般的なことだった。これと関連した津田左右吉と和辻哲郎の陳述については、小熊英二『〈民主〉と〈愛国〉――戦後日本のナショナリズムと公共性』新曜社、二〇〇二年、一六三頁、参照。また安倍は、敗戦直後、天皇の退位を主張するある哲学者の文を読んで、天皇が「自分が『私』を先にするならば退位の安きにつきたいのは山々であるが、自分の位置として『私』があつてはならぬと思へばこそ、このやうにして居る」という逸話を取り上げて、無私無我に忠実な天皇に尊敬の情を表してもいる。安倍能成「陛下の御こと」(一九四九年)、『天皇の印象』四頁、参照。

(59) 安倍のこのような態度は、「西欧列強によって植民地化されるかもしれない危機的状況……に蓋をし、あたかも自発的意志であるかのように『文明開化』というスローガンを掲げて、西欧列強を模倣することに内在する自己植民地化を隠蔽し忘却」した、開港初期の日本の近代的知識人たちの態度と似ている。小森陽一『ポストコロニアル』〔岩波書店、二〇〇一年〕、송태욱〔ソン・テウク〕訳、삼인〔サミン〕、二〇〇二年、三二頁、参照。

(60) 安倍能成「日本新憲法英訳に序す」(一九四七年)、『一日本人として』九三頁。

(61) 安倍能成「日本の立場」(一九四七年)、同前、七五頁。

(62) 安倍能成「民主主義」(一九四六年)、同前、四二頁。

(63) 敗戦後、日本の戦後の復旧ディスコースがアジアを削除していることについては、김항〔キム・ハン〕「‘결단으로서의 내셔널리즘’과 ‘방법으로서의 아시아’: 근대 일본의 자연주의적 국가관 비판과 아시아〔『決断としてのナショナリズム』と『方法としてのアジア』――近代日本の自然主義的国家観批判とアジア〕」、『대동문화연구〔大東文化研究〕』六五集、二〇〇九年、参照。

（64）アジアに対して責任を感じる言及がまったくないわけではない。侵略戦争に対する責任表明と関連しては、先に註43でも言及したが、たとえば安倍は、「殊に善隣の国として共に大東亜を荷つてゆくべき中国に対する日本人の振舞に至つては、天人共にこれを許さぬところの罪を冒すことはなかつたか。朝鮮に於ける、樺太に於ける、満洲に於ける邦人の苦境を同情するとともに、我々は又中国に於ける一部の同胞の振舞に思ひ及んで、一層心を暗くする」と告白してもいる（安倍能成「年少学徒に告ぐ」（一九四五年）、『戦中戦後』八一頁）。しかしながら、ここでも中国に対する罪を反省する一方で、サハリン、満州とともに朝鮮を思い浮かべるときは、一種の自己憐憫の感情に襲われているのを確認できる。

（65）安倍能成「強く踏み切れ」（一九四五年）、『戦中戦後』四八頁、参照。ここで安倍は、連合国軍が日本に駐屯し、日本の政治をその指揮・監督下に置いている状況を、「日本始まつて以来の屈辱」と認識し、日本国民が「受難の時代」に置かれていると叙述している。

（66）坂口安吾「続堕落論」〔『堕落論』一九四七年〕、『백치、타락론 외〔白痴、堕落論ほか〕』최정아〔チェ・ジョンア〕訳、책세상〔本の世界〕、二〇〇七年、参照。

第四章

（1）一九六五年以前に韓国の新聞で使われた用語を調べてみると、徴用・強制徴用・強制動員という言葉で表現されており、強制連行はそれほど使われていなかった。これと比べ、在日朝鮮人社会では、日本人のタコ部屋（監禁労働）や囚人労働、中国人労務動員と関連して、強制連行という言葉が戦時期の公式文書にも使われていた影響もあって、強制連行という言葉が普遍的に使用された。

（2）外村大が、「強制連行はつくられたものだ」という鄭大均（『在日・強制連行の神話』文春新書、二〇〇四年）の論理に反駁するために、「朝鮮人強制連行――研究の意義と記憶の意味」（戦後責任ドットコム）〔http://space.geocities.jp/ml1alt2/data/data2/data2-3.html〕の中で強制の実例として挙げたのは、すべて官斡旋期、徴用期の姿である。このような批判は実質的に、強制連行を狭い範囲でしか捉えていないと言える。募集期の強制性は、身体的暴力性のみを意味するわけではないからである。
(3) この計画の目標は、「軍需の充足、生産力拡充計画の遂行、流出の振興、国民生活に必要な必需品の確保」である。第一次労務動員計画は一九三九年七月に閣議決定され、毎年必要人員を計上した。一九三九年の第一次労務動員計画の中では既住朝鮮人を動員対象としたが、実際には移住朝鮮人労働者を加えて実施され、一九四〇年の第二次労務動員計画から、移住朝鮮人労働者が内地新規労働者として加えられるようになった。一九四二年の第四次労務動員計画は、その名を「国民動員計画」と変えて、そこに未婚女性、学生が加えられ、一九四三年の第五次「国民動員計画」では戦争捕虜と受刑者も加えられた。朝鮮人の場合、一九四三年からは地域的に日本本土以外に満州、南洋群島南方地方にも「供出」することが決められている。
(4) 「国家総動員法」(昭和一三年法律第五五号)、歴史学研究会編『日本史史料 五 現代』岩波書店、一九九七年、八六頁。「第四条 政府ハ戦時ニ際シ国家総動員上必要アルトキハ勅令ノ定ムル所ニ依リ帝国臣民ヲ徴用シテ総動員業務ニ従事セシムルコトヲ得但シ兵役法ノ適用ヲ妨ゲズ」。「第六条 政府ハ戦時ニ際シ国家総動員上必要アルトキハ勅令ノ定ムル所ニ依リ従業者ノ使用、雇入若ハ解雇、就職、従業若ハ退職又ハ賃金、給料其ノ他ノ従業条件ニ付必要ナル命令ヲ為スコトヲ得」。
(5) 「国家総動員法」(昭和一三年法律第五五号)、同前。「第五条 政府ハ戦時ニ際シ国家総動員上必要アルトキハ勅令ノ定ムル所ニ依リ帝国臣民及帝国法人其ノ他ノ団体ヲシテ国、地方公共団体又ハ政府ノ指定スル者ノ行フ総動員業務ニ付協力セシムルコトヲ得」。
(6) 朝鮮で全面的に実施されたのは一九四四年八月八日だが、この当時から徴用法の改定に従って朝鮮人にも部分的に徴用が実施された。
(7) 「朝鮮人労働者内地移住ニ関スル方針」(一九三九年)、朝鮮人強制連行実態調査報告書編集委員会・札幌学院大学北海道委託調査報告書編集室編『北海道と朝鮮人労働者――朝鮮人強制連行実態調査報告書』札幌学院大学生活協同組合、一九九九年、四八三頁。
(8) 「朝鮮職業紹介令施行ニ関スル件」(一九四〇年一月二七日、各道知事宛、内務、警務局長通牒)、樋口雄一編『戦時下朝鮮人労務動員基礎資料集　Ⅴ』緑蔭書房、二〇〇〇年、三三六―三四一頁。「募集ニ依ル朝鮮人労働者ノ内地移住ニ関スル件」(一九四〇年三月一二日、各道知事宛、内務、警務局長通牒)、同前、二四二―三四四頁。
(9) 田中宏・内海愛子・新美隆編『資料　中国人強制連行の記録』明石書店、一九九〇年、六四九頁。
(10) 労務部前田一「北支苦力事情視察報告」、北海道炭礦汽船株式会社労務部『苦力俘虜関係　昭和一八年』不二出版、一九九三年。
(11) 西成田豊『中国人強制連行』東京大学出版会、二〇〇二年、四二―一〇四頁。
(12) 西成田豊、同前、一〇九―一一二頁。
(13) 花岡鉱山で土木部門を担当する請負業者の鹿島組は、一九四四年から九八六人の中国人を動員した。しかし、過酷な労働条件のため半年で一三七人が死亡。そのため一九四五年六月三〇日に中国人労働者が蜂起したが、憲兵や警察などによって拷問や弾圧を受け、総勢四一九人が死亡した事件のことを言う。
(14) 粟屋憲太郎編『資料日本現代史　2　敗戦直後の政治と社会1』大月書店、一九八〇年、四―七頁。
(15) 「華鮮労務対策委員会活動記録」(一九四七年)、朴慶植編『朝鮮問題資料叢書　(別巻)第一集　戦時強制連行『華鮮労務対策委員会活動記録』』アジア問題研究所、一九八一年。
(16) 同前、八頁。
(17) 「附録第五号　委員会活動日誌(自　昭和二十年八月　至　昭和二十二年五月)」、同前、附録九八頁。
(18) 「華人労務者関係事件ニ付キ弁護報償ニ関スル約定書」(一九四六年)、同前、一一四頁。
(19) 「附録第四号　華人労務者移入事情と雇傭関係の顚末」(一九四六年)、同前、附録八一―九六頁。
(20) 「華人労務者移入事情」、同前、二五―四七頁。
(21) 「華人労務者関係事件ニ関スル委員会決議事項」(一九四六年)、同前、一一六―一一八頁。
(22) 杉原達『中国人強制連行』岩波新書、二〇〇二年、一六〇頁。
(23) 「附録第二号二　土木建築事業ニ於ル鮮人自由労務者ノ処理並ニ業者ノ損害補償ニ関スル件」(陳情書、一

九四五年)、朴慶植編、前掲、附録六九―七五頁。
(24)「附録第一号　土木建築事業に於ける華人及半島人労務者の処理並に損害補償に関する陳情」(一九四五年)、同前、附録一―三四頁。
(25)「附録第二号二　土木建築事業ニ於ル鮮人自由労務者ノ処理並ニ業者ノ損害補償ニ関スル件」、同前、附録六九―七五頁。
(26)「朝鮮人労務者ノ処遇ニ関シ在日本朝鮮人連盟ヨリ要求セラレタル件ニ付陳情」(一九四六年)、同前、一四二頁。
(27) 衆議院「第七回国会　通商産業委員会公聴会　第一号」一九五〇年二月九日、国会会議録検索システム(http://kokkai.ndl.go.jp/SENTAKU/syugiin/007/0556/00702090556001c.html)。
(28) 남상구〔ナム・サング〕「일본의 '전후처리'와 식민지 문제〔日本の『戦後処理』と植民地問題〕」、『한일관계사 연구〔韓日関係史研究〕』三六巻、二〇一〇年、三〇六頁。
(29) 内海愛子『戦後補償から考える日本とアジア』〔山川出版社、二〇〇二年〕、김경남〔キム・キョンナム〕訳、논형〔ノンヒョン〕、二〇一〇年、一八六―一八九頁。
(30) 粟谷憲太郎ほか『戦争責任・戦後責任――日本とドイツはどう違うか』朝日選書、一九九四年、二二―二六頁。
(31) 同前、四二―四三頁。
(32) 太田修『日韓交渉――請求権問題の研究』クレイン、二〇〇三年、三〇六頁。
(33) 太田修「二つの講和条約と初期日韓交渉における植民地主義」、李鍾元ほか編著『歴史としての日韓国交正常化　Ⅱ　脱植民地化編』法政大学出版局、二〇一一年、三〇頁。
(34) 太田修、前掲『日韓交渉』五〇頁。
(35) 同前、五一―五二頁。
(36)「徴用갔든 사람은 申告〔徴用されていた者は申告〕」、『동아일보〔東亜日報〕』一九四六年五月一四日。こ

の資料は第二次日韓会談のときに基本資料として使われたもので、一九四六年九月三〇日の申告者一〇万五一五一名のうち、徴用死亡者一万二六〇三名、負傷者約七〇〇〇名とされる（장박진〔チャン・パクチン〕「한일회담청구권 교섭에서의 세부항목 변천의 실증분석〔韓日会談請求権交渉での細部項目変遷の実証分析〕」、『정신문화연구〔精神文化研究〕』三四巻一号、二〇一一年、九七頁）。

(37)「전국인구조사시행령 발포〔全国人口施行令発布〕」、『동아일보〔東亜日報〕』一九四八年一二月五日。

(38) 太田修、前掲『日韓交渉』三三一―三四頁。

(39)『第一次韓日会談（一九五二年二月一五日―四月二一日）請求権分科委員会会議録――第一次～第八次』三三七―三三九頁。

(40) 同前。

(41)「일제에 끌려간 징용자의 실태조사 보상청구할 자료 보사부서 한일회담 앞두고 대비〔日帝に連行された徴用者の実態調査　補償請求する資料　保健社会部で韓日会談を前に備える〕」、『경향신문〔京郷新聞〕』一九五八年一月一七日。

(42) 일제강점하강제동원피해진상규명위원회〔日帝強占下強制動員被害真相究明委員会〕編『강제동원 명부해제집〔強制動員名簿解題集〕』二〇一〇年二月、二四九頁。

(43)『第二次韓日会談（一九五三年四月一五日―七月二三日）請求権委員会会議録』一一四七頁。

(44) 太田修、前掲『日韓交渉』一七〇頁。

(45) 同前、一七〇頁。

(46)『第六次韓日会談請求権委員会会議録』二二二頁。

(47) 同前、二二三頁。

(48)「日韓会談の請求権問題処理にあたっての問題点」日本外務省文書（一七三六）、一九六二年一月一〇日、大蔵省理財局、外務省アジア局。

第五章

(1) 小森陽一『一九四五년 八월 一五일, 천황 히로히토는 이렇게 말하였다〔一九四五年八月一五日、天皇裕仁はこう言った〕』〔原題『天皇の玉音放送』五月書房、二〇〇三年〕、송태욱〔ソン・テウク〕訳、뿌리와 이파리〔根と葉〕、二〇〇四年、一七一頁。

(2) 豊下楢彦『히로히토와 맥아더〔裕仁とマッカーサー〕』〔原題『昭和天皇・マッカーサー会見』岩波現代文庫、二〇〇八年〕、권혁태〔権赫泰〕訳、개마고원〔蓋馬高原〕、二〇〇九年、参照。

(3) 天皇の人間宣言が朝鮮半島でどのように評価されたのかについては、一九四六年一月五日付『자유신문〔自由新聞〕』の社説に次のように掲載されたという。「日本が自称神皇の正当であり無窮の宝祚とした現人神の天皇の口を借りて、自己暴露の告白を万国に提示したというのは、痛快極まりないことであり、また苦笑を禁じえないことである」。尹健次《ユンコンチャ》『교착된 사상의 현대사〔交錯した思想の現代史〕』〔原題『思想体験の交錯——日本・韓国・在日　一九四五年以後』岩波書店、二〇〇八年〕、박진우〔パク・チヌ〕訳、창비〔創比〕、二〇〇九年、八九―九〇頁。

(4) 박진우〔パク・チヌ〕「패전 직후의 천황제 존속과 민중〔敗戦直後の天皇制存続と民衆〕」、김광열〔キム・クァンニョル〕ほか『패전 전후 일본의 마이너리티와 냉전〔敗戦　戦後　日本のマイノリティと冷戦〕』J&C、二〇〇六年、一二七頁。

(5) 一九四六年二月一九日から始められた天皇の全国巡幸は、多くの国民から支持され、共産主義者までもがこれを歓迎したという。同前、一二八―一三〇頁、参照。杉原泰雄ほか編『日本国憲法史年表』解説編、勁草書房、一九九八年、四一四頁。

(6) 樋口陽一『近代国民国家の憲法構造』東京大学出版会、一九九四年。

(7) 明治憲法と権利の導入については以下を参照。尾川昌法「明治の人権論ノート(1)　オランダ留学と『万国公法』——人権の誕生(1)」、『人権二一』一六一巻、岡山部落問題研究所、二〇〇二年。出原政雄「明治初期における『権利』観念について」、『社会科学』二九号、同志社大学人文科学研究所、一九八二年。中村睦男「日本における欧米からの人権観念の導入と展開」、『北大法学論集』四七巻五号、一九九七年。飯田鼎「明治初期、自由民権運動の展開と相剋」、『千葉商大論叢』四〇巻四号、二〇〇三年。

（8）これについては以下を参照。田代菊雄ほか『平和と人権──憲法から考える』法律文化社、一九九九年。이정은〔李定根《イチョンウン》〕「메이지 초기 천황제 국가건설과 〝인권〟：후쿠자와 유키치와 가토 히로유키의 〝인권론〟을 중심으로〔明治初期天皇制国家建設と『人権』──福沢諭吉と加藤弘之の『人権論』を中心に〕」、『사회와 역사〔社会と歴史〕』六八集、二〇〇五年。

（9）日本国憲法と人権条項については以下を参照。石田雄「日本における法的思考の発展と基本的人権」、東京大学社会科学研究所編『基本的人権　2　歴史Ⅰ』東京大学出版会、一九六八年。辻村みよ子「近代人権論批判と憲法学」、『憲法問題』一三号、全国憲法研究会、二〇〇二年。井ヶ田良治『日本法社会史を拓く』部落問題研究所、二〇〇二年。

（10）原文〔条文〕は次のとおりである。「第一条　天皇は、日本国の象徴であり日本国民統合の象徴であつて、この地位は、主権の存する日本国民の総意に基く」。「第九条　日本国民は、正義と秩序を基調とする国際平和を誠実に希求し、国権の発動たる戦争と、武力による威嚇又は武力の行使は、国際紛争を解決する手段としては、永久にこれを放棄する。／前項の目的を達するため、陸海空軍その他の戦力は、これを保持しない。国の交戦権は、これを認めない」。

（11）大久保史郎『人権主体としての個と集団──戦後日本の軌跡と課題』日本評論社、二〇〇三年、五一─六頁。

（12）日本国憲法の形成過程は以下を参照。김창록〔金昌禄《キムチャンノク》〕「〝일본국헌법〟의 〝출현〟〔『日本国憲法』の『出現』〕」、『부산대학교 논집〔釜山大学校論集〕』一四号、一九九六年。長谷川正安「憲法学史」、鵜飼信成ほか編『講座日本近代法発達史　6』勁草書房、一九五九年。高橋彦博『日本国憲法体制の形成』青木書店、二〇〇七年。高柳賢三ほか編著『日本国憲法制定の過程』Ⅰ・Ⅱ、有斐閣、一九七二年。川口由彦『日本近代法制史』新世社、一九九八年。永井憲一編『戦後政治と日本国憲法』三省堂、一九九六年。古関彰一『日本国憲法の誕生』〔岩波現代文庫、二〇〇九年〕、김창록〔金昌禄〕訳、뿌리와 이파리〔根と葉〕、二〇一〇年。

(13) 佐藤潤一『日本国憲法における「国民」概念の限界と「市民」概念の可能性——「外国人法制」の憲法的統制に向けて』専修大学出版局、二〇〇四年。尹健次「帝国臣民から日本国民へ——国民概念の変遷」、『日本国民論——近代日本のアイデンティテイ』筑摩書房、一九九七年。松本邦彦解説・訳『GHQ日本占領史　第一六巻　外国人の取り扱い』日本図書センター、一九九六年、参照。

(14) 英文では、“to Japanese subjects and to all persons within Japanese jurisdiction” と表現されている。古関彰一、前掲『日本国憲法の誕生』一三四頁〔岩波現代文庫、一三五—一三六頁〕。

(15) 日本で女性の権利項目を担当していたベアテ・シロタ・ゴードン（Beate Sirota Gordon）は、この過程を『一九四五年のクリスマス——日本国憲法に「男女平等」を書いた女性の自伝』（平岡磨紀子構成・文、柏書房、一九九五年）で詳細に記録している。

(16) 原文は以下のとおりである。「第十一条　国民は、すべての基本的人権の享有を妨げられない。この憲法が国民に保障する基本的人権は、侵すことのできない永久の権利として、現在及び将来の国民に与へられる」。

(17) 古関彰一、前掲、二五七頁〔岩波現代文庫、二七七—二七八頁〕。

(18) 김광열〔キム・クァンニョル〕「전후 일본의 재일조선인 법적 지위에 대한 정책〔戦後日本における在日朝鮮人の法的地位についての政策〕」、『한일민족문제연구〔韓日民族問題研究〕』六巻、二〇〇四年。한영구〔ハン・ヨング〕・윤덕민〔ユン・トンミン〕編『현대 한일관계자료집 1〔現代韓日関係資料集1〕』오름〔オルム〕、二〇〇三年。하병욱〔河炳旭《ハビョンウク》〕『재외 한국인의 국적문제〔在外韓国人の国籍問題〕』홍구희〔ホン・クヒ〕訳、열린책들〔開かれた本〕、二〇〇二年。金英達《キムヨンダル》『在日朝鮮人の歴史』明石書店、二〇〇三年、参照。

(19) 「第〇一三国会　外務委員会　第九号」参議院国会会議録（日本）、一九五二年三月六日。

(20) 인권운동사랑방 사회권위원회〔人権運動サランバン社会権委員会〕訳『사회권규약해설서 1〔社会権規約解説書1〕』사람생각〔人の思考〕、二〇〇三年。Mattew C. R. Craven, *The International Covenant on Economic, Social, and Cultural Rights*, Oxford University Press, 1995.

(21) 生存権は、日本社会では敗戦直後よりは一九六〇年代において、都市問題や消費社会に基盤をおく人権、産業開発・公害・自然破壊に抵抗する環境の権利として新たに展開された。

(22) 生存権の規定は、一九五七年に生活保護法の支給基準をめぐって在日朝鮮人の提訴があったことからもわかるように、他のどの条項よりも象徴的意味が大きい。戦後の日本の公的扶助体制については、허광무〔許《ホ》光《クァン》茂《ム》〕「전후 일본 공적부조체제의 재편과 재일조선인〔戦後の日本の公的扶助体制の再編と在日朝鮮人〕」、『일본학보〔日本学報〕』五八集、二〇〇四年。

(23) この規定は、総司令部案にも政府改定草案にもなかったものを、憲法研究会案に基づいて衆議院憲法特別委員会が提案して追加された。大久保史郎、前掲『人権主体としての個と集団』二四―二五頁、参照。

(24) 「あなたの人権は守られているか」、『読売新聞』一九五〇年一二月五日。「人権は守られているか?」、『読売新聞』一九五三年九月二八日。

(25) 大久保史郎、前掲、六〇頁。

(26) 法務府(日本)『法務年鑑』一九五〇年、二九二頁。

(27) 一九四八年二月一五日に司法省が廃止され、法務全般を管掌する法務庁が設置された。法務庁は一九四九年六月一日、行政機構改革によって法務府と改称されたが、一九五二年八月一日に再び法務省と改称、現在に至っている。法務省に改編される当時、出入国管理局が主務局になり、人権擁護局の位置は変化した。法務省『法務年鑑』一九五一―一九六〇年、参照。

(28) 人権擁護局は三課体制で続けられたが、一九五六年四月一日、法務省組織令改定によってそれぞれ第一課は総務課、第二課は調査課が担当し、第三課は廃止されてその業務は総務課が担当するようになった(法務省『法務年鑑』一九五六年、二五四頁)。しかし、一年後の一九五七年七月三一日に法務省組織令第四十五条によって、第三課が担当していた業務を人権擁護管理官が担当することになった(法務省『法務年鑑』一九五七年、二八五―二八八頁)。

(29) 「人権擁護委員法(法律第一三九号)」、法務府『法務年鑑』一九五〇年、三一一頁。

(30) 「人権擁護委員はその職務を執行するに当つては、関係者の身上に関する秘密を守り、人種、信条、性別、社会的身分、門地又は政治的意見若しくは政治的所属関係によつて、差別的又は優先的な取扱をしてはならない」〔「人権擁護委員法」第一二条〕。「人権擁護委員は、その職務上の地位又はその職務の執行を政党又は政治的目的のために利用してはならない」〔同、第一三条〕。法務省『人権擁護局報』二号、一九五二年、参照。

(31) 国会会議録「法務委員会 一二号」一九四九年一一月二六日。「予算委員会 八号」一九五〇年一二月六日。「法務委員会 九号」一九五〇年一二月八日、参照。

(32) 法務省「人権擁護委員年次別委嘱表」、『法務年鑑』一九五六年、二五五頁。

(33) 法務省『法務年鑑』一九五八年、二七九頁。法務省『法務年鑑』一九五九年、二一二頁。

(34) 法務省『法務年鑑』一九五九年、二一一―二一四頁。

(35) 村八分は、江戸時代以降、村民に規約違反などの行為があったとき、全村が申し合わせによりその家との交際や取引などを絶つ、私的制裁を言う。『大辞泉』参照。

(36) 法務省人権擁護局『人権擁護局報』七号、一九五三年、一三三頁。

(37) 法務省『法務年鑑』一九五八年、二七九頁。法務省『法務年鑑』一九五九年、二一二頁。

(38) 권혁태〔権赫泰〕「일본에는 인권위원회가 없다〔日本には人権委員会がない〕」、『일본의 불안을 읽는다〔日本の不安を読む〕』교양인〔教養人〕、二〇一〇年、三二九―三三七頁。

(39) 一九五一年から七年間、これら特定記念日を中心に人権啓蒙活動がなされたが、一九五八年からは八月一五日の終戦記念日は除外された。法務府『法務年鑑』一九五〇―一九五一年。法務省『法務年鑑』一九五二―一九五九年、参照。

(40) 法務府『法務年鑑』一九五一年、二九二―二九五頁。

(41) 「民主日本の輝く日」、『読売新聞』一九四七年五月三日。「編集手帳」、『読売新聞』一九五〇年一一月一九日。

(42) 法務府人権擁護局『自由人権書籍 基本的人権について 世界人権宣言二周年記念学生論文入賞作品』一九五一年。中・高生を対象にした論文公募で、文部省は、人間はすべてが平等であって人間としての自由と権利を持っているのだから、互いにそれを尊重しなければならないということを前提にして、人権と関連した事項や自身の経験を自由に作成させるようにした。

(43) 同前。中等部三等を取った「白由と人権と福沢諭吉」と、高等部三等を取った「日本人と水平社運動」を参照。

(44) 国会会議録「本会議　四〇号」一九五〇年四月七日。

(45) 「編集手帳」、『読売新聞』一九五五年一二月七日。「警察、先生の暴力目立つ」、『読売新聞』一九六四年一二月二日。

(46) 法務省人権擁護局「人権侵害事件処理例」、『人権擁護局報』五号、一九五三年三月、八二―八六頁。

(47) 「サーカスの少女たち　人権をしらぬ世界」、『読売新聞』一九五〇年一一月一〇日。

(48) 法務省人権擁護局「人権に関する年表」、『人権擁護局報』六号、一九五三年九月、六二―八四頁。

(49) 「日재무상 ‘야스쿠니 A급 전범, 전범 아니다’〔日本財務相『靖国A級戦犯、戦犯ではない』〕」、『동아일보〔東亜日報〕』二〇一一年八月一五日。

(50) これについては、南富鎭《ナムブジン》『近代日本と朝鮮人像の形成』勉誠出版、二〇〇二年、四―六頁、参照。また、琴秉洞《クムビョンドン》編『資料　雑誌にみる近代日本の朝鮮認識　第四巻』緑蔭書房、一九九九年、所収の以下の資料を参照。公論「韓国併合成る」、『中央公論』一九一〇年九月。某男爵「朝鮮人の性質」、『日本及び日本人』一九一〇年九月一五日。

(51) 「国家総動員法」第五条。「政府ハ戦時ニ際シ国家総動員上必要アルトキハ勅令ノ定ムル所ニ依リ帝国臣民及帝国法人其ノ他ノ団体ヲシテ国、地方公共団体又ハ政府ノ指定スル者ノ行フ総動員業務ニ付協力セシムルコトヲ得」。

(52) 法務省『人権擁護局報』一九五三年九月、六二頁。

(53) 上田政昭編『人権歴史年表』山川出版社、一九九九年。

(54) 財団法人世界人権問題研究センターは、一九九四年に文部省が認可して京都に設立された研究財団である。

このセンターは、平安建都一二〇〇年記念事業を具体化する過程で、京都の歴史と文化は人権文化と深い関係があるという問題意識をもって、研究者たちが設立した（http://www.mmjp.or.jp/jinken/）。

第六章

（1）ジョルジョ・アガンベン『例外状態』김항〔キム・ハン〕訳、새물결〔新しい波〕、二〇〇九年、八五頁〔上村忠男・中村勝己訳、未来社、二〇〇七年〕。

（2）成田龍一の研究としては、『「戦争経験」の戦後史――語られた体験／証言／記憶』岩波書店、二〇一〇年。また、「『引揚げ』に関する序章」、『思想』九五五号、二〇〇三年一一月。

（3）この用語は、大貫恵美子『죽으라면 죽으리라〔死ねと言えば死のう〕』〔原題『学徒兵の精神誌――「与えられた死」と「生」の探求』岩波書店、二〇〇六年〕、이향철〔イ・ヒャンチョル〕訳、우물이 있는 집〔井戸のある家〕、二〇〇七年、二五頁、から引いた。この書の日本語原題の中で使われた用語でもある。

（4）成田龍一「忘れられた小説『灰色の丘』のこと――『引揚げ』体験とジェンダー」、岩崎稔ほか編著『継続する植民地主義――ジェンダー／民族／人種／階級』青弓社、二〇〇五年。

（5）短編「襁褓」の一―三節は、若干形を変えて、『流れる星は生きている』総合編の後半部節に該当する「子持ち女」に結合されている。

（6）第二次世界大戦の終結と米ソの朝鮮半島占領過程については、ブルース・カミングス『朝鮮戦争の起源（한국전쟁의 기원）』김자동〔キム・チャドン〕訳、일월서각〔日月書閣〕、一九八六年〔鄭敬謨ほか訳、明石書店、二〇一二年〕。

（7）この枠で戦後日本の植民地の記憶の問題を扱ったものとしては、김예림〔金艾琳《キムイエリム》〕「포스트콜로니얼의 어떤 복잡한 월경적 연애에 관하여〔ポストコロニアルのある複雑な越境的恋愛に関して〕」、『서강인문 논총〔西江人文論叢〕』三一集、二〇一一年。

（8）本格帰還時期（一九四五―一九四七年）、共産圏帰還時期（一九四八―一九五〇年）、大空白期（一九五一

—一九五二年）、続共産圏帰還時期（一九五三—一九五九年）がそれである（丸川哲史『冷戦文化論』〔双風舎、二〇〇五年〕、장세진〔チャン・セジン〕訳、너머북스〔ノモブックス〕、二〇一〇年、二三四頁から再引用）。本格帰還時期と共産圏帰還時期に該当する五年あまりの帰還だけを見ても、一九四五年九月から一九四六年六月まで総勢五一〇万人の日本人が本土に戻り、一九四七年は七四万人、一九四八年には三〇万人、そして一九四九年には一〇万人くらいが送還された。一九四五年九月二五日にメレヨン島から別府に入った病院船の高砂丸を引揚げの第一船とし、一九五〇年四月二二日にナホトカから舞鶴に向かって出発した信濃丸までを「前期集団引揚げ」と言う。そして、一九五三年一一月二八日にナホトカから再開された「後期集団引揚げ」は、主にソ連、中国、北朝鮮、ベトナム等を対象にしている。もちろんこのような集団引揚げ形態でない、個人的な脱出や帰還は続けられた。これについては、成田龍一、前掲『「戦争経験」の戦後史』を参照。

（9）成田龍一、同前、八六頁。

（10）南下するたくさんの日本人集団が開城《ケソン》に登場したのは、およそ一九四六年五月末からであり、以後その数は増え続けた。しかし一九四六年七月頃には、開城の日本人残留者は三三四人程度に減った。これについては、浅野豊美監修・解説『살아서 돌아오다〔生きて帰る〕』李吉鎮《イキルジン》訳、솔〔松《ソル》〕、二〇〇五年、VI頁〔『故郷へ——帝国の解体・米軍が見た日本人と朝鮮人の引揚げ』明田川融訳、現代史料出版、二〇〇七年〕。

（11）丸川哲史『冷戦文化論』で提示されている年表では、出版時期が一九四九年四月となっているが、中央公論社版〔『流れる星は生きている』中公文庫〕に記載されている「主な刊行年月」では、刊行は五月となっている。

（12）人形を作るために布切れを手に入れようとソ連軍宿所を訪ねていくときと、人形を売るとき（「けがされた人形」）、ソ連軍が宿所近くに立ち寄り、子どもたちや日本人たちと談笑しながら時間を過ごすとき（「ゲンナージの黒手袋」）、そして三八線を越えて南側に向かうとき（「三十八度線を突破する」）が挙げられる。

（13）引用は、一九四九年刊行の수도문화사〔首都文化社〕版『내가 넘은 삼팔선〔私が越えた三八度線〕』（정광현〔チョン・クァンヒョン〕訳）に拠った〔日本語訳にあたっては、中公文庫版『流れる星は生きている』

（一九九四年）を底本とし、同書の頁数を本文中に記載した。以下の引用箇所においても同様）。

(14) 初期の韓国語版には抜けていたが、一九四九年の日本語版には最初から収録されている「恨みをこめた小石」では、「私はここへ来て不安というものを感じなくなった。アメリカ軍に助けられた以上、無事に日本に帰れると確信したからであった」（二四九頁）と、米軍に会ったときの安堵感が再度強調されている。

(15) 引用は、『흐르는 별은 살아 있다〔流れる星は生きている〕』위귀정〔ウィ・クィジョン〕訳、청미래〔青い未来〕、二〇〇三年（本訳書では前掲の中公文庫版を用い、同書の頁数を本文中に記載した）。

(16) 一九六五年刊行の韓国語版にはこの節があることから見て、一九六五年以前のある時点で補足されたと思われる。成田龍一は、『流れる星は生きている』の現行文庫版である一九七六年の中央公論社版〔中公文庫〕に言及し、ここに新たに付け加えられている「無抵抗主義」の節に注目している（成田龍一、前掲「『引揚げ』に関する序章」一五九頁）。一方で彼は脚注で、加筆がどの版から始められたかについては把握しづらいといいながら、一九六三年に出た『世界ノンフィクション全集』第四六巻（筑摩書房）に掲載されたものは、部分抜粋本にもかかわらず、「無抵抗主義」など、いくつかの節が入っていることを明らかにしている（同前、一六九頁）。

(17) 同前、一五九頁。

(18) これについての詳細な解説としては、김예림〔金艾琳〕、前掲〔「ポストコロニアルのある複雑な越境的恋愛に関して」〕、参照。

(19) 藤原てい『灰色の丘』寶文館、一九五〇年。以下、引用は同書の頁数のみを本文中に記載。

(20) これについての詳細な分析は、김예림〔金艾琳〕、前掲。

(21) 関連手記としては、『대동아전쟁비사：한국편〔大東亜戦争秘史　韓国編〕』권웅〔クォン・ウン〕訳、너벨문화사〔ノーベル文化社〕、一九七一年。

(22) ソ連軍の北朝鮮地域占領政策については、박명림〔朴明林《パクミョンニム》〕『한국전쟁의 발발과 기원 II〔朝鮮戦争の勃発と起源 II〕』나남〔ナナム〕出版、一九九六年、とくに第二章を参照、引用は九三頁。

(23) この用語は、丸川哲史、前掲『冷戦文化論』、「飢餓のリアリズム」から借用。

(24) これについては、Michael Kim, "The Lost Memories of Empire and the Korean Return from Manchuria, 1945–1950," *Seoul Journal of Korean Studies*, vol.23 no.2, 2010.

(25) 『民聲（민성）』一九四九年八月号、六九頁。

(26) これは、수도문화사〔首都文化社〕、一九五〇年度版に記載された発行情報による。『私が越えた三八度線』の翻訳出版については、김예림〔金艾琳〕「〈배반〉으로서의 국가 혹은〈난민〉으로서의 인민〔『裏切り』としての国家、あるいは『難民』としての人民〕」（『상허학보〔尚虚学報〕』二九集、二〇一〇年）で簡略に言及している。しかし、この論文の主となる研究対象は朝鮮人の帰還だったので、『流れる星は生きている』を本格的には扱えていない。

(27) 『한성일보〔漢城日報〕』一九五〇年四月二日。

(28) 『자유신문〔自由新聞〕』一九五〇年四月六日。

(29) 『長崎の鐘』が南韓で翻訳されて読まれるようになるいきさつ、ならびに、南韓特有の「原子爆弾の想像」の変容を、解放期から朝鮮戦争に至る時期を対象に究明しながら、「恐怖の連帯感」という枠で分析したものとして、김지은〔キム・ジウン〕「『나가사키의 종』은 어떻게 읽혔는가〔『長崎の鐘』はどのように読まれたか〕」、『서사의 기원과 글쓰기의 맥락〔叙事の起源と記述のコンテクスト〕』（資料集）、延世大学国語国文学科とＢＫ21、韓国言語・文学・文化国際人力養成事業団ほか開催、第五回韓国言語・文学・文化国際学術大会（二〇一一年七月二九―三〇日）、参照。

(30) 정병준〔チョン・ピョンジュン〕「一九四五～四八년 미・소의 三八선 정책과 남북갈등의 기원〔一九四五―四八年　米・ソの三八度線政策と南北の葛藤の起源〕」、『중소연구〔中蘇研究〕』一〇〇号、二〇〇四年、一九六頁。

(31) 同前、一九三頁。

(32) 藤原てい『내가 넘은 삼팔선〔私が越えた三八度線〕』정광현〔チョン・クァンヒョン〕訳、수도문화사

〔首都文化社〕、一九五〇年、一頁。
(33) 同前、二頁。
(34) 同前、六―七頁〔전혼진(チョン・ホンジン)「권하는 말(推薦の言葉)」〕。
(35) 一九七三年二月一七日付『경향신문〔京郷新聞〕』の記事によると、『私が越えた三八度線』は、「出るやいなや旋風を沸き起こすほどの人気を呼び、五〇年の六・二五動乱までのわずか七か月の間に一〇刷を超える三万五〇〇〇部が売れ、出版界の話題となる」が、戦時を迎えてその動きが止まる。しかし、戦争が終わった後に本の需要があり、一九六四年に수도문화사〔首都文化社〕から一五刷が出されたという。
(36) 『大東亜戦争秘史』は、一九八二年に한국출판사〔韓国出版社〕で再刊される。敗戦当時の在朝日本人の冷戦的思考、ソ連に対する嫌悪と北韓脱出時の恐怖等が、ここに掲載された手記を通して明白に確認することができる。
(37) この本の簡略な「解説」、四六七頁から引用。
(38) これについては、김예림〔金艾琳〕「불/안전 국가의 문화정치와 포스트콜로니얼 문화상품의 장：一九六〇년대 영화와 "현해탄 서사" 재고〔不/安全国家の文化政治とポストコロニアル文化商品の場――一九六〇年代の映画と『玄界灘叙事』再考〕」、『현대문화의 연구〔現代文学の研究〕』四二集、二〇一〇年。
(39) これについての詳細な分析としては、김예림〔金艾琳〕、同前、参照。
(40) 映像資料院公式情報によると、制作されたと記録されているが、新聞記事をはじめとする関連資料を調査してみると、制作および上映されなかった可能性が高い。これに関して助言をいただいた이화진〔イ・ファジン〕先生に感謝の言葉を伝えたい。一九六二年一一月二二日付『조선일보〔朝鮮日報〕』には、『流れる星は生きている』のために日本の女優、水戸光子の主演交渉が進められており、彼女の出演が許可されれば制作に着手するという記事が載せられているが、当時、日本との問題を扱った映画では、制作手続きを進めて許可を待っていても、うやむやのままに中断される場合がしばしばあった。『流れる星は生きている』もそれに当たるのではないかと思われる。個人的に接近可能だった、制作と審議の可否を把握できる実物資料の中でも、この

映画に関連する情報は探し出せなかったことを明記しておく。
(41) ノモス、空間的場所の確定、領土については、以下を参照。カール・シュミット『大地のノモス』최재훈〔チェ・チェフン〕訳、믿음〔ミドゥム〕社、一九九五年、とくに第一章〔新田邦夫訳、福村出版、一九八四年〕。萱野稔人『国家とはなにか』〔以文社、二〇〇五年〕、김은주〔キム・ウンジュ〕訳、산눈〔サンヌン〕、二〇一〇年、とくに五章。
(42) ミシェル・フーコー『安全、領土、人口』오트르망〔オートルマン〕訳、난장〔ナンジャン〕、二〇一一年、とくに第二講、第三講を参照〔高桑和巳訳、筑摩書房、二〇〇七年〕。
(43) 同前、三四五頁。

第七章

(1) 死刑執行までの過程は次のとおりである。一九五八年一一月に初公判、一九五九年二月に第一審で死刑判決、一二月に控訴棄却、一九六〇年一月上告、八月上告棄却、死刑確定、一九六二年一一月に死刑執行。
(2) 大島渚「大島渚自身による『絞死刑』」(初出『絞死刑　大島渚作品集』至誠堂、一九六八年一月)、『絞死刑』(DVD)、紀伊國屋書店、二〇一一年、四頁。
(3) 鈴木道彦『越境の時——一九六〇年代と在日』集英社新書、二〇〇七年、五七—五九頁。
(4) 朴寿南(朴壽南)「小松川事件——李珍宇ともうひとりのRたち」、朴寿南編『李珍宇全書簡集』新人物往来社、一九七九年、五四頁。
(5) 大岡昇平「李少年は果して凶悪か」(初出「李少年を殺してはならない」、『婦人公論』一九六〇年八月)、『大岡昇平全集　第一五巻』中央公論社、一九七四年。金達寿「『小松川事件』の内と外」(初出『別冊新日本文学』創刊号、一九六一年七月)、『シリーズ日本と朝鮮　4　日本の中の朝鮮』太平出版社、一九七一年。金達寿「最高裁判所で」(初出「『小松川事件』の内と外　補遺」、『新日本文学』一九六一年一〇月)、『中山道』東方社、一九六五年。金達寿「李珍宇の死」(初出『現実と文学』一九六三年八月)、『中山道』東方社、一九六三年。秋山駿「内部の人間の犯罪」(初出「想像する自由」、『文学者』一九六三年一一月)、『内部の人間の犯罪　秋山駿評論集』講談社文芸文庫、二〇〇七年。朴寿南「二重の疎外からの解放――在日朝鮮人の場合」、『思想の科学』第五次一九号、一九六三年一〇月。加賀乙彦「裸の人間、死刑囚の文章――朴寿南編『李珍宇全書簡集』」(初出『朝日ジャーナル』一九七九年四月二〇日)、『犯罪ノート』潮出版社、一九八一年。小説とシナリオには以下のものがある。木下順二『口笛が、冬の空に……』未来社、一九六二年。三好徹『海の沈黙』三一書房、一九六二年。大江健三郎『叫び声』講談社、一九六三年。大岡昇平『無罪』新潮社、一九七八年。金石範『祭祀なき祭り』集英社、一九八一年、など。映画には、大島渚監督「絞死刑」(一九六八年)がある。

(6) 築山俊昭『無実!李珍宇――小松川事件と賄婦殺し』三一書房、一九八二年。小笠原和彦『李珍宇の謎――なぜ犯行を認めたのか』三一書房、一九八七年。野崎六助『李珍宇ノオト――死刑にされた在日朝鮮人』三一書房、一九九四年。

(7) 徐京植「怪物の影――小松川事件と表象の暴力」、岩崎稔・大川正彦・中野敏男・李孝徳編著『継続する植民地主義――ジェンダー/民族/人種/階級』青弓社、二〇〇五年。李順愛「李珍宇――六〇年代プロローグ」、『二世の起源と「戦後思想」――在日・女性・民族』平凡社、二〇〇〇年。洪貴義「否定の民族主義のゆくえ――在日朝鮮人とディアスポラ」、臼杵陽監修、赤尾光春・早尾貴紀編著『ディアスポラから世界を読む――離散を架橋するために』明石書店、二〇〇九年。

(8) 鈴木道彦、前掲。

(9) たとえば野崎六助は、李珍宇の形象化を試みた文学者たちが、現実の死刑執行に先立ってすでに作中で彼を処刑したことについて、偏見キャンペーンに従った文学の責任を追及した。鈴木の西洋中心的な接近についても、「ここにあるのは珍宇の半顔にすぎない。簒奪者に囲まれた片目の顔。『日本のジュネ』だって? 何というタワゴトか!」といいつつ、これを「センチメンタリズム」「日本左翼の伝統的負性」であると強烈に批判した(野崎六助、前掲、六七頁)。そのほかに、梁石日「野崎六助『李珍宇ノオト』に寄せて」、『闇の想像力』解放出版社、一九九五年。川村湊「秋山駿の『犯罪』」、『戦後批評論』講談社、一九九八年。趙《チョ》美《ミ》京《ギョン》「『叫び声』からみる在日朝鮮人像――『小松川事件』と〈在日朝鮮人〉の表象をめぐって」、『文学研究論集』一八号、筑波大学比較・理論文学会、二〇〇〇年六月。兪《ユ》承昌《スンチャン》「小松川事件の『表象』と大江健三郎の『叫び声』」、『日本近代文学』七四集、二〇〇六年五月。また、犯罪史あるいは社会病理学的観点からアプローチしたものとして以下がある。佐々木嬉代三『社会病理学と社会的現実』学文社、一九九八年。井口時男「李珍宇の『罪と罰』――小松川女高生殺人事件」、『少年殺人者考』講談社、二〇一一年、など。

(10) 朴寿南編、前掲『李珍宇全書簡集』。

(11) 金達寿、前掲「『小松川事件』の内と外」一四九頁。

(12) 「李はこんな少年　小松川女高生殺し」、『読売新聞』一九五八年九月二日（朴寿南編、前掲、二六―二七頁）。報道の問題点と捏造可能性については、築山俊昭、前掲、小笠原和彦、前掲、野崎六助、前掲、などが言及している。

(13) 「『小松川事件』第一審判決書」（一九五九年二月二七日）、朴寿南編、前掲、八六―八七頁。

(14) 「夢のような夢の中の…――法廷陳述より」（第一審第五回公判記録、一九五八年一二月一一日）、朴寿南編、前掲、三六頁。第一審判決後の上告趣意書によれば、李珍宇は警察で「動機がなければ町に放った虎のようだから罪は重くなるが、かんいんの点を認めれば、罪は軽くなる」といわれ、自供に至ったことを明らかにしている（同前、九三頁）。しかし第二審では姦淫事実を認めるようになる。弁護人の一人は、李珍宇が姦淫という虚偽叙述をするようになったのは、殉教を美徳とする教誨師の影響であると指摘し、宗教が「官憲を支援する結果」であると批判している（金達寿、前掲「最高裁判所で」一一三―一一五頁）。

(15) 「手記　その三」および「夢のような夢の中の…――法廷陳述より」、朴寿南編、前掲、四二頁および三六頁。

(16) 李珍宇のほかにモデルとなった人物は、三〇歳で生涯を終えた詩人・中原中也と、ドストエフスキーの『白痴』に登場する一八歳の少年イッポリートであった。

(17) 秋山駿「内部の人間の犯罪」、前掲、四六—四七頁。
(18) たとえば、鈴木道彦、前掲、八八頁。井口時男、前掲、四八頁。
(19) 秋山駿「余談・閑談」(初出『新潮』一九九九年一月号)、前掲、二六五頁。
(20) 秋山駿「『犯罪』について——再び小松川女高生殺しの問題」(初出『文芸』一九八二年一一月号)、前掲、二一〇頁。
(21) 金達寿、前掲「『小松川事件』の内と外」一五一—一五二頁。
(22) 嘆願書の発起人は、上原専禄、幼方直吉、大岡昇平、高木健夫、旗田巍、羽生英敏、三宅艶子、吉川英治、渡辺一夫などであった。金達寿によれば、会に集まった人びとのうち旗田と大岡以外はほぼ若い人であり、大学生のほとんどが日本人学生であった。金達寿、前掲「『小松川事件』の内と外」一五八頁。
(23) 大岡昇平、前掲「李少年は果して凶悪か」三九頁。
(24) 「編集手帳」、『読売新聞』一九六〇年一〇月一一日。
(25) 野崎六助、前掲、三四頁。
(26) 死刑確定後に残るのは恩赦申請と再審請求である。李珍宇はこれらを拒否し続けたが、周囲の人びとの説得により一九六二年八月、ついに恩赦申請をした。その間、「たすける会」が中心となって「李少年の助命をねがう会」が新たに発足し、社会的に広く知らせる努力をおこなったが、五〇〇〇名の嘆願署名を集めるさなかの一九六二年一一月、李珍宇は宮城刑務所にて処刑された。
(27) 鈴木道彦、前掲、五五頁。
(28) 鈴木道彦「日本のジュネ——または他者化した民族」、『新日本文学』二二巻二号、一九六七年二月、九八頁。
(29) 同前、九九—一〇一頁。
(30) 鈴木道彦、前掲『越境の時』六九頁。
(31) 加賀乙彦、前掲、三九頁。

(32) 一方的な普遍化と一般化は現在までも続いている。上野千鶴子は鈴木との対談のなかで、鈴木の文章について次のように述べている。「実は、私自身が、どうして私の気持がここまでわかるのかという思いで読んだんです。どうしてかというと、『ポスコロ』の問題はジェンダーの問題とぴったり重なるからです。……鈴木さんの文章を読んで、『なんで男のあんたにここまでわかるの』という驚きがありました」。ここでは在日朝鮮人問題も李珍宇の固有性も最初から消去され、「私の問題」に還元されている。鈴木道彦・上野千鶴子「対談 プルーストと〈在日〉のあいだ」、『青春と読書』四〇巻五号、二〇〇五年五月、一〇頁。

(33) 野崎六助、前掲、一五頁。

(34) 大島渚「シナリオについて」(初出『アートシアター』五五号、一九六八年二月)、前掲『絞死刑』(DVD)、六頁。

(35) 李珍宇は朴寿南への手紙の中で次のように書いている。「彼女達は私に殺されたのだ、という思いが、どうしてこのようにヴェールを通してしか感じられないのだろうか」、「私は姉さんへの気持を強く感じた時、その感情を通して今まで遠くに感じられた被害者のことが、身近に感じられたのだった。私はこの感情をもっと豊かにさせることによって、この問題を心のうちにまでひき入れたいと考えた。／私はそういう仕方で被害者の存在を私の心のうちに回復させようとしたのだった」。『罪』の獲得と、自己の復権へ」(一九六二年八月七日付書簡)、朴寿南編、前掲、三七七—三七九頁。

(36) 大島渚、前掲「大島渚自身による『絞死刑』」五頁。

(37) 梁石日、前掲、一二七頁。

(38) 大岡昇平、前掲「李少年は果して凶悪か」。

(39) 金達寿、前掲「『小松川事件』の内と外」一五七頁。

(40) 金達寿、前掲「最高裁判所で」一〇一頁。

(41) 金達寿、前掲「『小松川事件』の内と外」一七八頁。

(42) 同前、一九四頁。

(43) 朴寿南「二重の否認と追放を生きて——認知されないものたち」、朴寿南編、前掲、四五二—四五三頁。
(44) 徐京植は、この「帰国事業」と小松川事件の同時代性に言及し、当時日本政府が植民地支配の否定的遺産を「人道」（帰還）と「正義」（死刑）の名の下で追放したと指摘した（徐京植、前掲、参照）。
(45) 朴寿南、前掲「小松川事件——李珍宇ともうひとりのRたち」六四頁。
(46) 金徳哲「浅薄な自己定立作業」、『統一朝鮮新聞』一九六七年一二月一三日。
(47) 一九五九年一月一日創刊の『朝鮮新聞』（一九五九年一一月二一日から『統一朝鮮新聞』）は、韓国系の在日朝鮮人の中で朝鮮半島の平和統一を志向するメンバーによって運営された。日韓条約が締結された一九六五年七月、韓国民族自主統一同盟（韓民自統）日本本部が結成され、『統一朝鮮新聞』は韓民自統の機関紙として在日の立場から反独裁運動に賛同したが、その後、北朝鮮や総連との連帯をめぐる内部分裂を経て、韓民自統は結局、民団と手を組むようになった（李順愛、前掲、一一一—一三六頁、参照）。
(48) 金一男「いかにしてヴェールをはぐか（上）——『二代目』論争に寄せて」、『統一朝鮮新聞』一九六八年六月一五日。
(49) 李順愛、前掲、II部。
(50) 『韓国日報』一九六〇年一一月六日。최추향〔崔秋香《チェチュヒャン》〕『죽음은 삶보다 아름답다。이토록 슬픈 終末을：在日僑胞 少年死刑囚 李珍宇君의 罪와 罰〔死は生より美しい。これほどまでに悲しい終末を——在日僑胞少年死刑囚　李珍宇君の罪と罰〕』백문사〔ペンミンサ〕、一九六一年、二一六—二一七頁。
(51) 최추향〔崔秋香〕、同前、二二六—二三二頁。
(52) 「시민들 앞을 다투어 서명〔市民たち、先を争って署名〕」、『경향신문〔京郷新聞〕』一九六二年七月三一日。
(53) 「구명탄원 죽음에 직면한 두 젊음을 위해 人間애의 소리 없는 소리〔救命嘆願　死に直面した二人の若者のために　人間愛の声なき声〕」、『동아일보〔東亜日報〕』一九六二年八月二日。
(54) 『경향신문〔京郷新聞〕』一九六二年八月五日。

(55)「李珍宇군 모델로 영화화 계획〔李珍宇君をモデルに映画化計画〕」、『동아일보〔東亜日報〕』一九八二年一一月二〇日。

(56) この点については事実関係が不明である。金艾琳によれば、彼女が「玄界灘語り」と命名した一九六〇年代の日韓問題を扱った企画物は、「日本ロケ」という現実的問題とぶつかって頓挫する場合が多かった。玄界灘語りの特徴と検閲については、김예림〔金艾琳〕「불／안전 국가의 문화정치와 포스트콜로니얼 문화상품의 장：一九六〇년대 영화와 〝현해탄 서사〟 재고〔不／安全国家の文化政治とポストコロニアル文化商品の場――一九六〇年代の映画と『玄界灘叙事』再考〕」、『현대문화의 연구〔現代文学の研究〕』四二集、二〇一〇年。

(57) 白坂依志夫「他人の血」、『シノリオ』一九六二年四月号。김기국〔キム・キグク〕翻案、유현목〔ユ・ヒョンモク〕監督「현해탄의 가교〔玄界灘の架橋〕」一九六二年、一三八頁、国立映像資料院。

(58)『동아일보〔東亜日報〕』一九八二年一一月二〇日。

(59) 최추향〔崔秋香〕、前掲、二〇六頁。

(60) 許泰容《ホテヨン》「若き在日同胞の解放への反省的契機」、『統一朝鮮新聞』一九六八年三月二八日。

(61) 見田宗介『まなざしの地獄』(初出『展望』一九七三年五月号)、河出書房新社、二〇〇八年。

解説
『〈戦後〉の誕生』日本語版に寄せて

中野敏男

二〇一三年四月に韓国で初版が出された本書が、日本語に翻訳されて日本の言説空間に提供されるというのは、「日本の戦後思想」を主題とする書物として、韓国語版刊行とは異なるこれはこれで独自な意味を持つことになるだろう。ここでは、その点について考えておきたい。

*

二〇一五年、「日本の戦後」が七〇年をすぎたその夏、この国は、その「戦後」が維持してきたはずの「平和と民主主義」をめぐって大きく揺れ動いた。極右路線を進む安倍晋三政権は、「戦後レジームからの脱却」を掲げつつ、大多数の憲法学者が違憲と指摘する安全保障関連法の成立を急ぎ、これに「戦後平和主義」の危機を感じた多くの人びと／国民が国会周辺に集まって反対の声をあげた。それを巨大与党の多数により押し切って実行された法案の強行可決は、「戦後日本」の「平和と民主主義」を破壊する暴挙とされ、その核にある日本国憲法とそれに基づく立憲主義は大きく損傷したと受けとめられている。そして二〇一六年になって、安倍政権は参議院議員選挙に勝利し、改憲勢力は両院で三分の二を占めることになって、憲法改正もいよいよ現実味を帯びてきている。確かに、今や「戦後日本」は重大な曲がり角に立っているように見える。まさにこのようなときに、本書『〈戦後〉の誕生』は日本語版として登場している。

するとここで曲がり角が意識されている「戦後日本」とは、そもそも歴史的にはどのような時代として今のこの日本で理解されているのだろうか。ここで「曲がり角」とは、如何なることなのか。それを考える手がかりとして、ここでは二〇一五年の夏に発表された二つの戦後七〇年談話に注目してみよう。一つは、安倍政権がその八月一四日に発表した「内閣総理大臣談話（安倍談話）」であり、もう一つは、この年の安保関連法案反対運動のシンボルともなった「自由と民主主義のための学生緊急行動（ＳＥＡＬＤｓ）」が九月二日に発表した「戦後七〇年宣言文」である。これら二つは、安保関連法をめぐる賛否の両極にあって、この年の安保論議が足場を置いている歴史認識の地平を示すものと考えられるからである。

これらの「談話」と「宣言」は、もちろん議論の的である日本の安全保障政策については対極的な立場に立っているとまずは見てよいだろうが、よく読むと日本の「戦時」と「戦後」に関わる歴史認識については一定の共通性があると認めることができる。その「戦時」について、両者は次のように記述している。

◉「安倍談話」

満州事変、そして国際連盟からの脱退。日本は、次第に、国際社会が壮絶な犠牲の上に築こうとした「新しい国際秩序」への「挑戦者」となっていった。進むべき針路を誤り、戦争への道を進んで行きました。

◉SEALDs「戦後七〇年宣言文」

満州事変に端を発する先の戦争において、日本は近隣諸国をはじめとする多くの国や地域を侵略し、その一部を植民地として支配しました。多くの人びとに被害を及ぼし、尊厳を損い、命を奪いました。

前者の安倍談話は、近代日本の歩みについて独善的な自己賛美と歴史歪曲に満ちていると言わざるをえないものだが、それでもこの部分だけは少しは戦争の過誤を意識し、それへの「反省」らしき表現も見えないわけではない。とはいえここで注意すべきは、その戦争への「反省」が「満州事変」（一九三一年）以後に時期を限定していることだろう。すなわちここでは、沖縄、台湾、朝鮮、南洋諸島へとそのときにすでに進んでいる植民地支配の拡大、それゆえつねに戦争の原因ともなっている近代日本の帝国主義と植民地主義の歴史は、その基部が見過ごされていると見なければならないのである。と考えると、安保関連法に反対して政治的立場をまったく異にすると見られる後者のSEALDs宣言文でも、そうした歴史への視野狭窄は実は共通しているとわかる。ここに近隣諸国への加害についての言及、「侵略」と「植民地として支配」という文言は確かにあるのだけれど、前者と同じく、近代日本の帝国主義と植民地主義の歴史についてはその実質が充分に見通されているとは言いがたい。

それに気づかされて、あらためて「戦後日本」における戦争の語りを振り返って考えてみると、ここに垣間見えている問題は実はかなり根深いと認められる。戦後日本で「戦争」と言えば、確かに、敗戦直後は日米戦争ばかりが「太平洋戦争」と名づけられて語られていたのだったし、やがてアジアに目が向いても、「満州事変」以後にその意識は限定されていて、その範囲で「一五年戦争」とか「アジア・太平洋戦争」とかが語られてきたのだった。「満州事変に端を発する」とする戦争の時代のこの区画は、なにも二つの談話にだけ特別なことなのではなく、むしろ戦後日本に通用してきた平均的な共通了解だったと言えるのである。この戦後日本の共通了解が、戦後七〇年に際して対極的な立場から発表されたはずの二つの談話をその基底で繋いでいる。

そのように理解してみると、先に見た「今や『戦後日本』は重大な曲がり角に立っている」という現在に関わる認識は、それを表面的に捉えてしまうなら、実はかなり危うい落とし穴のあるものだとわかってくる。というのも、「戦後」を「脱却せよ」、あるいは「護れ」という表層に現れた二者択一の対立的主張が、その前提にある「戦後」そのものへの問いを見失わせてしまう可能性があるからである。その「戦後」という時代の共通了解、あるいは、そもそも「戦後」というその時代把握にこそ実は問題があって、いま問われねばならないのは、この「戦後」という時代そのものなのではないかということである。

そう問いが立て直されると、まさにこのときに、その当の日本の「戦後」を問う本書『〈戦後〉の誕生』が日本語版となって日本の言説空間に提供された意味が、あらためて深く感得されると思われる。本書の編者である権赫泰は序章で、「日本の『戦後』は『朝鮮』の消去の上にある」と、「本書の問題意識」を端的に述べている。これは確かに、ここで見てきた「戦後日本の共通了解」の問題点、その核心に突き刺さる指摘であろう。「『朝鮮』の消去」というのは、まさにいま「戦後平和主義を護れ」という声によってすら反復されかねない植民地主義の歴史の消去のことに違いないからである。

もっとも、「植民地主義の歴史の消去」が「『朝鮮』の消去」と端的に具体化されて言い換えられると、なるほどそれが単に歴史認識上の問題にとどまるわけではないということがもっとはっきり際立ってくる。確かにそれは、たとえば前述した戦後七〇年談話などでの戦争に関する言及を「満州事変以前」にまでちょっと延ばして書き加えればそれで済んでしまうような問題ではなく、むしろ日本で「戦後」と言われている時代の存立そのものに構造的に関わる問題なのである。ここで仮にこう単純な問いを立ててみよう。「一九四五年以後の時代とは、いかなる時代であったか」と。「平和と民主主義が実現され、復興から経済成長に向かった時代である」、これが一つの答え。そして、「戦争と南北分断が固定化され、独裁政権が民主主義を抑圧した時代である」、これがもう一つの答え。いずれも直ちに出てくるだろうと思われる答えなのだが、このように意識して並べてみると、前者は後者を「消去」してのみそれとして語りうると理解できるのではないか。事実を直視すれば、両者は東アジアの歴史として一体的であり、そこで構造的に連関した一つの事態が表裏で示すそれぞれ一面の像に違いないはずである。それなのに日本では、実際に後者を消去しつつ、前者のみをずっと「戦後」として語り続けてきた。

そうであれば、この「戦後」が「曲がり角」にあるとされる今日、それがどこに進んでいくのか、あるいは進んでいくべきなのかを見極めるためにも、現在に続くと見られるこの「戦後」の構造をまずは全体として正視することが不可欠だろう。それなのに、そう考えて現在の日本の精神状況をあらためて見直すと、残念ながら現実にはそれとは逆行する事態がいくつも現れてきていると認めざるをえない。それは、たとえば、近年の日本でさまざまに注目を集めているいくつかの戦後日本論に見て取ることができる。

二〇一二年に刊行された『戦後史の正体』という書物は元外務官僚である孫崎享の著作だが、孫崎はここで日本の戦後史を「対米従属」路線と「自主」路線という二つの対米外交路線の相克という観点（のみ）から解析し、広範な読者を得ている(*1)。また、二〇一三年には白井聡著『永続敗戦論』という書物がそれに加わり、これもかなり広く読まれて角川財団学芸賞や石橋湛山賞を受賞するなど高い評価を受け、「対米従属」と敗戦状況の「永続化」を語るその戦後日本論は、いわゆる「リベラル」の人びとにまで大きく支持を広げることとなった(*2)。かくて、占領期の「押しつけ憲法」を排して「自主憲法」の制定を目指すという極右勢力が政権を握ったそのときに、それに対抗するリベラルがまた「対米従属」に戦後日本の核心を見て日本の「主体性」を強く願望するという、どこか奇妙な対立構図がここに成立している。

このような「永続敗戦」という議論が、リベラルな立場から戦後における日本の「主体性」の喪失を嘆いている限りで、その著者の白井自身が認めるとおり一九九〇年代に加藤典洋が提起した「敗戦後論」の後継であることは間違いないだろう(*3)。しかし、ともあれ「アジアの二千万の死者」を哀悼する主体が不在だという問題から説きおこした加藤の議論と対比してみると、日本の「対米従属」にのみ照準する白井の議論はもっと自己憐憫的でずっと退行していると見なければならない。加藤と同じく「敗戦」を語るこの議論において、加藤とは異なって「アジアの死者」への関心はほとんど希薄だし、戦後処理の懸案として「竹島」や「尖閣諸島」や「千島」の問題は語られても、植民地支配の責任などという問題には論及の場すら与えられていないのだ。その意味で「朝鮮」はここでも見事に消去されている。これが現在の日本で広く受け入れられているしかもリベラルな「戦後」論なのだと思ってみると、加藤の「敗戦後論」が議論の的となった九〇年代からもさらに大きく後退し内向化した日本の思想状況に、あらためて心が痛む思いがする。それにしても、このような「朝鮮の消去」は、二〇一〇年代の現在に東アジアでなお顕在化している植民地支配の明瞭な影を考えれば、「戦後」を語る議論としてあまりにも不見識ではなかろうか。

それでは、現在において「東アジアで顕在化している植民地支配の明瞭な影」と言うのは何のことか？　それは、東アジアの現在の政治指導者たちの顔ぶれとそのルーツを見れば、そこに明示されているとわかる。日本の現政権は首相が安倍晋三で副首相が麻生太郎であるが、周知のとおり安倍の祖父は岸信介で、麻生の祖父は吉田茂である。そしてこの岸信介とは、一九五七年から六〇年まで首相を務めた人物であるが、元は戦前の農商務省出身のいわゆる「革新官僚」で、一九三六年からは満洲国国務院で経済政策の実権を握ってそれを支配し、日米開戦時には東條内閣の閣僚にまでなっている(＊4)。また吉田茂は、一九四六年から数次にわたって首相を務めた「戦後日本政治」をまさに象徴する人物だが、出身は外務官僚で、一九〇六年の奉天(瀋陽)の総領事館勤務を皮切りにほぼ二〇年にわたって中国勤務を続け、その間、明確な「帝国意識」を保持し、一貫して日本の帝国主義的な中国政策の先頭に立って精力的に働いている(＊5)。すなわち岸と吉田とは、紛れもなく日本の中国侵略と植民地支配の現地実行責任者だった人物であり、その当人が「戦後」にはついに首相にまで登り詰め、その身をもって実際に日本の植民地支配の経験と戦後政治とを繋いでいるのである。この繋がりを戦後日本は黙認して温存し、彼ら本人だけでなく、ついには彼らの孫まで首相に押し上げた。

その事実に気づいてみると、現在の南北朝鮮の政治指導者たちについても事態はやや似ているとわかる。まず、大韓民国の現在の大統領である朴槿惠の父は六〇年代から七〇年代にかけて軍事独裁政権の大統領であった朴正熙だが、この人物は日本の植民地時代には傀儡国家満洲国で国軍の将校となり、日本名を「高木正雄」と名乗って働いていた(＊6)。また、朝鮮民主主義人民共和国の現在の最高指導者(国務委員長)である金正恩の祖父は金日成であるが、この人物は満洲国のあった地域で抗日パルチザンのリーダーとして活躍し、その実績から建国後は首相となって、国家の最高指導者としてそれを導いている(＊7)。五〇年代に朝鮮を南北に分断した朝鮮戦争は、日本帝国主義が支配する三〇年代の満洲で、これら当事者によってすでに先行して戦われていたのである。要するに、現在の日本と南北朝鮮の政治指導者たちのルーツをたどると、いずれも「朝鮮」と「満洲国」の植民地支配をめぐる実際の戦争に行き着くのであり、まさにその影が、戦後・植民地解放後を経て現在にまで及んでいると理解できる。

もっとも、植民地時代の父や祖父がそうだからといって、「戦後」の現実においては、その政治行動がそれ以前とまったく同じ枠組みで理解できるわけではなかろうし、いわんやその類推を子や孫にまで単純に広げているのだとすれば、確かに不当だと感じられるかもしれない。そもそも「戦後」という世界は「冷戦」の時代であり、そこでは米ソという両超大国が実際上覇権を握っていて、いかなる国も政治勢力もそれに従属して動いていたのではなかったか。そうだとすれば、東アジアの政治指導者における「戦前」と「戦後」のそうした人的つながりもその意味はさして重要ではないとも考えられる。

しかしそれに対しては、冷戦体制と米ソの覇権という事態が、米ソ二国だけ主権を維持しその国益がもっぱら優先されて意思決定もなされていたなどという、単純な話ではない事実が指摘されねばならない。各国が連携して二つの陣営に分かれ世界を分割して覇権を競った連携帝国主義ともいうべきこの体制の下では、「自由主義か、社会主義か」という社会体制の選択に政治の外枠が大きく規制されていて、米ソすら単純な国益主義によっては対応が不可能だったのだ。このような世界体制であれば、そこからたとえば日米の二国だけを取り出し、この二国関係だけについて「自立か、従属か」などと論ずるのは笑うべき視野狭窄でひどくナンセンスなことなのである。

しかもこの冷戦体制は、それも米ソの恣意によってはどうにもならない歴史的前提を抱え込んで出発し進行している。冷戦体制下では、とくに一九五〇年代にアジア・アフリカなど旧植民地の地域で国家独立の動きが広がり、それが一時は東西両陣営に並立する「第三世界」と称されて独自な勢力結集の軸にもなっている。しかし、そこに成立した「独立国」には、その社会体制の内に植民地時代の分断・差別という母斑が刻印されていて、それが独立後も自立を困難にする要因となり、また旧植民地宗主国の新植民地主義的な介入を導く誘導路にもなってしまった。植民地時代の遺産であるさまざまな社会矛盾が、やがて地域対立や民族対立やイデオロギー対立に発展してそれらの地域に「内戦」を引き起こし、それに背後から米ソや旧宗主国が介入して、独裁政治や大量虐殺などとても重大な悲惨を実際に各地で生んできたことは、二一世紀の現在、よく知られた事実である。

そのような世界の歴史的事実を踏まえて振り返ってみると、「戦後」の東アジアにおいて、日本では吉田茂や岸信介が首相になり、南北朝鮮では朴正熙や金日成がそれぞれ権力を掌握したというのも、かつての植民地帝国日本による植民地支配の「影」であることは明らかではないだろうか。このような東アジア地域であってみれば、これに対するアメリカの政策も、日本にただ「従属」を強いるという単純で一方的なものではなく、この植民地支配の「影」を利用しそれと連携して展開してきたと考えねばなるまい。その「影」が、この二〇一〇年代の今日において、それらの子や孫による執権としてまた露頭しているのである。もちろんそれは歴史の「単純な反復」ではないだろうが、そこに否定不可能な系譜は厳にあり、しかもそれはトップの政治指導者の系譜のことだから、この地域の歴史と現在を論じようとするなら決して無視できないはずのものだ。それなのに、現在の日本に流通する「戦後論」においては、この「朝鮮」にかかわる歴史への意識が、それゆえ植民地主義の記憶が、まったく〈消去〉されている。と言うより、すっかり内向きに萎縮してしまってそこに意識が向かないのだ。これは、現在の日本の精神的境位そのものを示していると考えざるをえない。

＊

『〈戦後〉の誕生』日本語版に寄せて」と題した本論では、これまで、安倍内閣が執権する現在の日本が「戦後」の「平和主義」を遺棄するという意味で、「曲がり角」にあると感じられる状況から出発して考えてきた。その考察をここまで続けてくると、それは、曲がり角と言っても「平和から戦争へ」というような単純なものではなく、戦争態勢の整備を含みつつその底で「戦後日本」が続けてきた「『朝鮮』の消去」をさらに進めてしまうという、ひどく内向的な「曲がり角」であるとわかってきた。それは、植民地支配の「影」を温存したままの「転換」なのであって、戦争法など表面に顕れたあれこれの制度上の改変よりもっと深刻な意味で、日本の精神状況の退行を示すと言わねばならない。そしてこれは、植民地主義をめぐって今日の世界が進んでいる趨勢から見ても、ひどく逆行的な事態だとわかる。

思えば、冷戦体制が解体に向かった一九九〇年代の世界は、それまで冷戦状況下に横行していた独裁政治や強権政治に対して抵抗が広がり、それが各地で社会体制の転換にまで発展して、旧社会にあったさまざまな人権抑圧や不正を告発し、歴史の真実、名誉の回復、責任者の処罰、被害の補償、社会の和解などを求める人びとの要求や行動が大規模に激発した時代であった（＊8）。アパルトヘイト体制に反対してその転換を求めた南アフリカ共和国の事例が最も有名であるが、この時代にはそれに限らず、部族間対立が血みどろの内戦に発展したアフリカ諸国での虐殺被害、東ヨーロッパの社会主義政権がおこなった人権抑圧、そしてアメリカに支援された中南米の軍事独裁政権がおこなった人権侵害や虐殺被害、そしてアメリカや日本も支援した東アジア・東南アジア・南アジアの開発独裁型政権の人権侵害や虐殺被害など、まさに世界のあらゆる場所で人間の生命と権利を侵害したさまざまな問題が問われるようになっている。一九九一年八月一四日、韓国の金学順《キムハクスン》さんが初めて実名をもって被害を訴えたことで始まった日本軍「慰安婦」問題の公論化の過程も、この九〇年代に進んだ真実と正義を求める世界の流れと無縁ではないのである。

　このような九〇年代に世界各地に広がった真実と正義を求める運動をとりわけ意義深いものにしたのは、そのようなさまざまな運動のなかから、やがて同時代としての「近代」に猛威を振るった人種主義、排外主義、そして植民地主義が共通の克服すべき課題だという認識が生まれ、これに対する国際的な議論が進んだということである。そんな議論が発展して、二〇〇一年九月には南アフリカのダーバンで国連の主催により「人種主義、人種差別、排外主義および関連する不寛容に反対する国際会議」が開かれ、奴隷制や奴隷貿易についてはここで初めて公式に「人道に対する罪」と認定されることになった。また植民地主義についても、その責任や罪がこの会議で公式に議論され、イギリスやフランスなどの反対で「人道に対する罪」と認定されるまでには至らなかったが、これについても議論が避けられないという認識は国際社会で共有されるようになっている。

　そのような九〇年代を経て、人種主義や植民地主義に対する世界の認識は、世界史に果たしてきたその罪責を厳しく問う方向に急速に変化していると言えるわけだが、この世界の変化に照らして見れば、ここで見てきた日本の現状はそれとは明らかに逆行していてやはり深刻な事態だと言わねばなるまい。そこで、今また反復されている「植民地主義の歴史の消去」あるいは「『朝鮮』の消去」を、それの出発点である「戦後」の始まりに立ち返ってその意味を問い直すという課題が生まれている。

本書『〈戦後〉の誕生』日本語版は、そんな課題を抱える現在の日本の言説空間に提供されることになったのだ。そして、「日本の『戦後』は『朝鮮』の消去の上にある」と「本書の問題意識」を明示するこれは、その課題の中心に必ず突き刺さる問題提起になるはずだと認められるだろう。本書は、ほぼ同時に刊行されている権赫泰著『平和なき「平和主義」——戦後日本の思想と運動』（鄭栄桓訳、法政大学出版局）と問題関心を並行させる論集であり、これとあわせて読まれると議論の内容もより十全に理解していただけると思う。

本書の主題に関わる戦後日本の植民地問題の認識については、「戦後思想」の中心人物と言える丸山眞男が一九九〇年代になってその学問人生を回顧するインタヴューに応じ、次のように語っている。

韓国との関係だけでなく、北朝鮮についても、すぐに当面することになるでしょうが、過去の歴史について、謝罪すべき問題と、そうでない問題があると思うのです。よく言われることだけど、帝国主義国で、謝罪した国があるかといえば、ありませんね。いつ一体イギリスはインドに謝罪したか。いつドイツは膠州湾について謝罪したか、いつソ連はツァール・ロシアのやったことに謝罪したか。こういうことと、たとえば、朝鮮人の強制連行など、植民地支配の下で行われた人権侵害とは基本的に違う。それは無条件にきちんと謝罪すべきことです。（＊9）

丸山はここで、日本をイギリス、ドイツ、ソ連と並列し、それら「帝国主義国」の立場から自らの考えを述べているのは明らかだろう。しかもその内容が植民地支配の責任に関わることであってみれば、これはあたかもダーバン会議において植民地主義の罪を否認するイギリスやフランスの立場と一致しており、その位置から旧植民地地域の代表者たちの追及に対決していると言えるわけだ。

植民地主義に関わる丸山のこの発言が、丸山眞男という傑出した政治思想史家の全生涯を考えようとする際にどのような評価のポイントになるのか。それについては、いかなる点から丸山を見るかによって随分立場は分かれるだろう。最晩年の丸山が何を言おうとも、多岐にわたる丸山の全言説の中から示唆的な言葉を選んでは拾い出し、それに学び続けるということだってなお充分に可能だからである。とはいえ、日本の戦後思想をまさに「戦後」という位置において、戦争と植民地主義の歴史に即してそれを考えようと企図し、その中心に丸山眞男を置く場合には、これは見過ごせない発言だとわたしは思う。九〇年代の丸山がここに立っているのは、ほかならぬ「戦後思想」そのものの帰結だと理解しなければならないからである。

そうだとすると、その「戦後思想」はどのようにして生成しているのか、というより、それと並行して日本の「戦後」そのものが〈誕生〉したのはいかにしてか。ここに浮かび上がるこの問題は、本書の行論本体において明らかにされるはずの事柄である。

註

(1) 孫崎享『戦後史の正体』創元社、二〇一二年。
(2) 白井聡『永続敗戦論——戦後日本の核心』太田出版、二〇一三年。
(3) 加藤典洋『敗戦後論』講談社、一九九七年。
(4) 原彬久『岸信介——権勢の政治家』岩波新書、一九九五年。
(5) ジョン・ダワー『吉田茂とその時代』上・下、大窪愿二訳、TBSブリタニカ、一九八一年。
(6) 韓洪九『韓洪九の韓国現代史 II 負の歴史から何を学ぶのか』高崎宗司監訳、平凡社、二〇〇五年。
(7) 和田春樹『金日成と満州抗日戦争』平凡社、一九九二年。
(8) 一九九〇年代のこのような状況については、金富子・中野敏男編『歴史と責任——慰安婦問題と一九九〇年代』(青弓社、二〇〇八年)を参照されたい。
(9) 丸山眞男『丸山眞男回顧談』下、松沢弘陽・植手通有編、岩波書店、二〇〇六年、一七七—一七八頁。

訳者あとがき

本書は、韓国の聖公会大学校東アジア研究所の企画で出版された、권혁태（権赫泰）・차승기（車承棋）編『〝전후〟의 탄생：일본、그리고 〝조선〟이라는 경계（「戦後」の誕生——日本と「朝鮮」という境界）』（그린비（グリーンビー出版社）、二〇一三年）の日本語訳である。ただし、訳文は韓国語原書そのままの訳ではなく、各章の著者への確認作業を行い、その結果、加筆や構成の一部変更などを施した章もある。また、第一章はもともと日本語で執筆された論考に著者自身が改訂を加えて成稿としたものであり、第二章は『平和なき「平和主義」』（権赫泰著、鄭栄桓訳、法政大学出版局、二〇一六年）に収められた同論考との訳文の統一を図るため、鄭栄桓《チョンヨンファン》訳を用いている。第七章は韓国語で発表された論文であるが、著者自身がそれを日本語訳したものを用いている。なお、原書には徐東《ソトン》周《ジュ》「中野重治と朝鮮」が第七章として収録されていたが、事情により日本語版への収載を見送った。

日本語訳にあたっては、「南韓」「北韓」「南鮮」「北鮮」「朝鮮」「朝鮮人」等の、日本語の用法では場合によっては特別な政治的含意、差別的含意を持つなど問題となりうる表現についても、著者自身が時々の文脈に応じてあえて使い分けていると考えられるので、ママなどの付記をせずに原語に対応する漢字をそのまま表記した。

原書初版は、二〇一三年に韓国のグリーンビー出版社から刊行され、ほぼ完売に近い状態である。

韓国では、人文系専門書の読者層はそれほど厚いわけではなく、本書もまずは学界を中心に人文学／韓国文学研究者に読まれ、比較文学研究、日本研究などの参考図書として使われ始めたとのことだが、それが現在ではそのような専門家たちの枠を超えて関心が広がっているようだ。

本書の編者であり著者でもある権赫泰《クオンヒョクテ》さんは、一九五九年生まれ。高麗大学校史学科を卒業後、一橋大学で経済学博士学位を取得。その後、山口大学経済学部教授を経て、現在、聖公会大学校日本学科教授として在職中である。経済史研究が専門だが、日本と朝鮮半島の現代史に関わる諸問題、日韓の歴史認識・歴史教育、憲法や平和主義の問題などについても積極的に発言し、また日本の大衆文化やリベラルな社会運動などにも関心を広げて、研究を進めている。代表作に、『日本の不安を読む』（教養人、二〇一〇年、韓国語）、『日本・戦後の崩壊――サブカルチャー・消費社会・世代』（J&C、二〇一三年、韓国語）、『平和なき「平和主義」――戦後日本の思想と運動』（法政大学出版局、二〇一六年）などがある。

もう一人の編者・著者の車承棋《チャスンギ》さんは、一九六七年生まれ。檀国大学校国語国文学科を卒業後、延世大学校国語国文学科で博士学位取得。現在、韓国の朝鮮大学校国語国文学科助教授である。二〇〇五年から二〇〇七年まで外国人研究者として、東京外国語大学に在籍経験がある。韓国近代文学史と文学思想を研究し、とくに日中戦争後戦時体制期の戦争状況と植民地／帝国体制の構造的変化が招いた文学の場と談論の場の変化を、日本思想界との関連のなかで探求している。主要論文に「抽象と過剰――日中戦争期・帝国／植民地の思想連鎖と言説政治学」（『思想』一〇〇五号、二〇〇八年）など、著書に『反近代的想像力の臨界』（プルンヨクサ、二〇〇九年、韓国語）、『非常時の文／法』（グリーンビー出版社、二〇一六年、韓国語）などがある。

　この編者二人に加え、思想史・社会理論専門の中野敏男（東京外国語大学名誉教授）、日本近現代史専門の韓恵仁《ハンヘイン》（成均館大学校東アジア歴史研究所研究員）、社会学専門の李定垠《イチョンウン》（聖公会大学校東アジア研究所ＨＫ研究教授）、韓国近現代文学専門の金艾琳《キムイエリム》（延世大学校学部大学教授）、社会学専門の趙慶喜《チョウキョンヒ》（聖公会大学校東アジア研究所ＨＫ研究教授）の各氏という、それぞれ専門も関心分野も異なる研究者たちが、本書に論文を寄せている。

　こうした多彩な研究者がそれぞれの専門の視角から協力して執筆している本書の問題意識は、序章に端的に明示されているように、日本の「戦後」は「朝鮮」を消去することによって成り立っているということである。すなわち、「平和」「民主主義」「経済的豊かさ」といった美しい言葉で語られることが常である日本の「戦後」イメージは、実は、「朝鮮」（をはじめとする旧植民地）において遂行してきた植民地主義と戦争の歴史と現在を清算するのではなく見ないこと（「消去」）によって成立している、というわけだ。安倍晋三首相の言う「戦後レジームからの脱却」なる主張を支持する人びとも、それに反対して「戦後」を擁護しようとする人びとも、そして一般の日本人たちも、この「戦後」を私生活の中で受け入れてきたし、その「消去」の上に生きてきた。それが、ここで問われているのである。

　そうした観点から今の日本を顧みると、二〇一一年三月一一日に発生した東日本大震災以降、右翼勢力が顕著に勢力を伸ばし、議会でも圧倒的多数を占めて政権を握り、安全保障関連法を成立させ、憲法改定まで現実的な射程に入れて、個人の人権をあらためて国家の統制下に置く「戦争できる国家」への道を前に進めているような状況がある。そしてこの道が、朝鮮（をはじめとする旧植民地）の「消去」をより徹底したものにすることは明らかであろう。二〇一五年末には「慰安婦」問題に関わる「日韓合意」なるものを発表し、日本政府はこれで加害責任の追及をすり抜けて、しかもこれを盾に「少女像」を撤去させその記憶の「消去」を図ろうとしている。また二〇一六年末には安倍首相が真珠湾を訪問し、日米間のみで「寛容」と「和解」といった聞こえのよい言葉を交わして、戦争の歴史をこの両国の物語に閉じ込めようとしている。このような真珠湾訪問を実現した安倍首相の行動にも、「真珠湾」以前に進んでいた「朝鮮」（をはじめとする旧植民地）への侵略と植民地主義の歴史の否認、すなわちその「消去」が含意されていることは間違いない。今日、その「戦後」が七十余年を経たこのときに、その基底にあった「消去」がさらに厚く上塗りされようとしているわけだ。そんな今だからこそわたしたちは、日本が「戦後」何をしてきたのかについて、振り返ってしっかり考え直す必要があるだろう。「日本の『戦後』は『朝鮮』（をはじめとする旧植民地）の消去の上にある」と論ずる本書は、この日本の現状に対して核心となる問題を突きつけていると、わたしは思う。

前記のとおり、本書は、韓国ではまずは人文系専門図書として、主に比較文学研究・日本研究の専門研究者に受け入れられ読まれ始めたとのことだが、日本ではこれは、「戦後日本」の自画像そのものにはっきりとした別の光を当てることになるので、幅広い読者の関心に触れるものであるに違いない。これが多くの方々に読まれて、日本の「戦後」を問い直す一つの手がかりとなれば幸いである。

本書は、「K－BOOK振興会」（韓国の現代文化、現代文学を日本に紹介し、日本での翻訳出版を推進するために、二〇一三年に発足した団体）が発行する『日本語で読みたい韓国の本――おすすめ五〇選』第三号（二〇一四年七月）に原書が推薦され、それに新泉社編集部の安喜健人さんが関心を寄せてくださったことで、翻訳の運びとなった。

本書を翻訳するきっかけをつくってくださった「K－BOOK振興会」の金承福《キムスンボク》さん、そこに推薦文を書いてくださり、新泉社や韓国文学翻訳院と訳者との仲介の労をとってくださった舘野晳さん、ハングル入力を手伝ってくださった二瓶喜久江さん、第二章の翻訳をしてくださった鄭栄桓さん、その収載を承諾してくださった法政大学出版局の奥田のぞみさん、訳者の質問に丁寧に答えてくださった著者のみなさま、出版・翻訳助成のための事務上の手続き等でお力添えいただいた韓国文学翻訳院の李善行《イソネン》さん、そして最後まで支えてくださった新泉社の安喜健人さん、こうしたたくさんの方々のおかげで日本語版を翻訳出版することができました。心から感謝し、厚くお礼を申し上げます。

二〇一七年二月

中野宣子

【初出一覧】

第一章（中野敏男）

季刊『前夜』の連載を再構成．掲載号：2号（2004年冬），4号（2005年夏），5号（2005年秋），8号（2006年秋）．

第二章（権赫泰）

「사상（捨象）의 사상화（思想化）라는 방법：마루야마 마사오와 조선〔捨象の思想化という方法――丸山眞男と朝鮮〕」，『역사 비평〔歴史批評〕』通巻98号，2012年春号．

第三章（車承棋）

「경험의 파괴：아베 요시시게（安部能成）에게 있어서의 식민지 조선，패전，그리고 자유〔経験の破壊――安部能成においての植民地朝鮮，敗戦，そして自由〕」，『대동문화연구〔大東文化研究〕』76集，2011年12月．

第四章（韓恵仁）

書き下ろし．

第五章（李定垠）

「전후 일본 인권제도의 역사적 전환과 모순〔戦後日本の人権制度の歴史的転換と矛盾〕」，『사회와 역사〔社会と歴史〕』93号，2012年3月．

第六章（金艾琳）

「종단한 자，횡단한 텍스트－후지와라 데이의 인양서사，그 생산과 수용의 정신지（精神誌）〔縦断した者，横断したテクスト――藤原ていの引揚げ叙事，その生産と受容の精神誌〕」，『상허학보〔尚虚学報〕』34集，2012年2月．

第七章（趙慶喜）

「'조선인 사형수' 를 둘러싼 전유의 구도：고마쓰가와 사건과 일본 / '조선'〔『朝鮮人死刑囚』をめぐる専有の構図――小松川事件と日本／『朝鮮』〕」，『동방학지〔東方学志〕』158号，2012年6月．

【訳者】

中野宣子（NAKANO Noriko）

翻訳家，韓国語講師.

訳書に，『結婚』（學藝書林，1992年），『ソウル・スケッチブック』（木犀社，1997年），『母から娘へ――ジェンダーの話をしよう』（梨の木舎，2011年），『愛より残酷　ロシアン珈琲』（かんよう出版，2013年）など.

【編者】

権《クォン》　赫《ヒョク》泰《テ》（권혁태／KWON Heok Tae）

1959年生まれ.

韓国・聖公会大学校日本学科教授.　日韓関係史および日本現代史専攻.

主な業績に,『平和なき「平和主義」——戦後日本の思想と運動』（鄭栄桓訳, 法政大学出版局, 2016年）,『日本の不安を読む』（教養人, 2010年, 韓国語）,『日本・戦後の崩壊——サブカルチャー・消費社会・世代』（J&C, 2013年, 韓国語）など.

車《チャ》承《スン》棋《ギ》（차승기／CHA Seung Ki）

1967年生まれ.

韓国・朝鮮大学校国語国文学科助教授.　韓国近代文学・思想専攻.

主な業績に,「抽象と過剰——日中戦争期・帝国／植民地の思想連鎖と言説政治学」（『思想』1005号, 2008年, 日本語）,『反近代的想像力の臨界』（プルンヨクサ, 2009年, 韓国語）,『非常時の文／法』（グリーンビー, 2016年, 韓国語）など.

【執筆者】

中野敏男（NAKANO Toshio）

東京外国語大学名誉教授

韓《ハン》恵《ヘ》仁《イン》（한혜인／HAN Hye In）

成均館大学校東アジア歴史研究所研究員

李《イ》定《チョン》垠《ウン》（이정은／LEE Jeong Eun）

聖公会大学校東アジア研究所 HK 研究教授

金《キム》艾《イェ》琳《リム》（김예림／KIM Ye Rim）

延世大学校学部大学教授

趙《チョウ》　慶《キョン》喜《ヒ》（조경희／CHO Kyung Hee）

聖公会大学校東アジア研究所 HK 研究教授

〈戦後〉の誕生――戦後日本と「朝鮮」の境界

2017年3月31日　初版第1刷発行

編　者＝権赫泰，車承棋
訳　者＝中野宣子
発行所＝株式会社 新 泉 社
東京都文京区本郷2－5－12
振替・00170－4－160936番　TEL 03(3815)1662　FAX 03(3815)1422
印刷・製本　萩原印刷

ISBN978-4-7877-1611-8　C1010